Kinder und Jugendliche mit geistiger Behinderung

Klinische Kinderpsychologie

herausgegeben von
Prof. Dr. Franz Petermann

Band 4

Kinder und Jugendliche mit geistiger Behinderung

von
Dr. Klaus Sarimski

Hogrefe · Verlag für Psychologie
Göttingen · Bern · Toronto · Seattle

Kinder und Jugendliche mit geistiger Behinderung

von
Klaus Sarimski

Hogrefe · Verlag für Psychologie
Göttingen · Bern · Toronto · Seattle

Dr. Klaus Sarimski, geb. 1955. 1975 - 1980 Studium der Psychologie an der Universität Köln. 1980-1981 Leiter einer pädagogischen Frühförderstelle. Seit 1981 in der Klinik und Ambulanz des Kinderzentrums München tätig. Arbeitsschwerpunkte: Frühe Eltern-Kind-Interaktion, Frühgeborene Kinder und ihre Eltern, Kinder mit genetischen Syndromen.

Die Deutsche Bibliothek - CIP-Einheitsaufnahme

Ein Titeldatensatz für diese Publikation ist bei
Der Deutschen Bibliothek erhältlich

© Hogrefe-Verlag GmbH & Co. KG, Göttingen • Bern • Toronto • Seattle 2001
Rohnsweg 25, D-37085 Göttingen

http://www.hogrefe.de
Aktuelle Informationen • Weitere Titel zum Thema • Ergänzende Materialien

Umschlaggraphik: Christina Teutoburg, 8 Jahre
Druck: AZ Druck und Datentechnik GmbH, 87435 Kempten/Allgäu
Printed in Germany
Auf säurefreiem Papier gedruckt

ISBN 3-8017-1308-3

Für Uschi

Mit Dank
für die Freude in guten
und die Geduld in schlechteren Zeiten

Inhaltsverzeichnis

Kapitel 1

Kapitel 2

Kapitel 3

Kapitel 4

Kapitel 5

Kapitel 6

Kapitel 1

Einleitung

1.1 Psychologische Interventionen für Kinder und Jugendliche mit geistiger Behinderung oder für ihre Eltern?

Kinder und Jugendliche mit geistiger Behinderung – ist das überhaupt ein Berufsfeld, in dem Klinische Kinderpsychologen etwas beitragen können? Ist das nicht allein das Feld des Pädagogen, der sich als Begleiter von Menschen mit Behinderung auf dem Weg zu einer größtmöglichen Selbstbestimmung und in ein möglichst normales Leben versteht? Birgt die Einbeziehung eines Psychologen womöglich die Gefahr eines Rückschritts in ein distanzierendes Menschenbild, bei dem das Kind mit einer geistigen Behinderung als „Defizitwesen" mit „dysfunktionalen" Verhaltensformen betrachtet wird, die durch „Interventionen" behandelt werden müssen, ehe Dialog und Gemeinsamkeit im Alltag möglich sind?

Eltern von Kindern und Jugendlichen mit geistiger Behinderung – brauchen sie einen Psychologen? Birgt die Einbeziehung eines Psychologen die Gefahr eines Rückfalls in die Zeit, in der Familien mit behinderten Kindern als „behinderte Familien" oder „Sonderfamilien" betrachtet, ihre Beziehungen pathologisiert und als therapiebedürftig erklärt wurden? Tradiert sich hier ein Bild von Eltern als anleitungsbedürftig? Müssen sie durch Instruktionen und Interventionen als „Co-Therapeuten" ausgebildet werden?

Psychologische Beratung mit diesem Auftrag widerspräche gänzlich dem gegenwärtigen Leitbild der Arbeit mit und für Menschen mit geistiger Behinderung. Ein integrierendes Menschenbild, dialogische Beziehungen, Respekt vor der Autonomie jedes Menschen mit einer Behinderung und seinem Recht auf Partizipation am sozialen Leben gehören als unverzichtbare Elemente dazu. Kooperation und Konsultation charakterisieren die Zusammenarbeit mit Eltern, fachliche Beratung orientiert sich an ihren Bedürfnissen und baut auf ihren Stärken und Kompetenzen auf. – Das war nicht immer so.

1.2   Historischer Rückblick

Bis in die sechziger Jahre hinein lebten Menschen mit Behinderungen ohne gezielte Förderung zu Hause, in psychiatrischen Kliniken oder Anstalten. Sie verläßlich zu pflegen und zu betreuen, stellte einen Fortschritt dar, bedenkt man, daß die Vernichtung „lebensunwerten Lebens" erst wenige Jahre zurücklag. Euthanasiegedanken in jener Zeit waren nicht ein Exzess nationalsozialistischer Ideologie, sondern entsprachen weitverbreiteten Einstellungen, pseudo-legitimiert durch eugenische „Forschung". Bis Mitte 1941 waren 70 000 Menschen in den Tötungsanstalten umgebracht worden, darunter mehr als 2000 Kinder.

Dann wurde ein flächendeckender Ausbau von Schulen für Geistigbehinderte begonnen und allmählich ein umfassendes Fördersystem aus Frühförderstellen, Sonderkindergärten, sogenannten Tagesbildungsstätten, Werkstätten und Wohnheimen für Behinderte geschaffen. Die Förderung orientierte sich am „Normalisierungsprinzip", ein Leitbild in der Arbeit mit Menschen mit Behinderung, das zunächst in Skandinavien und den USA formuliert wurde. Normalisierung meinte die Gesamtheit der Mittel, durch die ein Mensch mit geistiger Behinderung dahin gelangt, ein Leben zu führen, das dem „normaler" Menschen so nahe wie möglich kommt. Dieses Prinzip wurde jedoch oft mißverstanden als „Normalisierung des Behinderten" und legitimierte Maßnahmen der Erziehung zur Unauffälligkeit: exzessives Training lebenspraktischer Fähigkeiten, das Einüben einfacher Umgangsformen, verhaltenstherapeutische Modifikation sozial störenden Verhaltens durch systematische Kontrolle über „Verstärker" und Einsatz von Strafmaßnahmen. Eltern wurden in der Ausführung von Übungen und Therapien angeleitet, die der Fachmann für indiziert hielt, um dieses Ziel zu erreichen.

Therapie- und Förderprogramme unterschiedlichster Art wurden zur Stimulation von Fähigkeiten und Angleichung an die sogenannte Normalität entwickelt, als ob sich Menschen mit Behinderungen die Aufnahme in die Gesellschaft erst zu verdienen hätten. Therapie und Förderung wurden bis ins Erwachsenenalter fortgesetzt, um ihre Defizite vielleicht doch noch auszugleichen. Eigene Entscheidungen, wo und wie sie arbeiten, wo und wie sie wohnen und mit wem sie Freizeit oder Leben teilen möchten, waren selbst dann nicht vorgesehen.

Das Leitbild der Arbeit für und mit Menschen mit geistiger Behinderung hat sich in den letzten Jahren gewandelt. Selbstbestimmung und soziale Partizipation sind zu gemeinsamen Erziehungszielen für behinderte und nicht behinderte Menschen geworden. Dieser Paradigmenwechsel hat zunächst in der Erwachsenen-Behindertenhilfe die Praxis verändert. Respektierung individueller Wünsche bei der Wohnentscheidung, Raumgestaltung, Wahl von Kleidung, Freizeitaktivitäten und Freundschaften; Unterstützung von Eigenaktivität und größtmöglicher Beteiligung am Alltagsleben; Schutz vor Diskriminierung und Gewalt und das Recht auf eine menschenwürdige Lebensqualität sind heute anerkannte (wenn auch noch nicht überall verwirklichte) Grundprinzipien. Die Rolle des Professionellen hat sich gewandelt vom Betreuer zum Begleiter (Hähner et al., 1996). Er unterstützt den erwachsenen Menschen mit einer Behinderung dabei, seine selbstgewählten Ziele zu verwirklichen. Selbstbestimmung bedeutet nicht, auf sich alleine angewiesen zu sein, sondern Anspruch auf Assistenz bei der Partizipation an einem möglichst normalen Leben.

1.3 Selbstbestimmung und soziale Partizipation als pädagogische Ziele

Selbstbestimmung und soziale Partizipation als Erziehungsziele – was bedeutet das für die Erziehung und Förderung im Kindesalter? Jedes Kind – unabhängig von seinem Alter und seinen kognitiven Fähigkeiten – ist motiviert, selbst tätig zu sein. Nicht die Selbsttätigkeit, sondern die Selbstlenkung des eigenen Verhaltens muß gelernt werden. Es gilt, gemeinsame Aktivitäten so zu gestalten, daß Kinder und Jugendliche Anreize finden zu gezielten Tätigkeiten. Sie müssen lernen, zwischen Alternativen zu wählen, Konsequenzen des eigenen Verhaltens wahrnehmen und sich Kompetenzen zur Selbständigkeit aneignen. Selbständigkeit setzt eine Kenntnis der Zusammenhänge von Ereignissen und Mitteln voraus, um die eigenen Ziele zu erreichen, Übung im Wählen und die Fähigkeit zu entscheiden, wo Selbsttun nicht möglich und Hilfe nötig ist.

Eltern und Pädagogen werden zum Begleiter des Kindes auf seinem Weg zur Selbstbestimmung, indem sie zur Selbsttätigkeit ermutigen, die Motive des Handelns verstehen, den Erwerb von Fertigkeiten anleiten und Vertragsformen aushandeln, wenn seine mit den Interessen anderer Kinder oder Erwachsener kollidieren (Walther, 1996). Diese Gedanken sind nicht neu und finden sich in vielen allgemein-pädagogischen Konzeptionen, z. B. bei M. Montessori, mit dem Satz „Hilf mir, es selbst zu tun".

Die Entwicklung von kognitiven, kommunikativen und praktischen Fähigkeiten zur Selbstbestimmung und Selbstregulation geschieht in einem sozialen Beziehungssystem aufeinander abgestimmter Eltern-Kind-Interaktionen. Eltern bringen intuitive Verhaltensbereitschaften zur Gestaltung einer responsiven Beziehung mit, mit denen sie die Eigentätigkeit des Kindes aufgreifen und seine kommunikativen Signale wahrnehmen, so daß – ohne allzu viel erzieherische Reflexion – die wechselseitige Abstimmung aufeinander und die Anpassung an die Entwicklungsaufgaben des Kindes immer wieder gelingen. Sie wählen altersbezogene Anforderungen aus, üben Selbstverantwortung ein in einer Zeit, in der sie das Kind noch gut vor Gefahren schützen können, und versuchen so, Unabhängigkeit und Vertrauen auf die eigene Kompetenz zu fördern. Sie regen die Neugier des Kindes an, gehen auf seine Interessen, Wünsche oder Bedürfnisse ein und vermeiden übermäßige Lenkung und Direktivität (Papousek, 1996).

Die Realisierung dieser intuitiven Verhaltensbereitschaften wird in der Beziehung zu behinderten Kindern auf vielfältige Weise gehemmt. Die Mitteilung der Diagnose kann als Traumatisierung nachwirken und das Vertrauen der Eltern in die eigene erzieherische Kompetenz erschüttern. Das Alltagswissen um die normale kindliche Entwicklung scheint nicht übertragbar zu sein und als Orientierungshilfe für die Formulierung angemessener Erwartungen an das Kind und langfristige Entwicklungsperspektiven zu versagen („repräsentationales Vakuum"). Die Gestaltung von gemeinsamen Aktivitäten fällt schwer, wenn die kindlichen Rückmeldesignale unklar sind und kaum zu erkennen ist, was es interessiert, wann es eine Pause braucht oder überfordert ist. Dies gilt insbesondere in der Interaktion mit schwer- oder mehrfachbehinderten Kindern, bei denen die Sprachentwicklung über lange Zeit ausbleibt und auch die Verständigung über Blick, Mimik und Gesten Grenzen hat.

Eltern behinderter Kinder reagieren auf diese Unsicherheiten, indem sie die Interaktion stärker lenken, die Aktivitäten durch Aufforderungen steuern und an Förderzielen orientieren. Unterstützung finden sie in Ärzten, Psychologen und Therapeuten, die gutgemeinte Ratschläge zu vermehrter Förderung des Kindes geben oder strukturierte Übungs- und Trainingsprogramme empfehlen. Eltern sehen sich mit einem „Markt der Möglichkeiten" konfrontiert, auf dem die unterschiedlichsten Programme angeboten werden. Sie können sehr zeitaufwendig, anstrengend (z. B. die Übungsformen nach Vojta, Padovan oder Doman-Delacato) oder kostspielig (z. B. die Tomatis- oder Delphin-Therapie) sein. Sie werden mit Erfolgsversprechungen verknüpft, die Eltern in ihrer Hoffnung auf eine Normalisierung des Kindes allzugern glauben möchten, ohne daß sie selbst über Kriterien zur Beurteilung dieser Therapieformen verfügen.

Auch im weiteren pädagogischen Umfeld erleben behinderte Kinder ein hohes Maß an Lenkung und Anforderungen. Pädagogen bestimmen im Alltag von Kindergarten und Schule für sie den Tagesablauf und die „förderlichen Aktivitäten", ohne von ihnen kommunikative Initiative und die Fähigkeit zur eigenen Entscheidung zu erwarten. Allzu oft werden sie von „normalen" sozialen Aktivitäten ausgeschlossen, weil ihnen niemand die Partizipation zutraut und die nötige Assistenz gibt, um sich zu beteiligen.

Manchmal begegnen sie Pädagogen, denen die Förderung von Selbstbestimmung und sozialer Partizipation sehr wohl wichtig ist, die aber nicht wissen, wie sie ihre Teilnahme und die Ausbildung kommunikativer und sozialer Fähigkeiten unterstützen können. Hilflos zeigen sie sich besonders bei Kindern mit schwerer Behinderung, geringer Verständigungsfähigkeit oder ungewohnten Verhaltensweisen. Schlagworte wie „ganzheitliche Förderung", „situativer Erziehungsansatz" und „Normalisierung des sozialen Umfelds" maskieren dann allzu oft pädagogische Konzeptlosigkeit.

1.4 Erwartungen der Eltern an fachliche Hilfen

Elternbefragungen im frühen Kindesalter (Bailey et al., 1992; Mahoney & Filer, 1996; Sarimski, 1996) und im Jugendalter (Dunlap et al., 1994; Turnbull & Ruef, 1996) geben Aufschluß, welche fachlichen Hilfen sie für ihren Erziehungs- und Förderalltag erwarten.

Eltern jüngerer Kinder äußern einen hohen Bedarf an Informationen über die Behinderung des Kindes, um sein Verhalten und die Entwicklungsperspektiven besser verstehen zu können, an Unterstützung bei der Gestaltung förderlicher Aktivitäten sowie an konkreten Empfehlungen zum Umgang mit problematischen Verhaltensweisen. Ein Teil der Eltern formuliert darüberhinaus Wünsche nach Entlastung, um Zeit für sich oder Kontakte zu anderen Familien zu finden. Viele fühlen sich unzureichend informiert über verfügbare Hilfen und beklagen, daß die verschiedenen Einrichtungen oder therapeutischen „Angebote" mangelhaft koordiniert sind und sie mit zu vielen verschiedenen Fachleuten konfrontiert sind, denen es z. T. an Verständnis für die Bedürfnisse der Familie als Ganzes fehle. Die Familien mit dem größten Hilfebedarf scheinen im Alltag die geringste Hilfe zu finden; dies sind vor allem Eltern von schwerstbehinderten Kindern, Eltern mit mehreren behinderten Kindern und Eltern aus sozialen Randgruppen (Sloper, 1999). Besonders häufig von Ärzten, Psychologen oder Sozialpädagogen alleingelassen fühlen sich Eltern von behinderten Jugendlichen mit schweren Verhaltensauffälligkeiten. Soweit sie überhaupt Hilfsangebote fänden, seien sie nicht praktikabel und unzureichend auf die individuellen Besonderheiten und Lebenszusammenhänge abgestimmt (Allen, 1999).

Psychotherapeutische Angebote werden von Eltern selten genutzt. Krause (1997) stellte in einer Befragung von über 600 Eltern jüngerer geistigbehinderter Kinder fest, daß nur 15 % gelegentlich und 10 % häufiger Kontakt zu einem psychologischen Berater haben. Auch unter den Eltern, die sich selbst als hochbelastet empfinden, lag der Anteil derer, die psychotherapeutische Hilfe in Anspruch nahmen, nicht über 20 %.

Pädagogen suchen ihrerseits fachliche Hilfe besonders dann, wenn Kinder und Jugendliche die Beziehungen in der Gruppe durch aggressive, destruktive, bzw. selbstverletzende Verhaltensweisen belasten. Sie fühlen sich in ihren pädagogischen Möglichkeiten überfordert, das Verhalten der Kinder zu lenken und sie am Gruppengeschehen zu beteiligen. Nicht selten entsteht daraus Distanz und Gegenaggression, letztendlich die Etikettierung eines Kindes oder Jugendlichen als „untragbar" und „nicht gruppenfähig" und die Empfehlung an die Eltern, für eine stationäre psychiatrische Behandlung oder Heimaufnahme zu sorgen. Dies stellt dann das Ende der Integrationsbemühungen dar.

Eltern und Pädagogen könnte somit ein psychologisches Beratungskonzept nutzen, das:

- sich auf ein entwicklungspsychopathologisches, empirisch fundiertes Modell bezieht, wie sich Entwicklungsverläufe, Lernprozesse und problematische Verhaltensweisen von Kindern mit Behinderungen verstehen lassen,
- konkrete Handlungsorientierungen gibt, wie Entwicklung und Verhalten des Kindes beurteilt und Interventionsstrategien entwickelt werden können
- dem Leitbild der Normalisierung des Lebensumfelds, sozialen Partizipation und größtmöglichen Selbstbestimmung als Entwicklungsziele für Menschen mit geistiger Behinderung verpflichtet ist,
- sich an den Bedürfnissen der Eltern und Pädagogen orientiert und ein lösungsorientiertes Konsultationsangebot macht,
- und sich daran messen läßt, ob es wirksam zu einer Verbesserung der Beziehungen zwischen Eltern und Kind, Stärkung ihres Vertrauens in die eigenen Bewältigungsfähigkeiten und schließlich einer Steigerung der Lebensqualität der Familie beiträgt.

1.5   Überblick über das Buch

In den folgenden Kapiteln soll ein psychologisches Beratungskonzept vorgestellt werden, das auf die Bedürfnisse von Eltern und Pädagogen nach Informationen und Hilfen zum Verständnis von Entwicklungs- und Verhaltensbesonderheiten bei geistiger Behinderung und Unterstützung bei der Gestaltung förderlicher sozialer Beziehungen des Kindes mit seiner Umwelt ausgerichtet ist. Dabei sollen auch die Bedürfnisse von Kindern mit schwerer geistiger Behinderung und ihrer Eltern berücksichtigt werden. Es soll dem praktisch tätigen Kinderpsychologen helfen, diagnostisches Vorgehen und Interventionen zu strukturieren, eine individuelle Beratung für Eltern kann und soll es nicht ersetzen.

Das Buch ist nicht als Kompendium aller empirischen Forschungsarbeiten zur Entwicklung von Kindern mit geistiger Behinderung oder zum Spektrum therapeutischer Ansätze gedacht. Es verzichtet auf eine differenzierte Darstellung testdiagnostischer Verfahren, obgleich die diagnostische Begutachtung von Kindern mit geistiger Behinderung und Identifikation von Leistungsschwächen und -stärken traditionell ein Hauptarbeitsfeld des Psychologen in vielen Einrichtungen der Behindertenhilfe darstellt. Informationen zur Testdiagnostik bei geistiger Behinderung findet der Leser jedoch in zahlreichen Einzelkapiteln anderer Fachbücher (z. B. Straßburg et al., 1996; Steinhausen & Neuhäuser, 1999).

Zunächst wird ein Überblick über die Formen und Ursachen der geistigen Behinderung sowie diagnostische Vorgehensweisen gegeben, soweit dieses Wissen hilfreich erscheint, um Fragen der Eltern zur Behinderung ihres Kindes sachgerecht beantworten zu können und ihr Verständnis für Entwicklungs- und Verhaltensmerkmale zu fördern.

Anschließend werden Entwicklungsaufgaben und -verläufe in den Bereichen der adaptiven, sozialen und kommunikativen Entwicklung geschildert. Dabei wird Wert darauf gelegt, sowohl der Bedeutung biologischer Dispositionen bei unterschiedlichen definierten genetischen Syndromen wie der Eltern-Kind- und Umweltbeziehung für den Erwerb von Fähigkeiten einen angemessenen Raum einzuräumen. Aus dem empirisch verfügbaren Wissen werden jeweils konkrete Strategien für die Beurteilung der Entwicklung und die Planung von Interventionen abgeleitet, die dem langfristigen Entwicklungsziel der größtmöglichen sozialen Partizipation und Selbstbestimmung gerecht werden. Danach werden Entstehungsbedingungen und Strategien zur Lösung bei herausfordernden, belastenden Verhaltensformen (ängstlichen, zwanghaften, ablehnenden, aggressiv-destruktiven, stereotypen oder selbstverletzenden Verhaltensweisen, Eß- oder Schlafproblemen) erörtert. Das letzte Kapitel befaßt sich schließlich mit elternzentrierten Hilfen, die sie bei der Bewältigung der besonderen Herausforderungen, der Mobilisierung ihrer persönlichen und sozialen Ressourcen und der Suche nach einem eigenen Weg unterstützen können.

Kapitel 2

Medizinische und psychologische Grundlagen

2.1 Definition, Klassifikation und Häufigkeit

2.1.1 Definition nach Intelligenztestwerten

Ärzte, Psychologen, Pädagogen und Therapeuten verwenden je nach fachlichem Hintergrund unterschiedliche Abgrenzungs- und Klassifikationsmerkmale, um den Personenkreis der geistig behinderten Menschen zu definieren. Allgemeines Intelligenzniveau, sozial-adaptive Kompetenz oder Förder- bzw. Hilfebedürfnisse werden als Beschreibungskriterien herangezogen.

Auch von Land zu Land unterscheidet sich der Begriffsgebrauch. Dem deutschen Begriff der geistigen Behinderung entspricht in den USA der Begriff der „Mental Retardation", definiert durch einen psychometrisch erfaßten Stand der intellektuellen Fähigkeiten, der um mehr als zwei Standardabweichungen unter dem Durchschnitt der jeweiligen Altersgruppe liegt, und ein bedeutsames Entwicklungsdefizit der sozial-adaptiven Fähigkeiten. In England wird statt dessen der Begriff der „Intellectual Disability" bevorzugt.

Unterschieden wird dabei in der Regel eine leichte geistige Behinderung (IQ 50–70) von einer schweren geistigen Behinderung (IQ < 50). Diese Unterteilung wird im Klassifikationsschema der ICD-10, nach dem im Kindesalter u. a. pädiatrische und kinder- und jugendpsychiatrische Diagnosen gestellt werden, weiter differenziert in „mittelgradige Intelligenzminderung" (IQ 35–49), „schwere Intelligenzminderung" (IQ 20–34) und „schwerste Intelligenzminderung" (IQ < 20; Tab.1).

Tabelle 1: Klassifikation der Intelligenzminderung nach ICD-10

leicht	F 70	IQ 50–70
mittelgradig	F 71	IQ 35–49
schwer	F 72	IQ 20–34
schwerst	F 73	IQ < 20

2.1.2 Schulpädagogische Klassifikation

Im deutschen Sonderschulwesen hat sich dagegen zunächst eine 1973 vom Deutschen Bildungsrat vorgenommene Grenzziehung bei „drei Standardabweichungen unterhalb des Mittelwerts", also einem IQ < 55, durchgesetzt, um Schüler einer Schule für Geistigbehinderte zuzuweisen. Schüler mit einem IQ zwischen 55 und 85 wurden dem Personenkreis der Lernbehinderten zugerechnet. Die tatsächliche Entscheidung über die Frage, welche Schule ein Kind besuchen soll, richtet sich im Alltag jedoch nicht nach diesem formalen Kriterium allein, sondern nach den individuellen Bedürfnissen des Kindes und den vorhandenen schulischen Angeboten und Rahmenbedingungen.

So werden in vielen Fällen auch Kinder mit einem IQ > 55 einer Schule für Geistigbehinderte zugewiesen, wenn sie ausgeprägte „Verhaltensauffälligkeiten", d. h. hyperaktives, impulsives, oppositionelles, aggressives oder destruktives Verhalten zeigen. Dies geschieht mit dem Argument, daß diese Kinder einen so großen pädagogischen Hilfebedarf haben, daß sie in den größeren Klassen der Schule für Lernbehinderte nicht angemessen gefördert werden können. In den letzten Jahren werden an ihrer Stelle den Schulen für Lernbehinderte (bzw. ihren Eingangsstufen oder Diagnose- und Förderklassen) vermehrt Schüler mit nur leicht beeinträchtigter intellektueller Entwicklung zugewiesen, die aufgrund erziehungsbedingter Verhaltensprobleme oder schwerer Teilleistungsstörungen in der Regelschule zu scheitern drohen.

Die Kriterien der Sonderschulaufnahmeverfahren spiegeln in den einzelnen Bundesländern die jeweils herrschende schulpolitische Philosophie wider. Wo eine schulische Integration behinderter Kinder nach den Prinzipien der lernzieldifferenten Beschulung angestrebt wird, ist das psychometrisch erfaßte Intelligenzniveau des Kindes von geringer Bedeutung. Wichtiger ist dort eine Analyse der spezifischen Bedürfnisse des Kindes, um zu entscheiden, welche Bedingungen geschaffen werden müssen, damit das Kind am Unterricht und sozialen Geschehen der Gruppe partizipieren kann.

Die Möglichkeiten zu einer solchen integrativen Beschulung sind allerdings derzeit von Bundesland zu Bundesland sehr unterschiedlich. So besuchten Ende der 90er Jahre über 50 000 Schüler eine Schule für Geistigbehinderte. Dies machte 0,53 % aller Schüler der allgemeinbildenden Schulen aus, während der relative Anteil von Schülern an Lernbehindertenschulen bei 2.5 % lag. Lediglich etwa 1100 Kinder und Jugendliche mit geistiger Behinderung wurden gemeinsam mit nicht behinderten Kindern in allgemeinen Schulen unterrichtet, d.h etwa 2 % der Gesamtzahl der Schüler mit geistiger Behinderung. In einzelnen Ländern wie Schleswig-Holstein und Hamburg lag dieser Anteil jedoch bei 8, bzw. 10 %, was die Abhängigkeit der Integration vom politischen Gestaltungswillen verdeutlicht (Frühauf, 1999).

2.1.3   Epidemiologie

Fragen der Definition und Klassifikation haben offensichtlich für die pädagogischen Entscheidungen, wie und wo die spezifischen Förderbedürfnisse von Kindern mit geistiger Behinderung erfüllt werden können, weniger Relevanz, sind aber für wissenschaftliche, insbesondere epidemiologische Fragestellungen bedeutsam. Englische, skandinavische und deutsche Studien berichten eine Prävalenzrate von 0.4 % für die schwere geistige Behinderung (IQ < 50), 2.5–2.9 % für die leichte geistige Behinderung (Roeleveld & Zielhuis, 1997; Thimm, 1999). Eine gewisse Schwankung erklärt sich aus unterschiedlichen Erfassungskriterien. Während in Skandinavien populationsbezogene Studien durchgeführt werden konnten, sind deutsche Studien institutionsbezogen angelegt. Z. B. bezieht sich die Prävalenzangabe für schwere geistige Behinderungen (0.3 %) in der größten deutschen Untersuchung (Mannheim-Studie) lediglich auf die Zahl der in Förder- und Wohneinrichtungen versorgten geistig Behinderten der Regionen Neckar und Oldenburg. Kinder und Erwachsene, die von dort stammen, aber außerhalb der untersuchten Region in der BRD in Förderstätten und Wohnheimen betreut werden, wurden nicht erfaßt.

2.2   Ursachen

2.2.1   Statistische Verteilung

Die Ursachen verteilen sich innerhalb der beiden Gruppen der schweren bzw. leichten geistigen Behinderung unterschiedlich. Einen ausführlichen Überblick über prä-, peri- und postnatale Ursachen von Hirnschädigungen geben Heubrock und Petermann (2000). Pränatale Ursachen finden sich bei mehr als der Hälfte der schweren Behinderungen (Hagberg et al., 1981; Benassi et al., 1990; Stromme & Hagberg, 2000; Tab. 2), wobei chromosomale und nicht-chromosomale Dysmorphiesyndrome am häufigsten sind. Mit etwa 30 % macht das Down-Syndrom darunter den größten Anteil aus, gefolgt vom Fragilen-X-Syndrom mit etwa 5 % (Gillberg, 1997). Pränatale Infektionen sind die Ursache für etwa 8 % der schweren Behinderungen. 10–15 % sind jeweils durch perinatale Komplikationen (Frühgeburt mit nachfolgender schwerer Hirnblutung, Periventrikuläre Leukomalazie, Asphyxie) oder durch postnatale Ursachen (schwere Anfallsleiden, Hirnschäden und Hirntumore) zu erklären. Bei leichter Intelligenzminderung sind chromosomale Störungen lediglich für 10–15 % der Fälle verantwortlich (überwiegend Down- und Fragiles-X-Syndrom). Schwere pränatale Infektionen oder postnatale Störungen sind selten, perinatale Komplikationen dagegen häufiger die Ursache.

Während in älteren Studien bei vielen schwerbehinderten Kinder keine Ursache identifiziert werden konnte (Hagberg et al., 1981), gelingt dies durch die modernen medizinischen Untersuchungsmöglichkeiten heute wesentlich häufiger. Stromme & Hagberg (2000) fanden nur noch bei 4 % der schweren geistigen Behinderungen keine ätiologische Erklärung. Immer noch hoch ist jedoch der relative Anteil unspezifischer, ursächlich ungeklärter Formen bei leichter geistiger Behinderung, der in jener Studie 32 % betrug.

Tabelle 2:   Zeitpunkt der Verursachung einer geistiger Behinderung

	Hagberg et al. (1981)	Benassi et al. (1990)	Stromme/Hagberg (2000)	
			IQ < 50	IQ < 70
pränatal	> 50 %	33.3 %	70 %	51 %
perinatal	10–15 %	19.7 %	4 %	5 %
postnatal	10–15 %	13.3 %	5 %	1 %
unsicher	18 %	21.1 %	18 %	11 %

2.2.2   Bedeutung der Ursachenklärung für die Eltern

Gerade die sogenannten idiopathischen, d. h. ungeklärten geistigen Behinderungen stellen ein großes Problem für die Eltern dar. Wenn eine Erklärung fehlt, bleiben ihre Fragen nach der Ursache, den Erfahrungen, wie sich andere Kinder mit gleicher Behinderung entwickelt haben, und einem möglichen Wiederholungsrisiko bei einer erneuten Schwangerschaft offen. Antworten auf diese Fragen sind für die Anerkennung der Realität durch die Eltern und die Entwicklung von Zukunftsperspektiven aber von nicht zu unterschätzender Bedeutung.

Tabelle 3:   Bedeutung der Ursachenklärung für die Elternberatung

- Auflösung der Suche nach eigener oder fremder Schuld
- Vergleich mit anderen Kindern gleicher Behinderung („downward-comparison")
- Möglichkeit zu sozialen Kontakten und Unterstützung von Eltern, deren Kinder die gleiche Behinderung haben (statt des isolierenden Gefühls „wir stehen damit allein")
- Entwicklung von Zukunftsaussichten (statt eines „repräsentationalen Vakuums")
- Entlastung von möglichen Selbstvorwürfen (Vernachlässigung, mangelnde Erziehungsfähigkeit)
- Nutzung spezifischer Therapieerfahrungen
- Familienplanung

Vor allem die Weiterentwicklung der humangenetischen Untersuchungsmethoden hat in den letzten Jahren die Ursachenaufklärung verbessert. Diese werden aber noch viel zu selten genutzt, da die Information der Ärzte, Psychologen und Pädagogen über die sich laufend erweiternden Erkenntnisse der Humangenetiker unzureichend ist und eine interdisziplinäre Zusammenarbeit institutionell nur an wenigen Orten etabliert ist.

Es ist zu erwarten, daß sich die hohe Zahl der idiopathischen Formen unter den Kindern mit leichter geistiger Behinderung in Zukunft weiter aufschlüsseln läßt. So fand z. B. Akesson (1986) unter 171 Patienten mit leichter geistiger Behinderung bei 17 eine chromosomale Störung, bei 13 ein umschriebenes genetisches Syndrom, bei 12 eine Alkoholembryopathie, Kurtz et al. (1994) bei 8 % von 58 Patienten mit idiopathischer geistiger Behinderung eine bis dahin nicht erkannte Stoffwechselstörung, Flint et al. (1995) bei 3 % eine de-novo-Microdeletion. Neuere Erkenntnisse über genetische Ursachen bedeuten natürlich nicht, daß soziale Faktoren bei der Ausbildung einer geistigen Behinderung unerheblich wären. So zeigen vor allem die Follow-up-Studien ehemals frühgeborener Kinder bis ins Schulalter das Zusammenwirken von biologischen und sozialen Faktoren bei der Entwicklung von Intelligenzminderungen (z. B. Wolke & Meyer, 1999; Laucht et al., 2000).

2.2.3 Chromosomenbesonderheiten

Numerische Chromosomenbesonderheiten entstehen durch eine Fehlverteilung, d. h. durch das Nichtauseinanderweichen (Non disjunktion) einzelner Chromosomen während der elterlichen Keimzellreifung. Diese führt zu einer Imbalance der genetischen Informationsdosen mit Auswirkungen auf die Proteinbildung und Regulationsmechanismen in der Entwicklung. Der genaue Weg, wie die Veränderung der genetischen Information zu den später am Kind beobachtbaren körperlichen und kognitiv-sozialen Entwicklungsmerkmalen führt, ist noch nicht bekannt.

Tabelle 4: Pränatale Störungsbilder als Ursache geistiger Behinderung (Auswahl)

Gruppe	Entwicklungsstörung	Syndrombeispiele
Chromosomal	– numerische Veränderung – strukturelle Veränderung – Mikrodeletion	– 4p- (Wolf-Hirschhorn) – partielle Tetrasomie 15 – Smith-Magenis – Trisomie 21 – Angelman – Prader-Willi – Williams-Beuren

Noch nicht eindeutig identifizierbare Genveränderung	– neurokutane Störung – Dysmorphien – Wachstums-/ Skelettveränderung	– tuberöse Sklerose – Sturge-Weber – Cornelia-de-Lange – Sotos
Angeborene Stoffwechselstörung	– Aminosäure – Mukopolysaccharide – Kupfer	– unbehandelte PKU – Hurler-, Hunter-, Sanfilippo-Typ – Wilson, Menkes
Neuronale Migrationsstörung	– Hirnfehlbildung	– Holoprosencephalie – Lissencephalie

Die häufigste Form dieser chromosomalen Besonderheit ist das Down-Syndrom (Inzidenz 1:600), bei dem es durch die fehlerhafte Zellteilung in allen Körperzellen zu einem überzähligen Chromosom 21 (Trisomie 21) kommt mit syndromspezifischen Folgen für das äußere Erscheinungsbild (charakteristische Gesichtszüge mit schräger Lidachse, auffallend weitem Augenabstand, einer Lidfalte am inneren Augenwinkel, kurzer Nasenwurzel, einem scheitelwärts ausladenden, hinten abgeflachten Kopf, kurzem Nacken, breiten, relativ kurzen Händen, einer Vierfingerfurche, relativ vermehrtem Fettansatz) und einer verlangsamten Entwicklung der motorischen, kognitiven und sprachlichen Fähigkeiten. Andere Trisomien, bei denen ein Chromosom als Ganzes oder Teile eines Chromosoms überzählig sind, sind seltener, jedoch meist mit zusätzlichen Fehlbildungen und schweren Entwicklungsstörungen verbunden (z. B. Trisomie 8, 13, 18).

Während der Zellteilung kann es auch zu sogenannten Strukturumbauten von Chromosomen mit Verlust oder Zugewinn chromosomalen Materials kommen. Das führt zu unbalancierten Genverhältnissen, z. B. bei der partiellen Monosomie 5 (Cri-du-Chat-Syndrom) zu einem Stückverlust am kurzen Arm des Chromosoms 5, ähnlich bei der partiellen Monosomie 4p (Wolf-Hirschhorn-Syndrom), mit schwerwiegenden Entwicklungsfolgen. Die meisten Chromosomenaberrationen entstehen neu. Bei ungefähr 20 % der Kinder findet sich jedoch die Strukturbesonderheit auch bei den Eltern. Bei ihnen ist der Strukturumbau genetischen Materials jedoch ohne Stückverlust erfolgt, so daß er ohne Auswirkungen auf äußeres Erscheinungsbild und Entwicklung der Eltern und daher oft über Generationen hinweg unentdeckt blieb. Bei diesen sogenannten Trägern einer balancierten Translokation ist die Wahrscheinlichkeit höher, daß es bei erneuter Schwangerschaft im Laufe der Zellteilung zu einem Verlust von genetischem Material und damit zur Geburt eines Kindes mit einer Behinderung kommt.

Die häufigste strukturelle Chromosomenbesonderheit ist das Fragile-X-Syndrom (geschätzte Prävalenz von 1:2000). Hier findet sich eine sogenannte „brüchige Stelle" am Ende des langen Arms des X-Chromosoms (Xq28). Molekulargenetisch läßt sich bei diesen Kindern eine Abweichung in der Anordnung von DNA-Sequenzen, die als reifungssteuernde „Informationsspeicher" fungieren, feststellen (instabile CGG-Trinukleotid-Repeatzusammensetzung). Insbesondere bei den Jungen mit Fra-X-Syndrom finden sich ausgeprägte Entwicklungs- und Verhaltensstörungen, die in vielen Fällen eher als Leitsymptome zur Ursachenhypothese führen als das äußere Erscheinungsbild, das keine wesentlichen dysmorphologischen Merkmale aufweist. Das Fragile-X-Syndrom macht etwa 40 % der Fälle X-gebundener mentaler Behinderung aus. Insgesamt werden gegenwärtig 95 verschiedene mentale Behinderungssyndrome dem X-Chromosom zugeordnet (Feldman, 1996). Dies erklärt die ungleiche Geschlechtsverteilung im Auftreten geistiger Behinderung mit einem relativen Überwiegen von Jungen um mindestens 20 %.

Neben solchen mikroskopisch sichtbaren chromosomalen Veränderungen lassen sich durch die Weiterentwicklung der genetischen Analysemethoden zunehmend mehr Mikrodeletionen (Veränderungen jenseits der Grenze der mikroskopischen Auflösung) identifizieren. Dabei kann es sich um das Fehlen mehrerer Gene in Reihe („contiguous gene syndromes") oder das Fehlen eines einzelnen Gens handeln. Je nach funktioneller Bedeutung des Gens für Reifungsprozesse kann dessen Fehlen komplexe Behinderungsformen hervorrufen. So handelt es sich z. B. beim Smith-Lemli-Opitz-Syndrom um eine Störung der Cholesterinbiosynthese mit der Folge einer schweren geistigen Behinderung, beim Williams-Beuren-Syndrom um eine Deletion am sogenannten Elastin-Gen (auf dem Chromosom 7) mit der Folge eines verminderten Wachstums, Herzfehlers und geistiger Entwicklungsstörung variabler Ausprägung.

Bei einigen Syndromen ist es zudem bedeutsam, von welchem Elternteil das deletierte Genmaterial stammt („genomic imprinting"). Relativ häufig ist das Prader-Willi-Syndrom (geschätzte Inzidenz 1:15 000), das mit Muskelhypotonie, charakteristischen Merkmalen des Gesichts und der Extremitäten, exzessivem Streben nach Essen, Verhaltensauffälligkeiten und einer kognitiven Entwicklungsstörung variabler Ausprägung einhergeht. Hier handelt es sich in der Mehrzahl der Fälle um einen Verlust der vom Vater ererbten genetischen Bausteine auf dem Chromosom 15q11.2–q13. Wenn eng benachbarte Gene mütterlicher Herkunft eine Deletion aufweisen, kommt es zu einem Angelman-Syndrom, bei dem die kognitive Entwicklung wesentlich stärker eingeschränkt ist und die sprachliche Entwicklung weitgehend ausbleibt.

Neuere Arbeiten spiegeln die hohe Zahl von verschiedenen chromosomalen Störungsbildern wider. So geben Thapar et al. (1994) eine Zahl von 210 monogenen Störungen, 41 autosomal dominanten und 138 autosomal rezessiven genetischen Veränderungen an. Selbstverständlich ist es an dieser Stelle nicht möglich, über diese Beispiele hinaus eine hinreichend vollständige Übersicht über die chromosomalen Syndrome zu geben. Außerdem ist eine Vielzahl von charakteristischen Kombinationen verschiedener Symptome mit mentaler Behinderung beschrieben, deren genetische Ursache (noch) nicht identifiziert werden konnte. Zu diesen non-chromosomalen Dysmorphie-Syndromen gehören z. B. das Cornelia-de-Lange-Syndrom, welches mit Minderwuchs, z. T. schweren Gliedmaßenfehlbildungen, geistiger und besonders sprachlicher Entwicklungsbehinderung einhergeht, sowie das Rubinstein-Taybi-Syndrom. Bei einigen dieser Syndrome ist in letzter Zeit die Identifizierung der Genorte gelungen (z. B. dem Coffin-Lowry- und dem Smith-Magenis-Syndrom). Dies trifft auch für das Rett-Syndrom zu, eine schwere Entwicklungsstörung von Mädchen, bei der es nach zunächst unauffälligem Verlauf im ersten oder zweiten Lebensjahr zu einem Verlust bereits erworbener Handfunktionen und kommunikativer Fähigkeiten sowie zu ausgeprägten stereotypen Verhaltensweisen kommt.

Eine Übersicht über die klinische Symptomatik einer großen Zahl der Syndrome, die mit geistiger Behinderung einhergehen, findet sich bei Neuhäuser (1999). Weitere Informationen liefern die humangenetischen Fachbücher sowie Datenbanken (z. B. OMIM). Syndromspezifische Entwicklungs- und Verhaltensmerkmale der häufigeren Syndrome sind bei O'Brien und Yule (1995), Sarimski (1997) und Goldstein und Reynolds (1999) ausführlich beschrieben. In den nachfolgenden Kapiteln zur Entwicklung der Handlungskompetenz, Kommunikation und sozialen Integration sind sie jeweils dann aufgeführt, wenn sie als syndromspezifische Besonderheiten zum entwicklungspsychopathologischen Verständnis beitragen und in die Förderplanung einbezogen werden sollten.

2.2.4   Andere prä-, peri- oder postnatale Störungsbilder

Bei den neurokutanen Syndromen handelt es sich ebenfalls um eine Gruppe anlagebedingter Entwicklungsstörungen, die überwiegend durch Veränderung eines einzelnen Gens entstehen und mit typischen Veränderungen der Haut und des zentralen Nervensystems einhergehen (Phakomatosen). Eine geistige Behinderung findet sich z. B. bei 70 % der Kinder mit Tuberöser Sklerose (Strukturänderungen in verschiedenen Großhirnarealen und inneren Organen; Veränderungen an den Chromsomen 9 und 16). Sie tritt auch bei Kindern mit Sturge-Weber-Syndrom auf (Durchblutungsstörungen der Großhirnrinde mit Atrophien und Verkalkungen als Folge von Blutgefäßwucherungen). Beide Gruppen entwickeln im frühen Kindesalter ein Anfallsleiden.

An eine neurometabolische Erkrankung ist immer dann zu denken, wenn sich nach primär normaler Entwicklung zunehmende neurologische Symptome zeigen. Einige Stoffwechselerkrankungen können auch bereits ab der Geburt symptomatisch sein. Eine spezifische Behandlung ist heute nur bei wenigen Erkrankungen möglich. Dies ist z. B. bei der Phenylketonurie durch die Einleitung einer frühzeitigen phenylanalinarmen Diät der Fall. Sie kann im Rahmen der Neugeborenen-Screening-Untersuchung zwischen dem 5. und 10. Lebenstag erkannt werden (Guthrie-Test).

Hinweise auf das Vorliegen einer Stoffwechselstörung sind auffälliger Geruch der Haut oder des Urins, Übersäuerung der Blutes nach Beginn der oralen Ernährung und bei Belastungen, rezidivierendes Erbrechen, Gedeihstörungen und cerebrale Anfälle. Progrediente schwere Entwicklungsstörungen als Folge der Speicherung von nicht normal abbaubaren Stoffwechselprodukten stellen z. B. die Mukopolysaccharidosen (Typ I-V) und die metachromatische Leukodystrophie (durch einen Enzymmangel verursachte Zerstörung von Markscheiden im zentralen und peripheren Nervensystem) dar. Bei dieser Erkrankung kommt es auch zu einer fortschreitenden spastischen Tetraparese.

Bei einem Teil der Kinder mit Entwicklungsstörungen sind Störungen der normalen Ausbildung von Hirnstrukturen entweder primär genetisch bedingt oder sekundär durch schädigende Einflüsse in der Schwangerschaft (radioaktive Strahlen, Alkohol, Medikamente, z. B. Zytostatika, Infektionen) erworben. Unter einer Holoprosencephalie versteht man z. B. eine Reifungsstörung der Hirnblase mit charakteristischen Veränderungen der Mittellinienstrukturen und Seitenventrikel. Anlagestörungen der Großhirnrinde (kortikale Dysplasien) oder eine Abflachung der Hirnoberfläche mit ausgeprägten Störungen im Aufbau der Nervenzellschichten (Lissencephalie) führen ebenfalls zu schweren mentalen Störungen. Ein Hydrocephalus (Erweiterung der inneren und/oder äußeren Liquorräume) kann als primäre, X-chromosomal rezessive Fehlbildung, bzw. sekundäre Fehlbildung bei einer Meningomyelocele auftreten oder Folge einer Einblutung in das Ventrikelsystem im Rahmen einer sehr verfrühten Geburt sein. Die Auswirkungen auf die Entwicklung sind dabei sehr unterschiedlich (Heubrock & Petermann, 2000).

Zu den intrauterinen Infektionen, die als Ursache einer geistigen Behinderung trotz bester Schwangerschaftsvorsorge auftreten können, gehören die Zytomegalieinfektion und die Toxoplasmose. Sie verursachen beim Erwachsenen meist keine wesentlichen Krankheitssymptome, bei etwa 10 % der in der Schwangerschaft infizierten Kinder jedoch schwere Fehlbildungen und Behinderungen.

Schließlich kann eine intrauterine Mangelversorgung des kindlichen Gehirns mit Sauerstoff als Folge einer Plazenta-Anomalie, EPH-Gestose, Mehrlingsschwangerschaft mit feto-fetaler Transfusion oder Rhesusinkompatibilität, eine periventrikuläre Leukomalazie (Zellschäden und Gewebsveränderungen) als Folge einer reifungsbedingt unzureichenden cerebralen Gefäßversorgung, schwere Hirnblutung oder akute perinatale hypoxische Encephalopathie zu einer geistigen Behinderung führen. In allen diesen Fällen ist die Prognose für den Verlauf der kindlichen Entwicklung variabel. Jenseits der Neugeborenenperiode können Hirnschäden durch eine bakterielle Meningitis (v. a. durch Pneumokokken), eine Virus-Encephalitis (nach Herpes-I-Infektion oder Masern-Wildvirus-Infektion) oder schwere Anfallsleiden (BNS-Krämpfe, Lennox-Gastaut-Syndrom) entstehen.

2.2.5   Autistisches Syndrom

Kriterien für die Diagnose eines autistischen Syndroms sind eine schwere Störung
der sozialen Interaktion (fehlender Blickkontakt, Unvermögen zu sozialen Beziehungen), der Kommunikation (fehlende Sprache oder Neigung zu echolalischen stereotypen Äußerungen), des Symbolgebrauchs (fehlendes Rollenspiel, gestörte Nachahmung), auffällige Körperbewegungen (Stereotypien) sowie extrem eingeschränkte
Interessen und Resistenz gegen Veränderungen. Die soziale Entwicklung vollzieht
sich bei autistischen Kindern nicht nur zeitlich verzögert, sondern grundlegend anders (Dissoziation zwischen Entwicklungsbereichen) und unterscheidet sie von
anderen Behinderungen im Kindes- und Jugendalter. Einen umfassenden Überblick
über den aktuellen Kenntnisstand zum autistischen Syndrom geben z. B. Klicpera
und Innerhofer (1999) und Kusch und Petermann (2000).

Auch die autistische Störung ist eine neurobiologische, organisch bedingte Störung
der Hirnentwicklung. Es finden sich unterschiedliche, aber nicht spezifische Funkti-
onsstörungen des zentralen Nervensystems (Bolton et al., 1994). Gemeinsames Auftreten bei monozygoten Zwillingen (Bailey et al., 1995), ein erhöhtes Krankheitsri-
siko bei Geschwistern und eine erhöhte Rate von Auffälligkeiten im Sozialverhalten,
in der Kommunikation und Sprachentwicklung bei nicht-autistischen Geschwistern
und männlichen Angehörigen ersten Grades (Bolton et al., 1995) weisen auf die Beteiligung genetischer Faktoren hin. Die Häufigkeit des autistischen Syndroms wird
auf 1–2 pro 1000 Kinder geschätzt (Gillberg & Coleman, 1996).

Tabelle 5:   Probleme von Kindern mit autistischem Syndrom

Problembereich	Folgen für die Entwicklung
Fähigkeit zur Imitation und affektiven Abstimmung	allgemeine Defizite der sozialen Kommunikation
Soziale Informations- verarbeitung und intentionale Kommunikation	Bevorzugung von Gegenständen statt Personen und selbstgerichteter statt sozialer Verhaltensweisen, die für das Kind unvorhersagbare Reaktionen hervorrufen; Vermeiden von Fragen, Bitten oder Kommentierungen
Pragmatischer Sprachgebrauch	Probleme der Anpassung der Gesprächsführung an die sozialen Gegebenheiten und das Wissen des Gesprächs- partners
Symbolgebrauch	Probleme der Entkopplung der primären Repräsen- tation von Ereignissen zur Bildung mentaler Konstruk- tionen, z. B. beim Symbolspiel oder der Entwicklung einer „Theory of Mind"

Zu den wichtigsten Differentialdiagnosen gehören die Desintegrative Störung im Kindesalter (Volkmar et al., 1997), das Rett-Syndrom (Van Acker, 1997) und die sogenannte Tiefgreifende (nicht anderweitig klassifizierbare) Entwicklungsstörung (Towbin, 1997). Bei etwa 10 % der Kinder mit autistischem Syndrom läßt sich eine anlagebedingte Ursache identifizieren (Barton & Volkmar, 1998). So wird bei 3–9 % der autistischen Kinder eine Tuberöse Sklerose diagnostiziert (Smalley et al., 1992; Gillberg et al., 1994), bei 2.5 % der autistischen Kinder ein Fragiles-X-Syndrom (Bailey et al., 1993). Bei einer ganzen Reihe von weiteren genetischen Syndromen wurden einzelne Kinder beschrieben, auf die die Diagnosekriterien des autistischen Syndroms zutreffen (Gillberg & Coleman, 1996; Konstantareas & Homatidis, 1999). Chromosomenanalysen bei Kindern mit autistischem Syndrom ergaben jedoch keinen Hinweis auf eine spezifische Genveränderung, die die Entwicklungsstörung bei allen Kindern erklären könnte.

Tabelle 6: Verhaltensweisen, die bei Kindern mit autistischem Syndrom ausgeprägter sind als bei Kindern mit mentaler Behinderung im Allgemeinen (Stone, 1997)

Soziale Interaktion und Reziprozität

*   schlechte Imitation
*   abnormer Blickkontakt
*   reduzierte soziale Beziehungen
*   geringe Reaktionsbereitschaft in sozialen Interaktionen
*   Zurückgezogenheit
*   geringes Interesse an Körperkontakt
*   seltenes Lächeln/flache Mimik

Kommunikation

*   Sprachentwicklungsverzögerung
*   geringer Gebrauch von Gesten
*   seltener Versuch, die Aufmerksamkeit auf die eigenen Aktivitäten zu lenken

Eingeschränkte Interessen und repetitive Verhaltensweisen

*   motorische Stereotypien/ungewöhnliche Körperhaltungen
*   unangemessener Gebrauch von Objekten/ungewöhnliches Spiel
*   Bezug zu unüblichen Objekten
*   ungewöhnliche visuelle Interessen
*   unregelmäßige Reaktion auf Geräusche
*   fehlende Sensitivität für Schmerz, Kälte oder Hitze
*   Übersensitivität für Geschmacksreize

Bei mindestens 75 % der autistischen Kinder liegt eine geistige Behinderung vor. Eine Unterscheidung zwischen dem autistischen Syndrom und der geistigen Behinderung als solcher kann im frühen Kindesalter schwierig sein (Tab. 6; Stone, 1997). Dahlgren und Gillberg (1989) baten die Eltern autistischer, mental behinderter und nicht behinderter Kinder in Schweden um eine rückblickende Beschreibung ihrer Kinder im Alter von zwei Jahren mit Hilfe eines umfangreichen Fragebogens. 18 Items, die sich auf soziale Verhaltensweisen, ungewöhnliche Reaktionen auf sensorische Reize und Spielformen bezogen, trugen zur Differenzierung der Gruppen bei. Adrien et al. (1992) beurteilten Videoaufzeichnungen von autistischen, mental behinderten und nicht behinderten Kindern, Lord et al. (1994) benutzten das Autismus-Diagnose-Interview (ADI-R) zur Differenzierung der autistischen Symptomatologie bei je 25 Kindern mit Autismus und Kindern mit geistiger oder sprachlicher Behinderung; sie kamen zu recht ähnlichen Differenzierungsmerkmalen wie die schwedische Arbeitsgruppe.

2.3   (Neuro-)Pädiatrische Untersuchungsmethoden

2.3.1   Klinische Untersuchung

Die (neuro-)pädiatrische (entwicklungsneurologische) Untersuchung des Kindes umfaßt zunächst die Erhebung der Vorgeschichte (Familienanamnese, Anamnese zum Verlauf von Schwangerschaft, Geburt, Neugeborenenperiode und frühe Kindheit) und die klinische Untersuchung (Entwicklungsstand, körperliche Anomalien, neurologische Symptome, Begleitsymptome und Verhalten während der Untersuchung; Abb. 1). Einen hilfreichen Leitfaden für die Auswahl und zeitliche Planung ärztlicher Untersuchungen bei einer Vielzahl von anlagebedingten Entwicklungsstörungen geben Wilson und Cooley (2000).

Laboruntersuchungen sind angezeigt, wenn die Familienanamnese, der Entwicklungsverlauf (Stillstand oder Entwicklungsknick) oder bestimmte klinische Befunde (Augenveränderungen, Vergrößerung innerer Organe, besonderer Geruch, Verschlechterung neurologischer Symptome) den Verdacht auf eine angeborene Stoffwechselstörung oder degenerative Erkrankung nahelegen. Dabei wird zunächst ein Screening bestimmter Aminosäuren, organischer Säuren und des Kohlehydrat-, Lipid- oder Mineralstoffwechsels durch eine Blut- oder Urinuntersuchung durchgeführt. Bei entsprechenden Verdachtsmomenten kann darüberhinaus die Enzymbestimmung in Körperzellen (z. B. Lymphozyten, kultivierte Hautfibroblasten) notwendig sein. Serologisch-immunologische Untersuchungen können eine pränatale oder postnatale Infektion als Ursache der geistigen Behinderung aufdecken.

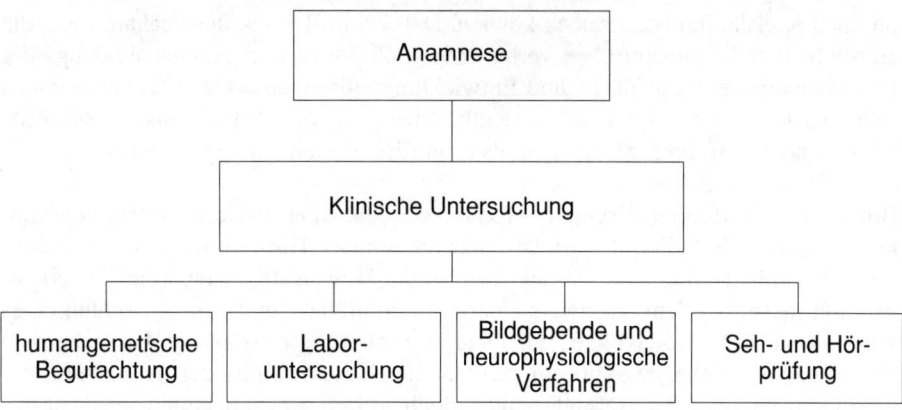

Abbildung 1: Untersuchungsschema (nach Neuhäuser, 1999)

2.3.2 Humangenetische Begutachtung

Größere und kleinere Anomalien von Kopfform, Ohren, Augen, Nase, Mund, Hals, Thorax, Händen und Fingern, Füßen und Zehen, der Wirbelsäule und des Genitalen können Hinweise auf eine pränatale Ursache der Entwicklungsstörung geben und Anlaß sein, eine differenzierte dysmorphologische Begutachtung (Phänotyp-Dokumentation) durch einen Humangenetiker einzuleiten. Sie ergibt eine diagnostische Hypothese, die durch cyto- oder molekulargenetische Analysen bestätigt werden kann, oder führt zur Identifikation eines non-chromosomalen Dysmorphie-Syndroms durch den Vergleich des individuellen Phänotyps mit charakteristischen Merkmalskombinationen, wie sie in der Literatur und Datenbanken niedergelegt sind. Die cytogenetische Untersuchung läßt numerische und grobstrukturelle Chromosomenveränderungen erkennen (z. B. Trisomien und größere Deletionen). Speziellere Analysen wie die Fluoreszenz-in-situ-Hybridisierung (FISH-Technik), durch die das Fehlen bestimmter einzelner Gene durch eine chemisch markierte Sonde sichtbar gemacht weren kann, sind nötig, um feinstrukturelle Abweichungen zu identifizieren (Mikrodeletionen). Wenn der Ort einer Genveränderung bei einer Behinderung bekannt ist, lassen sich direkte Mutationsanalysen auf DNA-Ebene (molekulargenetische Methoden, z. B. Polymerase-Ketten-Reaktion, PCR) einsetzen, um die Veränderung im Einzelfall nachzuweisen.

2.3.3 Apparative und bildgebende Verfahren

Die neurobiologische Forschung hat die Entwicklung des Nervensystems aus dem Neuralrohr über die Ausdifferenzierung von Cortex, Thalamus, Hypothalamus und subcortikalen Strukturen sowie die Differenzierung und Migration der Zellen zu einem elaborierten Netzwerk aus Verbindungen, Axons, Dendritenbäumen und synaptischen Kreisläufen beschreiben können. Defekte in Regulationsmechanismen, die zu Anomalien der synaptischen Verbindungen, Zellmigration, Axonausbildung oder Dendritenverzweigung führen und Entwicklungsstörungen erklären können, lassen sich aber bisher nicht unmittelbar sichtbar machen, so daß die klinische Relevanz bildgebender Verfahren geringer ist als (von Eltern) vielfach angenommen.

Bildgebende Verfahren (Computer-Tomografie und Magnet-Resonanz-Tomografie) können derzeit lediglich das Endprodukt abnormaler Hirnreifung zeigen (strukturelle Abnormität). Sie lassen Veränderungen der Hirnsubstanz und -ventrikel erkennen und dienen so dem Nachweis einer Hirnfehlbildung und dem Ausschluß eines Hirntumors. Die MRT ist z. B. zur Diagnosesicherung erforderlich bei Tuberöser Sklerose, Sturge-Weber-Syndrom, allgemeiner Hirnatrophie oder neuronalen Migrationsstörungen. Die Befunde sind jedoch in den meisten Fällen unspezifisch und erklären lediglich die verlangsamte kortikale Reizverarbeitung, ohne daß sich aus ihnen Entwicklungsprognosen ableiten ließen. Bei einigen genetischen Syndromen ergeben sich bei diesen Untersuchungen regelmäßig unspezifische Befunde (Volumenreduzierung oder morphologische Veränderungen von kortikalen und subkortikalen Strukturen), z. B. beim Down-Syndrom im Hippocampus oder Cerebellum und beim Fragilen-X-Syndrom im Temporallappenbereich (Filipek, 1999). Die Bedeutung dieser Besonderheiten für den Entwicklungsverlauf ist noch unzureichend geklärt.

Bildgebende Verfahren sollten daher zurückhaltend und hypothesengeleitet eingesetzt werden. Eine routinemäßige Durchführung ist wegen der damit für das Kind verbundenen Belastung nicht indiziert, zumal sie eben keineswegs immer die von den Eltern erwartete Aufklärung über die Ursache der Behinderung bringt. Größeren Aufschluß werden künftig bildgebende Verfahren geben, die funktionale Abläufe im Gehirn sichtbar machen können (SPECT, fMRI, PET). Mit diesen Methoden wird es möglich werden, die neuronalen Substrate von Kernprozessen der kognitiven Verarbeitung (soziale Wahrnehmung, affektive Reaktionen, Kommunikation) zu analysieren und mit phänotypischen Besonderheiten bei genetischen Syndromen in Beziehung zu setzen. Erste Ergebnisse liegen für Kinder mit autistischem Syndrom, Fragilem-X-, Williams- und Velo-cardio-facialem Syndrom vor (Filipek, 1999; Reiss et al., 2000). Bildgebende Verfahren zum Nachweis funktioneller Veränderungen lassen sich jedoch noch nicht für die klinische Praxis nutzen und werden derzeit nur in wissenschaftlichen Untersuchungen eingesetzt. Allerdings ist ihre Anwendung auch hier auf Kinder im Schulalter begrenzt, die die Untersuchungsanforderungen bewältigen können. Eine Vielzahl methodischer Probleme bei der Bewertung der Ergebnisse ist noch ungelöst (Bookheimer, 2000).

Eine EEG-Ableitung kann eine gesteigerte Anfallsbereitschaft zeigen und zusammen mit der Beobachtung von Anfallssymptomen zur Diagnose einer Epilepsie beitragen, für die Beurteilung der Hirnfunktionen bei einer geistigen Behinderung bringt sie aber keine Informationen. Diese Untersuchung ist darüberhinaus zur Differentialdiagnose angezeigt, wenn ein Verlust der Sprache oder autistisches Verhalten berichtet wird, um ein Landau-Kleffner-Syndrom oder Schlafstatus-Syndrom (ESES) auszuschließen.

Neurophysiologische Meßmethoden zur Bestimmung der Nervenleitgeschwindigkeit (Elektromyografie, EMG) sind bei Erkrankungen der peripheren Nerven und bei Myelinisierungsstörungen indiziert. Die Prüfung der zentralen Leitungszeit (sog. somatosensible evozierte Potentiale) ist bei verschiedenen neurodegenerativen Erkrankungen wegweisend. Dabei wird die Zeit bestimmt, die vergeht, bis ein Reiz am Arm oder Unterschenkel in korrespondierenden sensorischen Hirnrindenfeldern angekommen ist und dort als Potentialveränderung abgeleitet werden kann.

2.3.4 Beurteilung der Seh- und Hörfähigkeit

Nach ähnlichem Prinzip lassen sich durch akustisch evozierte Potentiale (AEP) und visuell evozierte Potentiale (VEP) Aussagen über die Funktion der Hör- und Sehbahnen machen. Sie sind bei Verdacht auf eine (zusätzliche) Seh- oder Hörstörung des Kindes angezeigt, da sie ohne aktive Mitarbeit des Kindes abgeleitet werden können. Sie geben allerdings lediglich Aufschluß über die Funktionsfähigkeit der weiterleitenden Bahnen, nicht über die zentrale Verarbeitung der ankommenden Reize.

Eine objektive Beurteilung des Seh- und Hörvermögens ist wichtig, da Kinder und Jugendliche mit geistiger Behinderung meist nicht aktiv über entsprechende Einschränkungen klagen. Sinnesstörungen werden daher leicht übersehen, auffällige Symptome wie eine ausgeprägte Passivität, Irritabilität, autistisch anmutendes oder selbstverletzendes Verhalten fälschlicherweise als Symptome der geistigen Behinderung interpretiert.

Eine augenärztliche Untersuchung sollte regelmäßig im Alter von drei, sechs, zwölf und 18 Jahren durchgeführt werden (Evenhuis et al., 1997). In Reihenuntersuchungen ergeben sich auffällige augenärztliche Befunde bei mindestens 15 % der Kinder und Jugendlichen mit geistiger Behinderung (Warburg, 1994; Kwok et al., 1996). Beim Down-Syndrom findet sich eine höhere Rate von schwerer Kurz- oder Weitsichtigkeit und congenitalen Katarakten (Woodhouse et al., 1997), bei sehr unreif geborenen Kindern eine erhöhte Rate von Retinopathien und cerebralen Sehstörungen (Jacobsen et al., 1998).

Hörstörungen kommen als Innenohrschwerhörigkeit bei zahlreichen genetischen Syndromen vor, insbesondere solchen, die mit craniofazialen Fehlbildungen einhergehen (z.B. Wolf-Hirschhorn-, Coffin-Lowry-, CHARGE-Syndrom). Sie treten zudem gehäuft auf bei pränatalen Infektionen, Fetalem Alkoholsyndrom und neonataler Asphyxie. Bei einigen Syndromen (z.B. dem Down-Syndrom) kommt es gehäuft zu rezidivierenden Mittelohrentzündungen mit der Folge einer Schall-

Leitungsstörung. Pravalenzangaben sind unsicher, da sich die untersuchten Stichproben in Alter, Behinderungsgrad und Methode der Hörprüfung sehr unterscheiden.
Einige beruhen allein auf Elternbefragungen. Ihre Angaben sind eher zu niedrig, da
leichte Hörminderungen oft übersehen werden.

Aus diesem Grunde werden auch regelmäßige Untersuchungen des Hörvermögens
empfohlen. Otoakustische Emissionen (OAE) können dabei als Screening zur Prüfung der cochlearen Funktion eingesetzt werden und erfordern keine aktive Mitarbeit vom Kind. Bei auffälligem Befund muß je nach Behinderungsgrad eine
Spielaudiometrie oder BERA durchgeführt werden. Das Behandlungsvorgehen
(Paukenröhrchen-Einlage, Hörgeräteversorgung) entspricht dem bei nicht behinderten Kindern. Die Tabelle 7 gibt einen Überblick über die Komorbiditätsraten (Hagberg & Kyllerman, 1993; Nordin & Gillberg, 1996).

Tabelle 7:   Komorbidität bei Kindern mit geistiger Behinderung

	schwere Behinderung	leichte Behinderung
Epilepsie	35 %	12 %
Blind/Sehbehinderung	15 %	1 %
Hörbehinderung	10 %	7 %
Autismusspektrum	30 %	12 %
Cerebralparese	20 %	9 %

2.4   Psychologische Beurteilung

Die psychologische Untersuchung umfaßt die Exploration der Eltern zum gegenwärtigen Vorstellungsgrund, die Entwicklungsanamnese, die unsystematische Verhaltensbeobachtung (während des Anamnesegesprächs, im Kontakt mit dem Untersucher und in der Testsituation), die systematische Verhaltensbeobachtung in
vorstrukturierten Situationen und die psychologische Testung.

2.4.1   Psychologische Testverfahren

Die herkömmlichen psychologischen Testverfahren dienen zur Abgrenzung einer
leichten geistigen Behinderung von einer normalen intellektuellen Entwicklung und
zur Prognose des künftigen Schulerfolgs, bzw. der späteren kognitiven Kapazität
eines Kindes. Für diesen Zweck hat sich ihre Aufgabenzusammenstellung, orientiert
an der „normalen", d. h. durchschnittlichen Entwicklung von Kindern, bewährt. So-

weit sie Profilauswertungsmöglichkeiten bieten, erlauben sie auch die Beschreibung relativer Stärken und Schwächen eines Kindes und können somit eine Orientierungshilfe für die pädagogische Förderplanung sein (Tab. 8).

Tabelle 8: Testverfahren zur Fähigkeitsbeurteilung (Auswahl)

Testverfahren	Autoren	Altersnorm	Merkmalsbereiche
Münchener Funktionelle Entwicklungs-diagnostik	Hellbrügge; Köhler & Egelkraut	0–3 Jahre	Grob- und Feinmotorik, Wahrnehmungsverarbeitung, Sprache, Selbständigkeit, Sozialentwicklung
Entwicklungs-test 6–6	Petermann/ Stein	0;6 – 6 J.	Körper- und Handmotorik, kognitive Entwicklung, Sprach-entwicklung, Sozialentwicklung, emotionale Entwicklung
McCarthy Scales	McCarthy	$2^1/_2 – 8^1/_2$ J.	Sprachgebundenes Wissen, Perzeption, Gedächtnis, Mengen und Zahlen, Motorik
Wiener Entwicklungs-test	Kastner-Koller/ Deimann	3–6 J.	Visuelle Wahrnehmung/ Visuomotorik, Kognition, Sprache, Gedächtnis und Lernen, Motorik, sozial-emotionale Entwicklung
Kaufman-Assessment Battery for Children (K-ABC)	Melchers/ Preuss	2–12 J.	Einzelheitliche und ganzheitliche Verarbeitungs-fähigkeiten, Fertigkeiten

Viele der herkömmlichen Testverfahren sind jedoch bei schwerer geistiger Behinderung nicht anwendbar, weil ihre Aufgabenstellung zu abstrakt ist oder zu hohe Anforderungen an das Instruktionsverständnis, die Kooperationsfähigkeit oder das sprachliche Ausdrucksvermögen stellt. Ihre prognostische Aussagekraft und ihr Wert als Grundlage der Förderplanung ist zweifelhaft bei Kindern mit sehr ungleichmäßigen Fähigkeitsprofilen, impulsiven Lösungsstrategien, ausgeprägten Aufmerksamkeitsproblemen oder stark beeinträchtigtem Sprachvermögen. Zur Beurteilung der Fähigkeiten dieser Kinder für die Bewältigung der Anforderungen des täglichen Lebens sind systematische Verhaltensbeobachtungen und Elternbefragungen aussagekräftiger als standardisierte Testverfahren.

2.4.2   Elternbefragung

Die Elternbefragung kann nach einem freigewählten oder standardisierten Schema erfolgen. Ein halbstrukturiertes klinisches Befragungsinstrument wurde z. B. von Wing und Gould (1994; in revidierter Fassung unter dem Titel DISCO, d. h. Schedule for Diagnosis of Social and Communication Disorders) vorgelegt. Es handelt sich um ein Elterninterview zur Beurteilung der kindlichen Fähigkeiten und spezifischen Verhaltensweisen in Alltagssituationen, das sich bei geistigbehinderten und autistischen Kindern und Erwachsenen als reliabel und umfassend bewährt hat (u. a. Bernsen, 1980; van Berckelaer-Onnes & van Duijn, 1993; Tab. 9).

Das halbstrukturierte Elterninterview erlaubt über die Dokumentation von Fähigkeiten und Verhaltensbesonderheiten hinaus die Diagnosestellung eines autistischen Syndroms nach einem Auwerteschema, bei dem bestimmte Fragen und Besonderheiten speziell gewichtet werden. Ausdrücklich der Diagnosestellung des autistischen Syndroms dient das Autism Diagnostic Interview-revised (ADI-R), welches auch in einer deutschen Fassung von Poustka et al. (1996) vorliegt. In ca. 100 Fragen werden Informationen zur Entwicklungs- und Verhaltensgeschichte und gegenwärtige Auffälligkeiten im Bereich von Sozialentwicklung und Kommunikation dokumentiert. Die Fragen beziehen sich u. a. auf die reziproke Qualität der sozialen Interaktion, den Sprachgebrauch, repetitive, stereotype und restriktive Verhaltensweisen und einzelne Auffälligkeiten wie selbstverletzendes Verhalten, Überaktivität oder Aggressivität. Es eignet sich für Kinder mit einem mentalen Alter von mehr als 18 Monaten und hat sich als reliables und valides Instrument bewährt (Lord et al., 1994); dies wurde in einer multizentrischen Erprobung in acht Zentren an 432 Kindern bestätigt (Lord et al., 1997). Allerdings ist es selbst in einer Kurzform mit 40 Items noch sehr aufwendig (Bearbeitungszeit von 90 Minuten). Bei Kindern mit einem mentalen Alter unter 18 Monaten führt es zu einer Überdiagnostizierung des autistischen Syndroms und ist deshalb nicht zu empfehlen.

Tabelle 9:   Dimensionen der Elternbefragung mit dem DISCO (Auswahl)

Dimensionen	Beispiele
Beobachtungen im ersten Lebensjahr	exzessives Schreien, Blickkontakt, ungewöhnliche Passivität, Reziprozität in dialogischen Spielen
Selbständigkeitsfähigkeiten	Toilettenbenutzung, Essen, Anziehen, Mitarbeit im Haushalt
Kommunikation	Modalität, Sprachverständnis, vorsprachliche Verständigungsmuster, abnorme Sprachmuster

soziale Beziehungsfähigkeit	abnormer Blickkontakt, Reaktion auf andere Menschen, Suche nach Trost; Interesse für andere Kinder und Freundschaftsbeziehungen, soziales Spiel, Imitation und imaginatives Spiel
Stereotypien	ungewöhnliche Armbewegungen, Körperschaukeln, gleichförmige Vokalisationen
abnorme Reaktionen auf Reize	Selbstimulation, repetitive Manipulation von Objekten, Unempfindlichkeit für Schmerzen, Abwehr von Veränderungen und Beharren auf Ritualen
belastende Verhaltensweisen	Wutanfälle, aggressives Verhalten, Kooperationsabwehr, Provokation von Aufmerksamkeit

2.4.3 Fragebögen

In einer umfangreichen Übersicht über Fragebögen zur Beurteilung von Verhaltensbesonderheiten, die von Eltern und Pädagogen erhoben werden können, beklagte Aman (1991) noch einen Mangel an Instrumenten mit adäquater Standardisierung und Validität für geistig (und insbesondere schwer) behinderte Kinder. Viele empirische Untersucher griffen daher zunächst auf die kinderpsychiatrischen Beurteilungsinstrumente zurück, die sich bei nicht behinderten Kindern bewährt haben, vor allem die „Child Behavior Checklist" (CBCL). Sie erlaubt eine Einschätzung, wie ausgeprägt die Verhaltensauffälligkeiten eines behinderten Kindes im Vergleich zu nicht behinderten Kindern sind, jedoch keinen Vergleich innerhalb der Gruppe der behinderten Kinder. Reliabilität und Validität sind für diese Gruppe fraglich. Einige Items haben kaum differenzierende Aussagekraft (z. B. „verhält sich zu jung für sein Alter"). Andererseits fehlen Fragen zu Verhaltensweisen, die bei geistigbehinderten Kindern auftreten und eine besondere Belastung bedeuten (z. B. unterschiedliche selbstverletzende und stereotype Verhaltensweisen), bei nicht behinderten Kindern dagegen extrem selten sind. Dieser Fragebogen läßt sich daher lediglich bei leichter Behinderung sinnvoll einsetzen. Mehrere Neuentwicklungen aus dem englischsprachigen Raum versprechen hier Abhilfe, haben in Deutschland aber noch wenig Verbreitung gefunden (Tab. 10).

Die Nisonger Child Behavior Rating Form (CBRF; Aman et al., 1996; Tasse et al., 1996) umfaßt 71 Items, mit denen auf einer dreistufigen Skala positives Sozialverhalten, Ängstlichkeit/Gehemmtheit, Hyperaktivität, autistisches Verhalten, Selbstverletzung/Stereotypien, Rückzug/ritualisiertes Verhalten und Reizüberempfindlichkeit beurteilt werden. An 326 amerikanischen Kindern (überwiegend mit einem IQ zwischen 55 und 70) im Alter von 3–16 Jahren wurden Normen erhoben und altersbezogene Veränderungen untersucht; bei den meisten Kindern lagen auch Beurteilungen der betreuenden Pädagogen vor. Die relativ kurze Bearbeitungszeit, Brauchbarkeit für die gesamte Altersspanne, hohe Übereinstimmung mit anderen etablierten Verfahren („Aberrant Behavior Checklist") und hinreichend differenzierte Erfassung von behinderungsspezifischen Verhaltensformen wie Stereotypien und Autoaggressionen machen diese Skalen zu einem emfehlenswerten Instrument für die Einschätzung von Verhaltensauffälligkeiten bei geistigbehinderten Kindern. Eine deutsche Übersetzung kann von den Autoren bezogen werden.

Dies gilt auch für die „Developmental Behavior Checklist" (DBC; Einfeld & Tonge, 1995), die in Australien entwickelt und ebenfalls ins Deutsche übersetzt wurde. Sie wurde empirisch – ähnlich wie die CBCL – zusammengestellt mit dem Ziel, möglichst spezifische Items zu finden, die die Verhaltens- und emotionalen Auffälligkeiten geistigbehinderter Kinder charakterisieren. In 96 Items werden Einschätzungen zu störendem Verhalten, selbstbezogenem Rückzugsverhalten, Ängstlichkeit, antisozialem Verhalten und die Qualität der Kommunikation und Beziehungsfähigkeit dokumentiert. Die Erprobung erfolgte an 1093 Kindern im Alter von 4–18 Jahren, von denen 454 Kinder (IQ < 70) für die Normierungsstichprobe berücksichtigt wurden. Der Fragebogen hat sich zur Differenzierung von charakteristischen Verhaltensmerkmalen bei unterschiedlichen definierten Syndromen bewährt (Einfeld et al., 1994, 1997).

Schließlich liegt von Rojahn (1989) das „Behavior Problems Inventory" (BPI) vor, das ursprünglich zur Erfassung der Rate von selbstverletzendem Verhalten bei erwachsenen Geistigbehinderten in stationären Einrichtungen entwickelt und auch in einer epidemiologischen Studie in der BRD von Rojahn et al. (1985) eingesetzt wurde. Es umfaßt 32 Items zur Beurteilung von Häufigkeit und Schweregrad von Aggressivität, Stereotypien und Selbstverletzungen. Die Validität (Faktorenstruktur und Übereinstimmung mit Beurteilungen in anderen etablierten Verfahren wie der „Aberrant Behavior Checklist") wurde in unabhängigen Studien bestätigt (Sturmey et al., 1995).

Tabelle 10: Fragebögen zur Verhaltensbeurteilung bei Kindern und Jugendlichen mit geistiger Behinderung

Skala	Items	Bereiche
Nisonger Child Behavior Checklist (Aman et al., 1996)	71	soz. Kompetenzen; Ängstlichkeit, Hyperaktivität, Selbstverletzung/ Stereotypien, Rückzug, Reizüberempfindlichkeit
Developmental Behavior Checklist (Einfeld & Tonge, 1995)	96	störendes Verhalten, selbstbezogenes Verhalten, Kommunikationsstörung, autistischer Bezug, Ängstlichkeit, antisoziales Verhalten

Aberrant Behavior Checklist (Aman & Singh, 1994)	58	Irritabilität, sozialer Rückzug, stereotypes Verhalten, Hyperaktivität, unangemessene Sprache
Childhood Autism Rating Scale (Schopler et al., 1988)	15	Autismus
Autism Behavior Checklist (Krug et al., 1980)	57	Autismus: sensorische Wahrnehmung, soz. Beziehungen, Körper- und Objektgebrauch, Sprache, soz. Interaktion, Selbständigkeit

Eine Reihe von Checklisten wurde speziell für die diagnostische Erfassung von Kindern mit autistischem Syndrom entwickelt. Die weiteste Verbreitung und beste Validierung hat die „Childhood Autism Rating Scale" (CARS, Schopler et al., 1988) gefunden. In 15 Items wird das Verhalten des Kindes beurteilt und anhand eines Cut-off-Scores eine Entscheidung über das Zutreffen der Autismus-Diagnose sowie die Schwere der Symptomatik getroffen. Es zeigt sich eine gute Differenzierung zwischen geistigbehinderten Kindern mit und ohne autistisches Syndrom sowie eine hohe Übereinstimmung mit der Beurteilung nach den kinderpsychiatrischen Diagnosekriterien (Van Bourgondieu et al., 1992), bzw. dem „Autism Diagnostic Interview" (ADI, LeCouteur et al., 1989, Lord 1995). Die Checkliste führt allerdings zu einer Überdiagnose des autistischen Syndroms bei schwerbehinderten Kindern mit geringer sprachlicher Kompetenz und Kindern mit zusätzlichen Sinnesschädigungen.

Die „Autism Behavior Checklist" (ABC, Krug et al., 1980) wurde ursprünglich als Teil eines umfassenderen diagnostischen Beobachtungsinstruments (ASIEP) entwickelt, wird aber auch separat eingesetzt. 57 Items sind nach fünf Bereichen geordnet und erlauben über einen Cut-off-Score eine Entscheidung, ob es sich um ein geistigbehindertes Kind mit oder ohne autistisches Syndrom handelt. Die Reliabilität, Differenzierungskraft und Übereinstimmung mit anderen Verfahren sind allerdings relativ niedrig (Volkmar et al., 1988; Wadden et al., 1991), so daß diese Skala nicht als alleiniges Beurteilungsinstrument zu empfehlen ist.

2.4.4   Problematik diagnostischer Klassifikationen

Fragebögen dieser Art erlauben eine standardisierte Erfassung von Verhaltensmerkmalen und eine Beurteilung des Schweregrads von Auffälligkeiten. In der Kinder- und Jugendpsychiatrie werden sie zudem zur klassischen Diagnosestellung nach der ICD-10 oder dem DSM-IV verwendet. Grundsätzlich erleichtern diagnostische Klassifikationssysteme durch ihre Zusammenfassung von Einzelsymptomen die Kommunikation unter Fachleuten und die Vergleichbarkeit von Forschungsarbeiten.

Sie basieren auf einer Konsensvorstellung, was als „normal" zu gelten hat. Die Übertragbarkeit solcher diagnostischer Kategorien auf Menschen mit geistiger Behinderung ist jedoch fragwürdig, denn es fehlt die Erfahrungsgrundlage, was bei Geistigbehinderten „normal" ist, als Maßstab der Beurteilung. Eine Erhebung von repräsentativen Normen ist durch die niedrige Inzidenz und die Unterschiede im Grad der Behinderung erschwert. Zudem beruhen eine Reihe von Diagnosekriterien (z. B. zu Zwangsstörungen oder Depressionen) auf Selbstbeobachtungen des Kindes oder Jugendlichen, welche von Menschen mit geistiger Behinderung aufgrund ihrer begrenzten sprachlichen Ausdrucksfähigkeit kaum zu erfragen sind. Wenn solche Diagnoseschemata dennoch auf geistigbehinderte Kinder angewendet werden, kommt es oft zu einheitlichen Diagnosen (wie „atypisches organisches Hirnfunktionssyndrom") ohne spezfischen Informationsgewinn („Überschattung" der psychopathologischen Symptomatik durch die geistige Behinderung). Auch der neu entwickelte „ICD-10-Guide for Mental Retardation" (WHO 1996) löst die Probleme der Zuordnung assoziierter psychiatrischer Diagnosen bei geistiger Behinderung nicht befriedigend (Einfeld & Tonge, 1999).

Vor allem aber ist die Verwendung psychopathologischer Diagnosen bei Menschen mit geistiger Behinderung („dual diagnosis") fragwürdig, weil damit Auffälligkeiten des Verhaltens allein dem Individuum zugeordnet und ihre Ursache in „fehlerhaften Genen, seiner Biochemie oder seiner intrapsychischen Entwicklung" gesehen werden. Motivationale Bedingungen für das Auftreten problematischer Verhaltensweisen, eine unzureichenden Abstimmung der Umwelt auf die Bedürfnisse geistigbehinderter Menschen oder psychosoziale Belastungen bleiben als Ursache völlig unbeachtet. Es besteht somit die Gefahr, daß Verhaltensbesonderheiten nicht als für das Kind sinnvolle Lebensäußerung in einem konkreten Kontext verstanden, sondern als Zeichen seiner Andersartigkeit negativ bewertet und als unveränderbarer Defekt betrachtet werden (Hennicke, 1995).

2.4.5   Standardisierte Verhaltensbeobachtungen

Die Elternbefragung und die Verwendung von (für geistigbehinderte Kinder und Jugendliche geeigneten) Fragebögen sollte ergänzt werden durch systematische Verhaltensbeobachtungen und eine Analyse der Funktion auffälliger und belastender Verhaltensweisen (s. Kap. 5). Ihr Einsatz lenkt den Blick auf die Veränderung von Bedingungen, die problematisches Verhalten auslösen und soziale Kommunikation und Integration hemmen.

Halbstandardisierte Beobachtungsinstrumente liegen für die Beurteilung der Spiel- und Kommunikationsfähigkeit jüngerer oder schwerbehinderter Kinder vor (Kap. 3 und 4). Für die Beurteilung des sozialen und kommunikativen Verhaltens von Kindern mit autistischem Syndrom wurde das „Autism Diagnostic Observation Schedule" (ADOS, Lord et al., 1989) konzipiert. Es umfaßt eine Serie von Dialog- und

Spielsituationen, bei denen die Aufgaben, das Material und das Verhalten des Untersuchers weitgehend vorgegeben sind (Tab. 11). Auch die Beurteilungskriterien für das Verhalten des Kindes sind standardisiert und erlauben über eine Gewichtung die Diagnoseentscheidung. Es ist für Kinder im Alter von 6–18 Jahren mit einem mentalen Alter von über drei Jahren konzipiert, erfordert 30–45 Minuten Zeit zur Durchführung, setzt allerdings eine spezielle Einübung des Untersuchers voraus. Unter dieser Bedingung erweist es sich als reliables Instrument zur Beurteilung autistischer Verhaltensmerkmale mit hoher Übereinstimmung zu anderen Instrumenten (ADI oder CARS; Lord et al., 1996).

Zur Beurteilung von jüngeren autistischen Kindern mit einem niedrigeren Entwicklungsstand wurde in letzter Zeit eine Adaptation entwickelt (Pre-lingustic Autism Diagnostic Observation Schedule, PL-ADOS; DiLavore et al., 1995). Dieses erlaubt ebenfalls die Erfassung syndromspezifischer Verhaltensmerkmale der sozialen Kommunikation und mit relativ hoher Sicherheit die Differenzierung zwischen geistiger Behinderung mit und ohne autistisches Syndrom.

Tabelle 11: Untersuchungsteile des (Pre-linguistic) Autism Diagnostic Observation Schedule

ADOS	PL-ADOS
Begrüßung	Freispiel
Symbolspiel	Interesse für mechanisches Spielzeug, Luftballon etc.
interaktives Zeichnen	Funktionale/symbolische Nachahmung
Handlungsimitation	Dialogisches Spiel an der Handtrommel
Beschreibung eines Bildes oder einer Bildergeschichte, Konversation	Rollenspiel mit dem Thema „Geburtstagsfeier", Fremdesituation (adaptiert)

Von einer französischen Arbeitsgruppe wurde ein Ratinginstrument zur Beurteilung des Verhaltens im Interview und in Spielsituationen vorgelegt („Behavioural Summarized Evaluation", BSE, Barthelemy et al., 1990), das einfacher zu handhaben ist. Es umfaßt 20 operationalisierte Beurteilungskriterien, die nicht unmittelbar zur Diagnosestellung gedacht sind, sondern zur systematischen Dokumentation von autistischer Symptomatologie im Verhalten behinderter Kinder. Das Verfahren hat sich auch bei jüngeren Kindern als reliabel und valide erwiesen (Adrien et al., 1992).

2.4.6 Beurteilung sozial-adaptiver Fähigkeiten

Einen eigenen Platz in der Elternbefragung und Entwicklungsdokumentation sollte schließlich die Beurteilung der sozial-adaptiven Fähigkeiten haben, denn es sind die funktionellen Einschränkungen („disabilities" im Sprachgebrauch der WHO) und sozialen Beeinträchtigungen („handicaps"), in denen therapeutische und pädagogische Maßnahmen wirksam die Folgen der Behinderung („impairment") mindern können, während diese selbst unveränderlich ist.

Tabelle 12: Internationale Klassifikation von Behinderungen (WHO)

Behinderungen	intellektuelle, Sprach-, Hör- oder Sehbehinderung, Behinderung des Skelettsystems oder Bewegungsapparats
Funktionelle Einschränkungen	im Verhaltensbereich, der Kommunikation, in der Fähigkeit, sich selbst zu versorgen, in der Bewegung und manuellen Geschicklichkeit
Soziale Beeinträchtigungen	der Orientierung, der Unabhängigkeit, Beschäftigung, sozialen Integration und Selbstversorgung

In diesem Sinne spezifiziert die revidierte Definition der geistigen Behinderung durch die American Association for Mental Retardation (Luckasson et al., 1992) zehn adaptive Bereiche (Bewältigung von Alltagsaufgaben) und betont damit den Förderbedarf gegenüber dem Grad der manifesten Behinderung: Kommunikation, Selbstversorgung, soziale Fähigkeiten, Leben zu Hause, Teilnahme am öffentlichen Leben, Selbstbestimmung, Gesundheit und Sicherheit, schulische Fertigkeiten, Freizeitgestaltung und Arbeit. Leider liegen keine verbindlichen Meßinstrumente vor, die alle diese Bereiche umfassen. Die weiteste Verbreitung haben die „Vineland Adaptive Behavior Scales" (Sparrow et al., 1984) gefunden. Sie umfassen die Bereiche der Kommunikation, praktischen Fähigkeiten („daily living skills"), Sozialisation und motorischen Fähigkeiten.

Die Bewertung der Ergebnisse – vor allem nach Altersnormen auf der Basis der Beobachtungen bei normal entwickelten Kindern (Sparrow et al., 1984) oder einzelnen Gruppen, z. B. autistischen Kindern (Carter et al., 1998) im Sinne eines „sozialen Entwicklungsquotienten" – wirft jedoch mehrere Fragen auf. So handelt es sich durchweg um Eltern- oder Lehrerbefragungen, die deren (jeweils selektive) Erfahrung mit dem betreffenden Kind oder Jugendlichen widerspiegeln und ihre Erwartungen an die persönliche Selbständigkeit, nicht aber den objektiven Grad der Beeinträchtigung. Sie sind ausschließlich individuum-zentriert konzipiert und berücksichtigen weder den kulturellen Hintergrund noch die Qualität der Entwicklungsumgebung des Kindes. Das bedeutet, daß aus den Daten nicht zu entscheiden ist, ob ein Kind eine bestimmte Fähigkeit noch nicht zeigt, weil seine Behinderung zu schwer ist, körperliche Handicaps im Wege stehen, es in seiner Lebensumwelt dazu bisher nicht motiviert war (aufgrund fehlender erzieherischer Erwartungen, z. B. bei Kindern aus anderen Kulturkreisen) oder es schlicht noch keine Gelegenheit bekommen hat, sie zu erwerben (z. B. aufgrund einer Unterforderung in Kindergarten oder Schule). Insofern können sie lediglich zur Beschreibung der gegenwärtigen Förderbedürfnisse eines Kindes dienen.

Für den deutschen Sprachraum wurde analog zu dem amerikanischen Verfahren das „Heidelberger Kompetenz-Inventar" (HKI, Holtz et al., 1984/1998) entwickelt. Es ist für geistigbehinderte Schulkinder zwischen 7 und 16 Jahren konzipiert und umfaßt 152 Items zur Beschreibung der praktischen, kognitiven und sozialen Kompetenzen. Es wurden Erfahrungswerte an 1368 geistigbehinderten Kindern erhoben (Tab. 13).

Tabelle 13: Bereiche des Heidelberger Kompetenz-Inventars (HKI)

Praktische Kompetenzen	Nahrungsaufnahme/Kleidung, Hygiene (Toilettenbenutzung, Körperpflege), Umgang mit Gefahren, handwerklich-hauswirtschaftliche Fertigkeiten
Kognitive Kompetenzen	räumliche Orientierung, verkehrsgerechtes Verhalten, Umgang mit Geld, Inanspruchnahme von öffentlichen Einrichtungen wie Post oder Telefon, zeitliche Orientierung, Rechnen, Signal-wort- und Schriftlesen, Schreiben
Soziale Kompetenzen	Selbstkontrolle (Abwarten, Kritik akzeptieren), Selbstbehauptung, Verständnis für die Perspektive des Anderen, Kooperation mit sozialen Regeln

2.5   Entwicklungspsychopathologisches Bezugsmodell

Elternbefragung, Entwicklungstest, Fragebögen und Verhaltensbeobachtungen sollen zu einer Dokumentation der Entwicklungs- und Verhaltensmerkmale des Kindes und Formulierung von Förderbedürfnissen, bzw. Interventionszielen führen. Dazu

müssen die Informationen in einem entwicklungspsychopathologischen Bezugs-
modell geordnet werden, das ihre intellektuellen und sozial-adaptiven Fähigkeiten
zur Kommunikation, Selbstversorgung und sozialen Partizipation sowie die biologischen und sozialen Bedingungen von Verhaltensbesonderheiten umfaßt. Ein solches
entwicklungspsychopathologisches Modell geistiger Behinderung sollte es erlauben,
die Gemeinsamkeiten und Unterschiede im Verlauf der „normalen" und der „behinderten" Entwicklung herauszuarbeiten, die Organisation von Verhaltensformen und
Fähigkeiten in diesen Entwicklungsbereichen zu beschreiben, das Zusammenwirken von Anlage- und Umwelteinflüssen zu analysieren und daraus Strategien für
psychologische Interventionen im Einzelfall abzuleiten (Petermann et al., 1998).
Niebank und Petermann (2000) geben einen Überblick über Ursachenmodelle von
Entwicklungsstörungen, die der Wechselwirkung von Genetik, neuronaler Entwicklung und Umweltfaktoren gerecht werden und Entwicklungspfade sowie Risiko- und
Schutzfaktoren einbeziehen.

Historisch lassen sich bei der Erklärung des abweichenden Entwicklungsverlaufs bei
geistiger Behinderung Einflüsse von biologisch-medizinischen, kognitionspsycholo-
gischen, lerntheoretischen und sozialpsychologischen Modellen unterscheiden. Im
biologisch-medizinischen Modell wurden verlangsamte Entwicklung, intellektuelle
und adaptive Defizite sowie „auffälliges" soziales Verhalten allein auf biologische
Ursachen zurückgeführt und durch zentralnervöse Reifungsstörungen erklärt. In
der Beratungspraxis mancher Mediziner, denen Eltern behinderter Kinder begegnen, spiegelt sich diese Sichtweise heute noch wider in sehr definitiven Progno-
seaussagen über den Grad der zu erwartenden Behinderung bei einer bestimmten
Diagnose. Diese wirken auf die Eltern im Kontext der Diagnosemitteilung nieder-
schmetternd und drohen die Entwicklung einer förderlichen Beziehung zum Kind zu
blockieren, indem sie die Wahrnehmung der individuellen Entwicklungsansätze des
Kindes und das elterliche Zutrauen in die eigenen Fähigkeiten zur Erziehung und
Förderung hemmen. Therapieempfehlungen innerhalb dieses Modells beschränken
sich dann allzuoft zunächst auf Krankengymnastik (in der Erwartung, zentralnervöse
Reifungsdefizite „reparieren" und die Entwicklung re-normalisieren zu können).
Später wird das Auftreten von „Verhaltensstörungen" als Erkrankung angesehen und
im Sinne einer psychopathologischen Zweitdiagnose („dual diagnosis") der
primären Diagnose der intellektuellen Behinderung zugeordnet. Therapeutische
Empfehlungen bestehen dann in der Verschreibung von Psychopharmaka oder bleiben angesichts einer vermuteten „Unveränderbarkeit", weil biologisch-genetischen
Determiniertheit des Verhaltens ganz aus.

Psychologische Modelle der geistigen Behinderung sind lern-, sozial- oder kogniti-
onspsychologisch fundiert. In lerntheoretischen oder behavioralen Modellen beruht
Entwicklung und abweichendes Verhalten auf gelernten Handlungsmustern. Eine
Verlangsamung der Entwicklung wird mit defizitären grundlegenden Prozessen der
Informationsverarbeitung (Aufmerksamkeit, Habituation, Imitation) und damit ver-
ringerter Lernfähigkeit erklärt. Verhaltensstörungen wie oppositionelles, aggressives

oder selbstverletzendes Verhalten werden als Ausdruck von fehlleitenden Lernprozessen in sozialen Situationen verstanden, die sie gemäß den Gesetzen der klassischen und operanten Konditionierung aufrechterhalten. Therapieempfehlungen bestehen in diesem Konzept in verstärkungspsychologisch strukturierten Übungsprogrammen (z. B. Imitationstraining, Programme zur operanten Verstärkung gezielter Spielhandlungen) als Entwicklungstherapien und Verhaltenstherapien, bei denen „maladaptives" Verhalten bestraft und „positives" Alternativverhalten verstärkt wird.

Sozialpsychologische Labeling-Theorien verstehen Entwicklungsabweichungen als das Ergebnis von sozialen Interaktionen und Zuschreibungsprozessen. Die Diagnose einer geistigen Behinderung geht danach einher mit veränderten Erwartungen an und Lerngelegenheiten für das betreffende Kind. In sozialen Situationen wird es daher weniger einbezogen, erhält keine ausreichende Unterstützung für den Aufbau adaptiven Verhaltens und die Erweiterung eines eigenständigen Handlungsrepertoires. Es erfährt oft, daß von ihm kein eigenes kompetentes Verhalten erwartet oder es durch den Erwachsenen gelenkt wird. Die Folge ist, daß es wenig Motivation zur eigenen Auseinandersetzung mit herausfordernden Tätigkeiten, ein niedriges Selbstwertgefühl und eine gewisse Außengerichtetheit entwickelt. Es überwiegt das Interesse an sozialer Zuwendung gegenüber der Orientierung an der sachlichen Herausforderung und den Aufgabeninhalten.

Verhaltensstörungen werden in diesem Ansatz verstanden als Ausdruck sozialer Isolation und unzureichender Anreize in der Lebensumwelt (monotone Aufgaben, fehlender Zugang zu befriedigenden Beschäftigungen, Ausschluß aus sozialen Alltagsbezügen, mangelnde soziale Beachtung unter deprivierenden institutionellen Bedingungen). Therapeutische Empfehlungen richten sich auf pädagogische Maßnahmen gegen eine Separierung und Stigmatisierung von Menschen mit geistiger Behinderung. Gefordert wird eine integrative Erziehung und Unterrichtung, bei der gemeinsame Lebens- und Lernfelder für Kinder mit und ohne Behinderung gestaltet werden und das einzelne Kind eine seinen Fähigkeiten und Motivationen entsprechende Unterstützung auf dem Weg zur „Zone der nächsten Entwicklung" erhält.

Kognitiv-entwicklungspsychologische Modelle betrachten die abweichende Entwicklung und auffällige Verhaltensweisen von Menschen mit geistiger Behinderung als Ausdruck von Schwierigkeiten, Zusammenhänge und Ordnungen in der Umwelt und in sozialen Beziehungen zu verstehen und das eigene Verhalten dementsprechend zu planen. Viele der Konzepte in diesem Bereich beruhen auf der strukturalistischen Entwicklungspsychologie Piagets, die von universell gültigen Prinzipien der kognitiven Entwicklung und Strukturierung ausgeht. Die Entwicklung von Menschen mit geistiger Behinderung vollzieht sich danach in prinzipiell gleichen Entwicklungsschritten wie bei nicht behinderten Kindern, Jugendlichen und Erwachsenen, wenn auch mit langsamerem Tempo und niedrigerem Endniveau.

Menschen mit schwerer geistiger Behinderung bleiben danach auf dem Niveau der sensomotorischen Operationen stehen ohne die Möglichkeit der Symbolisierung durch Vorstellung und Sprache. Kinder mit leichter geistiger Behinderung erreichen die Stufe des anschaulich-voroperationalen Denkens und im Jugendalter die Schwelle zu konkreten Operationen. Die für die jeweilige Entwicklungsstufe charakteristische Form des Denkens bestimmt die Handlungsfähigkeit des Kindes und begrenzt seine Möglichkeiten zu sprachlichen und sozialen Lernprozessen. Therapeutische Empfehlungen konzentrieren sich auf die pädagogische Unterstützung beim Übergang zu differenzierteren adaptiven Fähigkeiten (der „Zone der nächsten Entwicklung") auf der Grundlage des Verstehens der gegenwärtigen Verarbeitungs- und Handlungsstrukturen.

Einige neuere Forschungsresultate zu syndromspezifischen Entwicklungsverläufen und Verhaltensmerkmalen lassen sich allerdings besser verstehen, wenn neben einer generellen Entwicklungsverlangsamung bei geistiger Behinderung auch spezifische Entwicklungsbesonderheiten (Strukturdifferenzen) angenommen werden. Die Entwicklung von Menschen mit geistiger Behinderung vollzieht sich danach primär in der gleichen, wenn auch langsameren Abfolge von Entwicklungsstufen wie die Entwicklung nicht behinderter Menschen, kann aber durch Störungen in bestimmten Kernprozessen des Verarbeitungssystems (Strukturdifferenzen) zusätzlich gehemmt werden, welche wiederum für bestimmte genetische Syndrome spezifisch sind.

Solche Kernprozesse steuern zunächst unverbunden erscheinende Verhaltensmerkmale, die den Verhaltensphänotyp eines genetischen Syndroms charakterisieren. So wird in jüngster Zeit versucht, Kernprozesse der Gedächtnisspeicherung, Sprachverarbeitung oder sozialen Kognition mit neuropsychologischen Arbeitsmodellen zu beschreiben und assoziierte neurale Substrate zu definieren, die dann syndromvergleichend untersucht werden können. Erste Ansätze in diese Richtung stellen neuropsychologische Analysen von visuell-räumlichen Wahrnehmungsschwierigkeiten bei Kindern mit Williams-Beuren-Syndrom, sozialen Beziehungsstörungen bei Kindern mit autistischem Syndrom oder Störungen der exekutiven Funktionen und Steuerung von Aufmerksamkeitsprozessen bei Kindern mit Fragilem-X-Sydrom dar (Tager-Flusberg, 1999).

Moderne Interaktionsmodelle betrachten den Entwicklungsverlauf in diesem Sinne als Resultat einer Wechselwirkung aus genetisch oder konstitutionell begrenztem „Reaktions- und Entwicklungsspielraum" und (syndrom-)spezifischen Besonderheiten in Kernprozessen der Informationsverarbeitung (primäre genetische Effekte), einer erhöhten Vulnerabilität für Überforderungen durch Umweltanforderungen und dem Gelingen der Einstellung auf die speziellen Unterstützungsbedürfnisse durch die Umwelt (Abb. 2). Dabei handelt es sich nicht um ein statisches Zusammenwirken, sondern kontinuierliche soziale Regulationsprozesse. Die Erfahrungsangebote, die das Kind in seiner Umwelt erlebt, werden mitbestimmt von seinen eigenen Entwicklungs- und Verhaltensmerkmalen (sekundäre genetische Effekte) und verändern sich im Laufe der Zeit im Sinne einer kontinuierlichen Neuanpassung (transaktionales Modell). „Verhaltensauffälligkeiten" werden als Ausdruck einer genetisch bedingten Motivationslage und Vulnerabilität sowie einer unzureichenden Abstimmung der Umwelt auf die spezifischen Bedürfnisse des Kindes verstanden. Therapeutische Empfehlungen richten sich auf die Beratung der Eltern und Pädagogen im Verständnis der kindlichen Verhaltensweisen, die Anpassung ihrer Erwartungen und die Entwicklung von Hilfen zur Erweiterung der Fähigkeiten des Kindes zur sozialen Partizipation und Bewältigung der Umweltanforderungen.

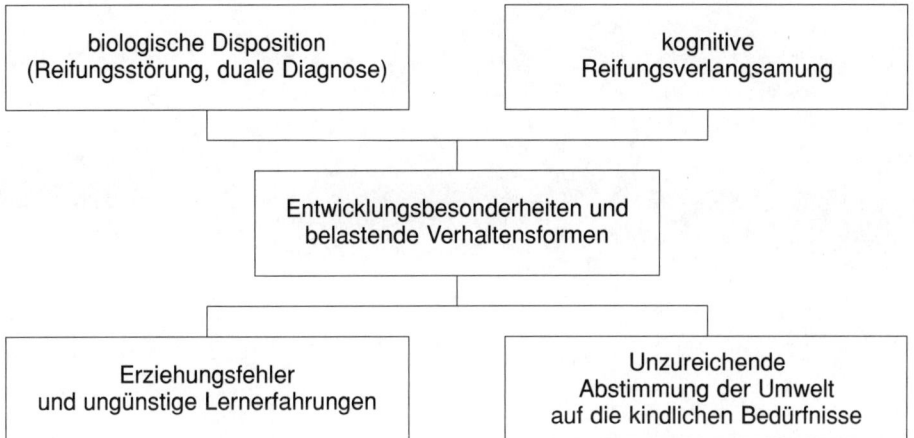

Abbildung 2:   Entwicklungspsychopathologische Einflußfaktoren auf Entwicklungsmerkmale und die Entstehung „auffälligen" Verhaltens bei Menschen mit geistiger Behinderung

Kapitel 3

Förderbereich: Spiel, adaptive und soziale Fähigkeiten

3.1 Förderung der sensomotorischen und symbolischen Fähigkeiten

Selbstbestimmung und soziale Partizipation setzt ein Wissen um Zusammenhänge und Mittel voraus, die Umwelt zu beeinflussen. Diese „Handlungskompetenz" wird zunächst im sensomotorischen und symbolischen Spiel erworben. Diese Handlungsfähigkeiten entwickeln sich in einer regelmäßigen Abfolge von Stufen, die bei nicht behinderten Kindern in den ersten drei Lebensjahren durchlaufen werden.

Eltern können diesen Entwicklungsprozeß unterstützen, wenn sie um die gegenwärtige Entwicklungsstufe ihres Kindes und die Zone der nächsten Entwicklung wissen und ihre Beiträge zum gemeinsamen Spiel darauf abstimmen. Diese Abstimmung gelingt in der normalen Entwicklung aufgrund ihrer intuitiven Verhaltensbereitschaften, ohne daß sie das Kind gezielt beobachten müssen. Diese intuitiven Fähigkeiten der Eltern können bei einer Behinderung des Kindes jedoch blockiert sein durch die Enttäuschung und Trauer, die die Mitteilung der Diagnose ausgelöst hat, die Unsicherheit der Zukunftsperspektiven und die vielfältigen Alltagsbelastungen. Kindliche Signale von Interesse, Neugier, Mißbehagen oder Überforderung sind u. U. schwerer zu erkennen. Fortschritte in den einzelnen sensomotorischen Fähigkeiten gelingen ungleichmäßig schnell, so daß die Eltern kein kohärentes Bild von den Fähigkeiten ihres Kindes entwickeln können und unsicher sind, was sie von ihm erwarten können.

3.1.1 Verlangsamter Verlauf der sensomotorischen Entwicklung

Die normale sensomotorischen Entwicklung besteht aus einer Sequenz von zunehmend komplexeren Fähigkeiten des Kindes, die Funktion und Eigenschaften der Dinge zu erkunden, Ursache-Wirkungs-Zusammenhänge zu entdecken und sozusagen ein „mentales Bild von der Welt" aufzubauen (Uzgiris, 1987, Dunst & Williams 1988). Sensomotorische Entwicklungsschritte in den Bereichen der Objektpermanenz, Wahrnehmung räumlicher und kausaler Beziehungen, des explorativen und sozialen Spiels sowie der Imitation verlaufen in der Regel parallel zueinander (Tab. 14).

Tabelle 14: Stufen der frühen kognitiven Entwicklung (nach Dunst & McWilliams, 1988; Uzgiris, 1987)

Stufe	Merkmal
Undifferenzierte Reaktion (I)	Verhaltensweisen, die von sozialen und nicht-sozialen Reizen ausgelöst werden
Einfache ganzheitliche Interaktionen (II)	Verhaltensweisen, die das Kind einsetzt, um einfache Interaktionen mit der Umwelt zu initiieren und aufrecht zuerhalten
Koordinierte Interaktionen (III)	Verhaltensweisen, bei denen das Kind Sequenzen bildet und je nach Erfolg modifiziert
Repräsentationale Interaktionen (IV)	Verhaltensweisen, bei denen das Kind vorab Alternativen auswählt, die zum Ziel führen
Symbolische Interaktionen (V)	Verhaltensweisen, bei denen das Kind Symbole für Objekte, Personen und Sachverhalte gebraucht

Untersuchungen zum Verlauf der sensomotorischen Entwicklung bei Kindern mit Entwicklungsverzögerungen, Cerebralparese, Down-Syndrom oder geistiger Behinderung anderer Ursache mit den „Ordinalskalen zur sensomotorischen Entwicklung" zeigen, daß behinderte Kinder die Entwicklungsschritte in der gleichen Abfolge wie nicht behinderte Kinder, aber später vollziehen. Der Grad der Verlangsamung gegenüber der Normalentwicklung ist abhängig vom Grad der Behinderung (Dunst, 1998). Die Tabelle 15 gibt eine Orientierungshilfe, um aus Beobachtungen des Spielverhaltens eine Beurteilung der sensomotorischen Entwicklungsstufe des Kindes vorzunehmen.

Mit Beginn des zweiten Lebensjahres beginnt in der normalen Entwicklung die Periode des symbolischen Spiels. Es treten erste Nachahmungshandlungen (Füttern der Puppe, Ablegen zum Schlaf) auf, die schrittweise dezentralisiert, dekontextualisiert und integriert werden. Das Kind beginnt symbolische Schemata auf andere Personen, Puppen und Spielfiguren zu übertragen (Dezentralisierung), gibt Objekten eine symbolische Bedeutung (benutzt z. B. einen Holzstab als Löffel; Dekontextualisierung) und koordiniert einzelne Schemata zu Handlungssequenzen und Spielszenen zunehmender Komplexität (Integration).

Tabelle 15:   Sensomotorische Entwicklungsbeurteilung (Orientierungshilfe)

	Visuelles Verfolgen/Objektpermanenz	**Mittel-Zweck-Wahrnehmung**	**Wahrnehmung räumlicher Beziehungen**	**Schemata**
I	Fixiert Objekt	Versucht, Tuch vom Gesicht zu ziehen		Hält etwas fest
II	Verfolgt Objekt im Blickfeld	Wiederholt Handlung, um etwas in Gang zu halten; visuell gelenktes Greifen	Schaut von einem Objekt zum andern; orientiert sich zu Geräuschquelle; verfolgt fallendes Objekt im Blickfeld	Steckt Dinge in den Mund, inspiziert Dinge, schüttelt oder klopft mit Gegenständen
III	Findet ein verstecktes Objekt	Läßt etwas fallen, um etwas Neues zu nehmen; bewegt sich hin, um etwas zu erreichen	Verfolgt Objekt, das außer Sicht fällt	Läßt aktiv los; funktionaler Gebrauch von Objekten (z. B. Bürste)
IV		Benutzt Hilfsmittel, um etwas zu erreichen	Steckt etwas in Behälter; baut etwas aufeinander	Einfache soziale Schemata (z. B. Essen nachahmen) in Bezug auf sich selbst oder eine Puppe
V		Wählt vorab geeignetes Objekt aus	Macht Umweg, um ein Ziel zu erreichen	Benutzt Objekte in symbolisch-transformierender Form

Auch die Entwicklung des Symbolspiels ist bei Kindern mit geistiger Behinderung verzögert. Es findet sich die gleiche Abfolge von Dezentrierung, Dekontextualisierung und Integration zu symbolischen Szenen (Cicchetti & Mans-Wagener, 1987; Beeghly et al., 1989; Cielinski et al., 1995). Der Entwicklungsstand des Symbolspiels korreliert mit dem allgemeinen kognitiven Entwicklungsstand, so daß eine Beobachtung des symbolischen Spielverhaltens eines Kindes eine brauchbare Orientierung über seine kognitive Entwicklungsstufe gibt (Westby, 1993). Eine standardisierte Beurteilung mit Altersvergleichswerten kann mit dem Symbolic Play Test (Lowe & Costello, 1976; Power & Ratcliffe, 1993) erfolgen.

Bei Kindern mit geistiger Behinderung entwickelt sich somit das Verständnis der Funktion von Gegenständen und ihrer Zusammenhänge ebenso wie nicht behinderte Kinder, wenn auch verlangsamt. Sie unterscheiden sich jedoch nicht nur im Entwicklungstempo, sondern auch in der Motivation zur eigenständigen Auseinandersetzung mit den Dingen und der Organisation ihrer Handlungen. Ihre Erkundungen sind weniger flexibel, selbst-initiiert und zielorientiert; je nach Grad der Behinderung folgen sie häufiger spezifischen sensorischen Vorlieben. Sigafoos et al. (1999) videografierten regelmäßig das Spielverhalten von schwerbehinderten Kindern mit 5p-Syndrom, CHARGE-Syndrom, autistischem Syndrom und Periventrikulärer Leukomalazie zwischen drei und fünf Jahren. Die beobachteten Handlungen wurden nach explorativem, funktionalem, konstruktivem und symbolischem Spiel klassifiziert. Anders als nicht behinderte Kinder waren sie nur etwa 20 % der gesamten Beobachtungszeit aktiv mit Gegenständen beschäftigt. Mehr als die Hälfte ihrer Handlungen diente der Erkundung der Funktion der Dinge; ein Viertel waren einfache Explorationen. Konstruktives (repräsentationales) und symbolisches Spiel machte nur einen geringen Teil der Spielaktivitäten aus. Das Spielverhalten veränderte sich über den dreijährigen Beobachtungszeitraum kaum.

Ruskin et al. (1994) untersuchten die Ausdauer bei herausfordernden Aufgaben, die zweijährige Kinder mit Down-Syndrom und nicht behinderte Kinder gleichen Entwicklungsalters zeigten. Die Kinder mit Down-Syndrom waren weniger engagiert mit den Dingen beschäftigt, hatten weniger Ausdauer bei zielgerichteten Tätigkeiten, schoben das Spielzeug häufiger weg und zeigten kaum Freude am Erfolg, wenn sie ein Spielzeug erkundet oder einen Zusammenhang verstanden hatten. Auf Mißerfolge reagierten sie mit Rückzug und entwickelten Strategien zur Vermeidung von schwierigen Anforderungen.

3.1.2   Probleme der Nachahmung und sozialen Abstimmung

Kinder untersuchen Gegenstände, indem sie ihre Funktionen erproben, und erfahren sich so im Spiel als jemand, der Wirkungen erzielen kann. Die eigene sensomotorische Erkundung der Dinge und ihrer Zusammenhänge wird in der normalen Entwicklung ergänzt durch die Erfahrungen, die sie in der dialogischen Interaktion mit einem erwachsenen Spielpartner machen, indem sie die Aufmerksamkeit mit dem Erwachsenen abstimmen, ihre Erfahrungen mit ihm teilen und aus seiner Reaktion und Demonstration lernen. Aus der eigenen Erkundung und der vom Erwachsenen vermittelten Bedeutung der Handlungen entsteht auf diese Weise ein flexibles Bild der Welt mit Handlungsplänen, die wie kleine Drehbücher Ordnung, Selbstlenkung und Beteiligung an gemeinsamen Aktivitäten erlauben.

Kinder mit geistiger Behinderung haben Probleme in der sozialen Abstimmung beim Spiel mit dem Erwachsenen. Probleme der Abstimmung der Aufmerksamkeit, der Nachahmung und des Symbolgebrauchs stellen dabei eine entwicklungspsychopathologische Einheit dar (Charman 1997; Tab. 16). Diese Fähigkeiten entwickeln sich bei vielen behinderten Kindern nicht synchron zu ihrem sensomotorischen Handlungsvermögen im Umgang mit Gegenständen. So stellte Dunst (1998) z. B. fest, daß die Entwicklung der Nachahmungsfähigkeit bei den meisten mit den Ordinalskalen untersuchten Kindern wesentlich abwich von der Entwicklung des explorativen und funktionalen Spiels.

Die Probleme der sozialen Abstimmung im Spiel sind bei Kindern mit autistischem Syndrom am deutlichsten. Ihr Spiel ist durch einfache sensomotorische Handlungen und repetitive, stereotype Objektmanipulation gekennzeichnet ohne sozialen oder symbolischen Gebrauch der Spielsachen (Libby et al., 1998). An einem Lastauto ist z. B. nur das Drehen der Räder interessant, Gegenstände werden berochen oder belutscht, kaum funktional verwendet. Wenn sie zu symbolischen Spielformen angeleitet werden, behalten diese den Charakter kurzer, starrer Nachahmungen und perseverieren (Jarrold et al., 1993). Sie können vielleicht die Bewegungsabfolge, eine leere Tasse zum Mund zu führen, motorisch nachvollziehen, verstehen aber nicht, warum sie „so tun sollten, als ob sie trinken", d. h. den anderen das glauben machen sollten. Die Bedeutung der Handlung im sozialen Zusammenhang bleibt ihnen fremd. Vorläufer dieser Unfähigkeit zum Symbolgebrauch sind ein geringes soziales Interesse am Spielpartner, fehlende Initiative zu dialogischer Abstimmung durch Blickkontakt und hinweisende Gesten und zur Imitation (Mundy et al., 1990).

Diese Auffälligkeiten der sozialen Kommunikation im Spiel eignen sich als Kriterien, um Kinder mit autistischem Syndrom und Kindern mit geistiger Behinderung ohne autistisches Syndrom in den ersten drei Lebensjahren voneinander zu unterscheiden (Adrien et al., 1992, Dahlberg & Gillberg, 1989), sind aber nicht auf Kinder mit autistischem Syndrom beschränkt. Auch bei vielen schwerbehinderten Kindern überwiegen einfache explorative und funktionale gegenüber sozial abgestimmten und symbolischen Spielformen, wie z. B. Studien zum Spielverhalten bei Angelman-Syndrom (Penner et al., 1993) oder Cornelia-de-Lange-Syndrom (Sarimski, 1998) zeigen.

Tabelle 16: Schwierigkeiten bei der Gestaltung förderlicher Spielsituationen

- verlangsamter Verlauf der sensomotorischen Entwicklung
- Schwierigkeiten der dialogischen Abstimmung der Aufmerksamkeit
- verminderte Fähigkeit zur Nachahmung und zum Symbolgebrauch
- verminderte Motivation zu komplexen Tätigkeiten und Ausdauer bei herausfordernden Aufgaben

3.1.3   Auswirkungen auf den Interaktionsstil der Eltern und den Entwicklungsverlauf

Die Probleme der dialogischen Abstimmung führen zu veränderten Interaktionserfahrungen und haben sekundäre Auswirkungen auf den Entwicklungsverlauf. Kinder mit solchen Schwierigkeiten haben weniger Freude am gemeinsamen Spiel und erfahren weniger Austausch über interessante Ereignisse. Die Eltern ihrerseits erleben allzu oft Fehlschläge bei ihrem Versuch, ein Spiel zu gestalten, die Aufmerksamkeit des Kindes auf ein gemeinsames Thema zu lenken oder ihnen etwas zu zeigen.

Einige verzichten allmählich darauf, ihr Kind für gemeinsame Aktivitäten zu interessieren, andere versuchen, die Probleme der Aufmerksamkeitsabstimmung dadurch zu kompensieren, daß sie die Interaktion stärker lenken, Themen vorgeben und mehr dirigieren als Eltern nicht behinderter Kinder (Mahoney & Robenalt, 1986). So zeigte eine Untersuchung von Roach et al. (1999) z. B., daß Mütter von Kindern mit Down-Syndrom im freien Spiel im Durchschnitt 25 % mehr implizite oder explizite Aufforderungen an ihre Kinder stellen als Mütter von nicht behinderten Kindern gleichen Entwicklungsstandes. Die individuellen Unterschiede waren jedoch groß. Nicht die Zahl der Lenkungen selbst entschied über die Partizipation des Kindes am gemeinsamen Spiel, sondern die Abstimmung der Aufforderungen und Vorschläge auf die kommunikativen Signale des Kindes. Einigen Müttern gelang es erfolgreich, ihre Lenkung auf die Aufmerksamkeit des Kindes abzustimmen, Ansätze zu sozialem Spiel aufzugreifen und auszugestalten. Sie erreichten somit ein dialogisches Spiel durch vermehrte Strukturierung, ohne die Signale und Initiativen des Kindes zu übergehen und seine Verarbeitungsfähigkeiten zu überfordern.

Solche Anpassungen im Interaktionsstil sind nicht auf kleine Kinder beschränkt. Auch die Auswertung von Beobachtungen der Eltern-Kind-Interaktion bei Schulkindern zeigte, daß die Mütter behinderter Kinder das Geschehen häufiger durch explizite Aufforderungen lenkten und auf diese Weise weniger spielerisch-entspannte Interaktionszeiten entstanden als bei Müttern nicht behinderter Kinder. Die Kinder waren aber durchaus kooperativ, die Beziehungen zwischen Eltern und Kind wirkten dadurch nicht gestört (Floyd & Philippe, 1993).

Das Gelingen der Anpassung an die Schwierigkeiten des Kindes im gemeinsamen Spiel entscheidet mit über den Entwicklungsverlauf. Mahoney et al. (1985) analysierten z. B. die spielerische Interaktion von Müttern und behinderten Kindern im Alter von einem bis drei Jahren. Quantität der Stimulation und Kontrolle durch die Mütter korrelierten negativ, Freude und Anteilnahme am gemeinsamen Spiel positiv mit dem kognitiven Entwicklungsverlauf der Kinder. Responsives Elternverhalten, bei dem die Mütter die Initiativen der Kinder aufgreifen und ihre Aufmerksamkeit unterstützen, führt zu ausgedehnteren Phasen explorativen Spiels und größerer Ausdauer der Kinder bei der selbständigen Beschäftigung mit herausfordernden Spielangeboten (Landry & Chapieski, 1989; Sarimski, 1992; Harris et al., 1996; Hauser-Cram, 1996).

Solche Forschungsergebnisse haben einen Paradigmen-Wechsel in der frühen Förderung behinderter Kinder eingeleitet. Während man früher annahm, der Erfolg von
Frühförderprogrammen hänge von der Art, Häufigkeit und Intensität der vorge-
schlagenen Übungen ab, zeigt eine kritische Analyse der Ergebnisse von Effektivitätsstudien, daß die Veränderung der Eltern-Kind-Beziehung im Laufe des Inter-
ventionszeitraums entscheidend ist. Je responsiver die Eltern auf Initiativen und
Bedürfnisse ihrer Kinder einzugehen lernen, umso größer ist der Entwicklungsfortschritt der Kinder.

Mahoney et al. (1998) legten eine solche Meta-Analyse der Ergebnisse von drei
Frühförderprogrammen mit sehr unterschiedlichen theoretischen Hintergründen,
Vorgehensweisen und Zielgruppen vor. Sie werteten jeweils Entwicklungstestergeb-
nisse und Videoaufzeichnungen der Mutter-Kind-Interaktion im Spiel nach einem
einheitlichen Beurteilungsschema aus. So analysierten sie z. B. die Daten des Infant
Health and Development Programms (IHDP), des größten multizentrisch angelegten
Programms von Hilfen für frühgeborene Kinder in den USA (Gross et al., 1997). Das
Programm umfaßt eine Anleitung der Eltern zu entwicklungsfördernden Übungen
mit den Kindern im ersten Lebensjahr und eine Gruppenförderung ab dem zweiten
Lebensjahr. Im Alter von 30 Monaten wurden Mutter-Kind-Spielsituationen von 116
Kindern der Interventionsgruppe und 182 Kindern der Kontrollgruppe videografiert.
Die Varianz des Entwicklungsstandes im Alter von drei Jahren hing zu 4 % von den
Übungen des Förderprogramms, zu 25 % von der Responsivität der Mütter in den
gemeinsamen Spielsituationen ab. Die Veränderung der Eltern-Kind-Beziehung,
welche durch das Förderprogramm nicht explizit angestrebt wurde, erwies sich
somit als sechsmal bedeutsamer für den Verlauf als die eigentlichen Inhalte des Programms, das auf das Einüben kognitiver und sozialer Fähigkeiten ausgerichtet war.

Ebenso wurden Videoaufzeichnungen aus einer Studie analysiert, bei dem die herkömmliche Frühförderung behinderter Kinder verglichen wurde mit Programmen,
die sehr früh begannen, sehr intensiv (mit mehreren Behandlungseinheiten pro
Woche) angelegt waren oder den Eltern zusätzliche Beratung in Gruppen boten
(„Longitudinal Studies of the Effects and Costs of Alternative Types of Early Intervention", Casto & White, 1993). Wiederum erwies sich die Responsivität der Mütter im Spiel mit den Kindern als die prognostisch wichtigste Variable. Sie korrelierte
positiv mit dem Entwicklungsverlauf der Kinder, erwies sich jedoch als unabhängig
von der Intensität der Behandlung oder dem Zeitpunkt des Behandlungsbeginns.

Die Entwicklung behinderter Kinder läßt sich offensichtlich kaum durch isolierte
Übungsprogramme wirksam beeinflussen. Entscheidend ist vielmehr, daß ihre Eltern
unterstützt werden in responsiven Interaktionsformen und der Gestaltung von dialogischen gemeinsamen Aktivitäten. Spielformen, die auf seine Interessen abgestimmt
sind und das Kind ermutigen, sich aktiv mit seiner Umwelt auseinanzusetzen und
sich Handlungsfähigkeiten im gemeinsamen Spiel anzueignen, versprechen mehr
Erfolg als vom Erwachsenen gelenkte Übungen.

3.1.4 Beratung zu dialogischem, kindgesteuerten Spiel

Eine solche interaktionsorientierte Beratung der Eltern umfaßt allgemeine und spezifische Elemente. Sie soll den Eltern helfen, ihre intuitiven Verhaltensbereitschaften im Dialog mit dem Kind zu mobilisieren, um seine Initiative zu stärken und durch weiterführende Beiträge auszugestalten. Darüberhinaus gilt es, sich auf spezifische Bedürfnisse ihres Kindes einzustellen, die je nach Alter und individuellen oder syndromspezifischen Entwicklungs- und Verhaltensmerkmalen (Aktivität, Fähigkeit zur sozialen Aufmerksamkeitsabstimmung und Nachahmung) unterschiedlich sind. Die interaktionsorientierte Beratung soll zielorientiert sein und auf den elterlichen Ressourcen aufbauen.

In der Praxis bedeutet dies, zunächst gemeinsam mit den Eltern die Hindernisse für das Gelingen des spielerischen Dialogs zu identifizieren und einen Focus der Veränderung (z. B. Steigerung der aktiven kindlichen Beteiligung) zu formulieren, auf den sie sich konzentrieren können. Es wird dazu eine gemeinsame Spielsituation mit Materialien, die an seine Entwicklungsstufe angepaßt sind, videografiert. Der Berater betrachtet die Videoaufzeichnung danach mit den Eltern, unterbricht an drei oder vier Momenten, in denen das mit den Eltern zuvor formulierte Ziel, welche Veränderung sie sich im gemeinsamen Spiel wünschen, ansatzweise erreicht wird. Er hebt hervor, was zum Gelingen des spielerischen Dialogs in diesen Momenten beizutragen scheint. In der Regel wird er dabei die Eltern auf Aspekte ihres Verhaltens aufmerksam machen können, die ihnen nicht bewußt sind und zunächst aufgrund ihrer weniger „geschulten" Aufmerksamkeit auch beim Betrachten der Videoaufzeichnung entgehen. Statt der behinderungsbedingten Defizite kommen die bereits entwickelten Kompetenzen des Kindes und die Möglichkeiten der Eltern in den Blick, die Schwierigkeiten des Kindes durch Anpassung ihres Interaktionsverhaltens und geeignete Hilfen zu kompensieren. Es ist außerordentlich wichtig, daß die Eltern dabei nicht durch Kritik an ihrem Verhalten zusätzlich verunsichert werden, sondern auf ihre eigenen Fähigkeiten zur Gestaltung eines förderlichen Dialogs vertrauen lernen.

Bei Säuglingen werden dies in der Regel Elemente ihrer intuitiven Verhaltensbereitschaften sein wie Vereinfachung der Angebote, Wiederholung mit spielerischer Variation, Nachahmung des kindlichen Verhaltens, Verlangsamung ihres Beitrags, Rhythmisierung oder Abwarten spontanen Blickkontakts des Kindes. Bei älteren Kindern geht es darum, die Wahrnehmung der Eltern für die kindlichen Motive und Spielinitiativen zu sensibilisieren und ihnen Wege zu zeigen, wie sie durch Nachahmung der kindlichen Handlungen, paralleles Spiel und die Etablierung abwechselnder Muster („turn-taking") dialogische Spielformen anbahnen, die soziale Aufmerksamkeit des Kindes stärken und durch Variation und Demonstration von komplexeren Handlungen Fähigkeiten der „Stufe der nächsten Entwicklung" fördern können (Abb. 3).

Durch eine solche videogestützte Beratung läßt sich der Interaktionsstil der Eltern günstig beeinflussen und die Beteiligung des Kindes an gemeinsamen Aktivitäten fördern. Seifer et al. (1991) und Mahoney und Powell (1988) leiteten Eltern von Kleinkindern mit Entwicklungsverzögerungen, Down-Syndrom, Cerebralparese, Spina bifida u. a. an, im Spiel vermehrt die Reaktionen des Kindes abzuwarten, es öfter zu imitieren und seine eigenen Handlungsideen auszugestalten. Über einen Zeitraum von einem Jahr nahm die Lenkung durch die Mütter und die Unruhe und Irritierbarkeit der Kinder ab. In beiden Studien korrelierten der relative Entwicklungsfortschritt der Kinder und ihr Engagement im gemeinsamen Spiel signifikant mit dem Grad der Umsetzung responsiver, dialogischer Strategien durch die Eltern.

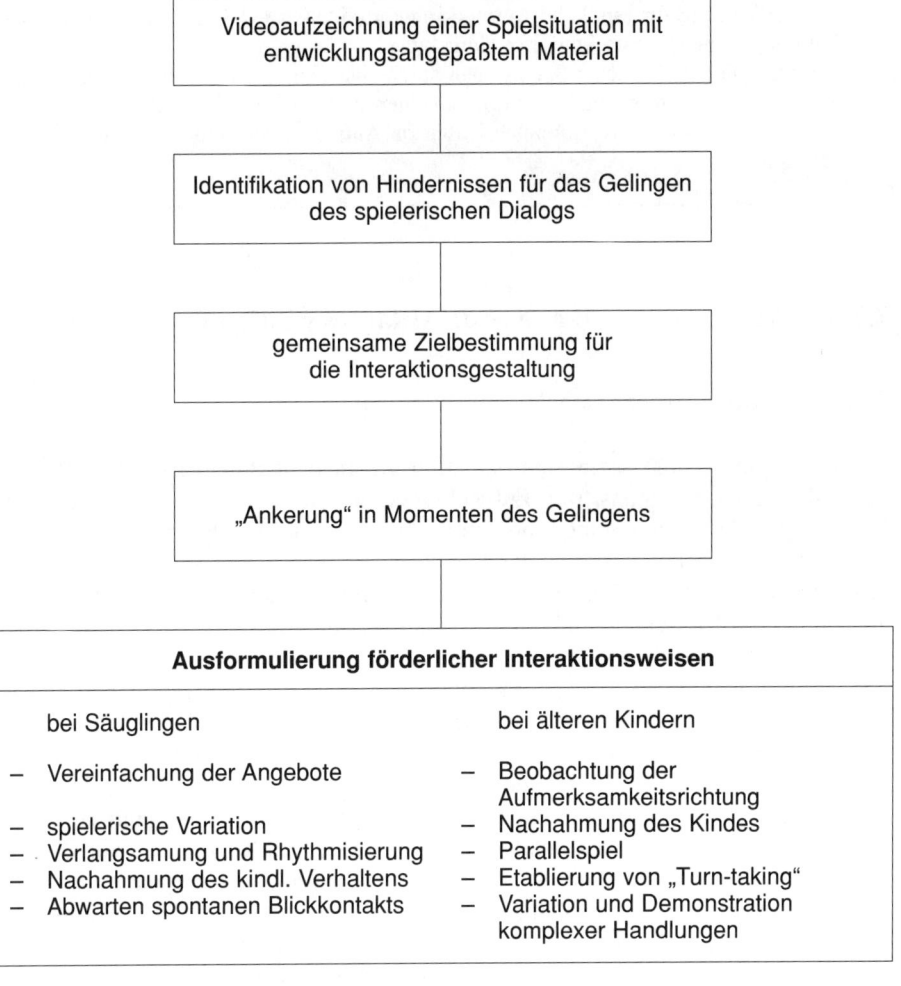

Abbildung 3: (Videogestützte) Beratung zu dialogischem, kindgesteuerten Spiel

Kasten 1:   Spiel: Beurteilung und Intervention

Beurteilung
- Beurteilung der sensomotorischen Entwicklungsstufe des Spiels
- Beobachtung der Fähigkeit zur dialogischen Aufmerksamkeitsabstimmung im Spiel
- Beurteilung der Fähigkeit zu Nachahmung und symbolischem Spiel
- Beurteilung der Ausdauer der Exploration bzw. zielgerichteten Tätigkeit
- Einschätzung der Qualität der Eltern-Kind-Interaktion im Spiel (Direktivität, Responsivität, Angemessenheit der Spielangebote)

Intervention
- (videogestützte) Beratung zur Reduzierung von Direktivität
- Sensibilisierung für kindliche Aufmerksamkeitssignale und Initiativen in entwicklungsangepaßter, vorstrukturierter Umgebung
- Ausgestaltung dialogischer Spielformen durch Nachahmung, abwechselnde Beiträge, Variation und Demonstration von Spielformen in der „Zone der nächsten Entwicklung" mit individuell abgestimmten Hilfen zur Aufmerksamkeitssteuerung und Handlungsplanung

---

3.2   Adaptive Fähigkeiten zur Alltagsbewältigung

3.2.1   Syndromspezifische Förderchancen

Selbstbestimmung und soziale Partizipation setzen Fähigkeiten zur unabhängigen Alltagsbewältigung voraus. Ihre Entwicklung hängt ab vom Alter der Kinder und Schweregrad der Behinderung, von den Erwartungen der Eltern und Pädagogen an ihre soziale Kompetenz, und von der Anleitung, die sie erhalten. Für diese Anleitung bringen Kinder mit verschiedenen Behinderungsformen unterschiedliche Voraussetzungen in ihrer Motivation und ihren Lernfähigkeiten mit.

Kinder mit schwerer geistiger Behinderung zeigen weniger Motivation zum Selbermachen und bleiben in vielen Alltagssituationen auf Hilfe angewiesen. Selbständigkeit beim Essen, Anziehen und Toilettengang erreichen sie nur teilweise. Auch bei ihnen finden sich jedoch individuell sehr variable Entwicklungsverläufe. So zeigen z. B. einige Kinder mit Cornelia-de-Lange-, Angelman- oder 5p-Syndrom relativ gute praktische Fähigkeiten zur Selbstversorgung und Mithilfe im Haushalt, die aufgrund ihrer begrenzten kognitiven Fähigkeiten – beurteilt in herkömmlichen Testaufgaben – und fehlenden sprachlichen Ausdrucksmöglichkeiten nicht erwartet werden. Es liegen jedoch so wenig Erfahrungen über das Entwicklungsspektrum der adaptiven Fähigkeiten vor, daß bei seltenen Syndromen keine Aussagen zu spezifischen Stärken und Schwächen gemacht werden können. Die meisten Beobachtungen beziehen sich auf Mitteilungen der Eltern, die sich in den entsprechenden Elternverbänden zusammengeschlossen haben.

Mehr Erfahrungen wurden zur Entwicklung von Kindern, Jugendlichen und jungen Erwachsenen mit Down-Syndrom gesammelt (Chapman & Hasketh, 2000). Auch sie erlernen mehr praktische Fertigkeiten als ihnen nach den Leistungen in kognitiven Testverfahren zugetraut werden. Sie machen stetige Fortschritte bis ins Erwachsenenalter (Loveland & Kelly 1988, 1991; Carr 1988). Ein anderes Entwicklungsprofil findet sich bei Kindern und Erwachsenen mit Williams-Beuren-Syndrom. Ihre sozialen und kognitiven Fähigkeiten sind oft weiterentwickelt als ihre praktischen Kompetenz. Bei jüngeren Kindern sind es motorische Koordinationsprobleme, bei älteren Kindern vor allem Störungen der visuellen Wahrnehmung, Aufmerksamkeitskontrolle und Handlungsplanung, die ihnen den Erwerb von Fähigkeiten der Selbstversorgung und Alltagsbewältigung erschweren (Greer et al., 1997; Morris & Mervis, 1999; Mervis & Klein-Tasman, 2000). Kinder mit autistischem Syndrom weisen die größte Diskrepanz in der Struktur ihrer adaptiven Fähigkeiten auf. Ihre sozialen Defizite sind weitaus größer als ihr Hilfebedarf in Dingen des praktischen Lebens (Volkmar et al., 1993). Auch sie machen stetige Entwicklungsfortschritte in ihren adaptiven Fähigkeiten bis ins Erwachsenenalter (Schatz & Hamden-Allen, 1995; Loveland & Kelley, 1988, 1991). Ausgesprochene Stärken in der Selbstversorgung und Beteiligung an praktischen Aufgaben im Haushalt zeigen sich bei Jungen mit Fragilem-X-Syndrom und bei Kindern und Jugendlichen mit Prader-Willi-Syndrom (Dykens et al., 1993).

Tabelle 17:   Spezifische Stärken und Schwächen im Fähigkeitsprofil bei einzelnen definierten Syndromen

Syndrom	Schwächen	Stärken
Fragiles-X-Syndrom	Aufmerksamkeitskontrolle; Sequentielle Verarbeitungsprozesse	visuelle Auffassung semantisch-syntaktische Sprachentwicklung
Williams-Beuren-Syndrom	motorische Koordination visuelle Gestaltwahrnehmung	soziale Wahrnehmung sprachliche Ausdrucksfähigkeit
Down-Syndrom	feinmotorische Fähigkeiten; Gedächtnisprozesse	visuelle Auffassung anschaulicher Zusammenhänge

Solche Unterschiede lassen sich z.T. als Ausdruck spezifischer Motivationslagen und Stärken und Schwächen im Profil der kognitiven Fähigkeiten verstehen (Tab. 17). Jungen mit Fragilem-X-Syndrom zeigen generell eine hohe Motivation zur Beteiligung am sozialen Geschehen; in Testuntersuchungen, z. B. mit der Kaufman Assessment Battery for Children (K-ABC), liegen ihre spezifischen Stärken in der Auffassung von visuell dargebotenen Informationen. Das macht es ihnen leichter, Abläufe zu erlernen, die anschaulich demonstriert werden können (Kemper et al., 1988). Kinder mit Prader-Willi-Syndrom haben besondere Stärken in räumlich-visuellen Wahrnehmungsleistungen. Sie sind z. B. in der Lage, sehr komplexe Puzzles zusammenzufügen, und können sich beim Erwerb praktischer Fähigkeiten gut an Vorlagen orientieren (Dykens et al., 1992). Kinder und Jugendliche mit Down-Syndrom haben ihrerseits Schwierigkeiten, Einzelheiten und Zusammenhänge zu behalten und brauchen Hilfen, um sich einzelne Handlungsschritte zu merken.

Unterschiede im Fähigkeitsprofil haben natürlich auch unmittelbare Auswirkungen auf schulisches Lernen. Für die pädagogische Arbeit gilt es, individuelle Stärken in visuellen Auffassungs- und Verarbeitungsprozessen für den Lernprozeß zu nutzen und die Schwächen gezielt zu kompensieren. So sind viele Kinder mit Down-, Fragilem-X- und Prader-Willi-Syndrom erfolgreich in der Lage, sinnentnehmend lesen. Fein- und visuomotorische Probleme, wie sie bei Kindern mit Down-Syndrom auftreten, oder Probleme der visuellen Gestaltgliederung erschweren aber das Schreiben. Sie lassen sich z. B. durch den Einsatz von Druckkästen, Schreibmaschinen oder -computern ausgleichen. Bei komplexen Rechenoperationen sind dagegen sequentielle Planungs- und Gedächtnisprozesse erforderlich, die Kindern mit Down- oder Fragilem-X-Syndrom schwerfallen. Sie können durch spezielle Rechenmaterialien nach dem Montessori-Konzept erleichtert werden. Viele Kinder erlernen so das praktische Rechnen, das zum Abmessen kleiner Mengen (z. B. beim Kochen oder Backen) oder zum Umgang mit Geld beim Einkaufen erforderlich ist.

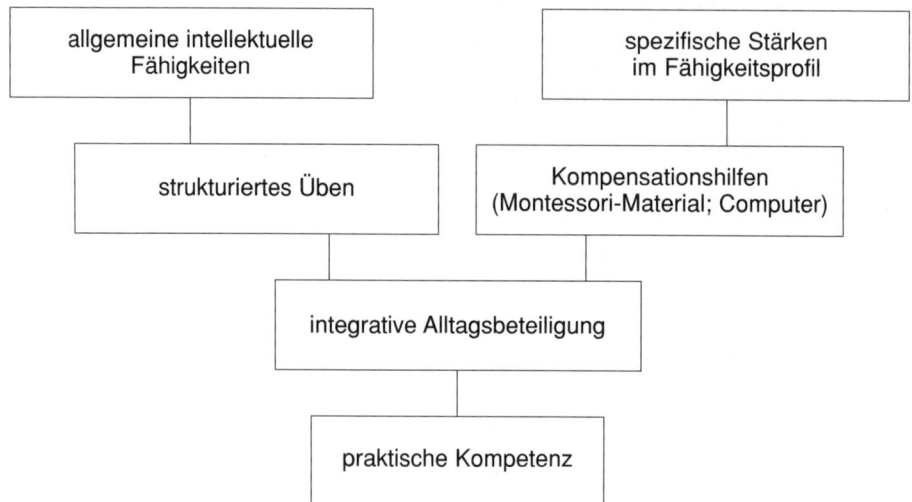

Abbildung 4: Einflußfaktoren auf den Erwerb adaptiver Fähigkeiten

3.2.2 Förderung praktischer Fähigkeiten durch strukturierte Anleitung

Behinderte Kinder brauchen für den Erwerb praktischer Fähigkeiten eine stärker strukturierte Anleitung als nicht behinderte und Kompensationshilfen für ihre individuellen Schwächen. Ein größtmögliches Maß an Partizipation am normalen Alltagsgeschehen hilft, ihre Lernmotivation zu stärken (Abb. 4).

Die Förderung von Fähigkeiten zur selbständigen Alltagsbewältigung umfaßt ein breites Spektrum von Zielen von der Selbstversorgung über die Haushaltsführung bis zur Benutzung öffentlicher Einrichtungen. Alle diese Förderziele dienen der späteren Unabhängigkeit im Erwachsenenalter, vermindern den Hilfebedarf und verbessern die Chancen für ein möglichst selbstbestimmtes Leben. Eine intensive Förderung praktischer Kompetenzen zur alltäglichen Lebensbewältigung sollte daher nicht diskreditiert werden als Versuch, Menschen mit geistiger Behinderung an unsere „Norm nicht behinderten Lebens" anzugleichen und sie damit überzogenen Erwartungen und ungerechtfertigtem Erziehungsdruck auszusetzen. Selbstverständlich haben sie auch als Erwachsene ein Anrecht auf Hilfe und Unterstützung dort, wo sie sie benötigen. Die Förderung praktischer Kompetenzen stellt aber – wie in der Erziehung nicht behinderter Kinder – die Mittel zur Verfügung, um zunehmend mehr Selbstbestimmung und Selbstverantwortung zu realisieren.

Die Aufgabe des Psychologen besteht darin, gemeinsam mit den Eltern die Relevanz von einzelnen Förderzielen für die langfristige Lebensqualität ihrer Kinder zu reflektieren, Prioritäten zu formulieren und sie bei Absprachen mit den Pädagogen zu beraten, damit die Förderung im Elternhaus und in Kindergarten oder Schule bestmöglich aufeinander abgestimmt wird.

Darüberhinaus kann er ihnen bei der Planung des konkreten Vorgehens zum strukturierten Üben praktischer Kompetenzen helfen. Voraussetzung ist die Vorbereitung der Umgebung, damit das Kind seine Aufmerksamkeit auf die zu erlernende Fähigkeit focussieren kann. Dazu gehören viele kleine praktische Hinweise, z. B. Geschirr und Besteck zum Tischdecken bereits auf dem Büffet in der Reihenfolge anzuordnen, in der sie gebraucht werden; ein „Kochbuch" mit Fotos der Dinge anzulegen, die es tatsächlich in der Küche vorfindet und für Rezepte benötigt; einen Handlungsablauf schematisiert aufzuzeichnen; farbige Markierungen am Herd anzubringen, um die Einstellung des Schalters beim Kochen zu erleichtern usw. Es sollte möglichst in der alltäglichen Umgebung geübt werden, um die unmittelbare Anwendung der gelernten Fertigkeit zu erleichtern. Die Handlungsabläufe bei einzelnen Tätigkeiten sollten verbindlich festgelegt und vom Erwachsenen in immer gleicher Form demonstriert werden. Eine solche Ritualisierung erleichtert den Aneignungsprozeß.

Tabelle 18:   Förderziele im Bereich praktisch-adaptiver Kompetenzen

Selbstversorgung	Selbständiges Essen und Trinken, An- und Auskleiden, Händewaschen, Haarewaschen und -kämmen, Duschen/ Baden, Zähneputzen, Benutzung von Monatsbinden oder Rasierer
Haushaltsführung	Tischdecken, Vorbereiten kalter und warmer Speisen, Backen, Umgang mit vereinfachten Kochbüchern, Aufräumen und Aufbewahren von Essensresten, Abwischen und Putzen, Bedienung von Haushaltsgeräten (Herd, Staubsauger, Mixer), Blumengießen
Benutzung öffentlicher Einrichtungen	Nutzung von Verkehrsmitteln, Telefonen, Bewältigung von Wegen in der näheren Umgebung, Einkaufen, Beachtung von Sicherheitsregeln im Straßenverkehr
Hauswirtschaftliche/ Handwerkliche Tätigkeit	Annähen eines Knopfes, Bedienen der Waschmaschine, Bügeln, Sortieren von Kleidung, Auswahl von dem Wetter oder Anlaß angemessener Kleidung; Zusammenschrauben, Hämmern, Aufhängen von Bildern, Sägen

Das Üben selbst geschieht als schrittweises Lernen nach den Prinzipien der Verhaltensformung mit manueller Führung, Verkettung von Einzelschritten und häufiger Wiederholung. Die Handlung wird zunächst in Teilschritte gegliedert, die mit klaren, prägnanten Aufforderungen und manueller Führung des Kindes eingeübt werden. Die Hilfestellung des Erwachsenen wird dann sukzessive „von hinten nach vorne" reduziert („backward chaining"), bis das Kind den geübten Handlungsablauf nach Aufforderung und dann schließlich selbständig bewältigt. Der erfolgreiche Abschluß der Handlung und die damit verbundene Anerkennung stärkt seine Motivation zur sozialen Partizipation.

Tabelle 19:   Beispiel für die Gliederung einer praktischen Fertigkeit (Zähneputzen)

- Zahnbürste befeuchten
- Kappe von der Zahnpasta entfernen
- Paste aufdrücken
- Tube verschließen
- Zähne außen und an der Kaufläche putzen
- Becher mit Wasser füllen
- Mund reinigen
- Mund abwischen
- Bürste reinigen
- Becken reinigen
- Utensilien wegstellen

Auf diese Weise kann schrittweise ein umfassendes Repertoire von adaptiven Fertigkeiten aufgebaut werden. Grenzen bestehen im Einzelfall dort, wo die Realisierung einer Kompetenz eigenständiges Urteil (z. B. beim Abschätzen von Gefahren im Straßenverkehr), abstraktes Wissen (z. B. um die Bedeutung von Hinweisschildern wie Kasse, Ein- oder Ausgang, oder den Wert von Geldstücken und -scheinen) oder besondere feinmotorische Geschicklichkeit erfordert (z. B. beim Einführen von Knöpfen in Knopflöcher, Schneiden mit dem Messer). Je nach Entwicklungspotential des Kindes wird deshalb ein individueller Hilfebedarf im Erwachsenenalter bleiben, dem entweder durch persönliche Assistenz (z. B. beim Einkaufen, der Aufsicht im Straßenverkehr oder dem Erstellen von Haushalts-, Essens- und Einkaufsplänen) oder entsprechende Gestaltung der Lebensumwelt in einer betreuten Wohneinrichtung entsprochen werden kann.

3.2.3 Spezifische Vorgehensweisen bei der Sauberkeitserziehung

Die selbständige Toilettenbenutzung stellt einen besonders großen Entwicklungsfortschritt dar, der den Pflegeaufwand erheblich erleichtert. Um sie zu erreichen, sind u. U. systematischere Vorgehensweisen als in der Sauberkeitserziehung nicht behinderter Kinder erforderlich. Zwei Methoden haben sich gleichermaßen bewährt. Beim „zeitlich individuell abgestimmten Toilettentraining" wird beobachtet, in welchen Abständen das Kind einnäßt, und das Kind dann kurz vor dem erwarteten Zeitpunkt zur Toilette geführt in der Erwartung, daß sich so eine bestimmte Blasenspannung nach dem Modell der klassischen Konditionierung mit dem Wasserlassen auf der Toilette verbindet. Alternativ kann auch eine sog. „Klingelhose" benutzt werden, die ein Signal gibt, wenn das Kind einzunässen beginnt. Solche apparative Hilfen sind jedoch für Kinder mit schwerer geistiger Behinderung oder autistischem Syndrom oft sehr irritierend.

Beim „Toilettentraining in festen Zeitabständen" wird das Kind zunächst in sehr kurzen Zeitintervallen, z. B. alle 30 Minuten, abgesetzt, die dann in kleinen Schritten verlängert werden. Der Erwachsene sorgt dafür, daß das Kind möglichst viel trinkt, damit sich möglichst viele Gelegenheiten zur Verstärkung des erwünschten Verhaltens auf der Toilette ergeben. Das Kind trägt auch bei dieser Methode die Klingelhose. Das Klingelzeichen signalisiert in diesem Fall das Einnässen und ist Anlaß für eine mißbilligende Reaktion des Erwachsenen.

Nicht bei allen Kindern läßt sich eine vollständige Selbständigkeit des Toilettengangs erreichen. Eine Gewohnheitsbildung („habit training") ist aber auf jeden Fall angezeigt bei Kindern, die älter als sechs Jahre alt sind, unabhängig von ihrem kognitiven Entwicklungsniveau und spezifischen Reaktionen des Unbehagens, wenn sie naß sind. Bei diesem Vorgehen wird nicht vom Kind erwartet, die eigene Blasenspannung wahrzunehmen und sich zu melden. Vielmehr soll es lernen, bei regelmäßigem engmaschigen Absetzen und positiver Bekräftigung des Erfolgs immer dann, wenn der Erwachsene es zur Toilette führt, die Blase zu entleeren oder Stuhl abzusetzen.

Einige Kinder zeigen Abwehr oder panikartige Reaktionen, wenn sie zur Toilette geführt werden. Es gilt, die spezifischen Auslöser für diese Reaktionen zu beobachten und sie dann in kleinen Schritten nach dem Modell der Desensibilisierung an den spezifischen Reiz, der die Abwehr auslöst (z. B. den Toilettensitz oder das Klopapier), zu gewöhnen.

Um zu erreichen, daß das Kind auch nachts trocken bleibt, kann analog versucht werden, eine bestimmte Blasenspannung als Signal, auf die Toilette zu gehen, zu konditionieren. Dazu empfiehlt sich eine „Klingelmatte", die so unter das Laken gelegt wird, daß beim ersten Tropfen ein lauter Wecker erklingt. Dies führt zur Unterbrechung des Einnässens und dient als Signal für den Erwachsenen, das Kind sofort aus dem Bett zu holen und zur Toilette zu führen.

Tabelle 20:   Einzelschritte zur Sauberkeitsförderung

- sichere aufrechte Sitzposition auf der Toilette vorbereiten
- „trockene" Zeitintervalle beobachten
- Intervalle zum Absetzen festlegen und für erhöhte Flüssigkeitszufuhr sorgen
- locker sitzende Kleidung auswählen
- Handlungsablauf einüben: Aufforderung, zur Toilette gehen, Hose herunterziehen, sich entspannt auf die Toilette setzen, abputzen, spülen, anziehen, Hände waschen und abtrocknen
- Belohnung des Erfolgs durch Lob, Gelegenheit zur Betätigung der Spülung oder zusätzliche Anreize
- Erinnerungshilfen an den Toilettengang im Zimmer/Gruppenraum, um selbständiges Melden zu „provozieren" (Bildkarten, Symbole)
- Absprache zur einheitlichen Durchführung zwischen Eltern und Pädagogen

---

3.2.4   Material- und computergestützte Lernhilfen

Eine wertvolle Orientierungshilfe für die Förderung adaptiver Fähigkeiten zu Hause, im Kindergarten und in der Schule bieten die Prinzipien und Materialien der Montessori-Heilpädagogik (Anderlik, 1996). Die Materialien für die „Übungen des praktischen Lebens" sind nach Schwierigkeit geordnet (z. B. Gefäße mit verschiedenen Verschlüssen zum Öffnen und Umfüllen von Linsen, Sojabohnen, Körnern) und fesseln die Aufmerksamkeit der meisten Kinder.

Die didaktischen Materialien (Sinnesmaterial, Mathematik- und Sprach-, d. h. Lese- und Schreiblernmaterial) sind so aufgebaut, daß im Material bereits die wesentlichen

Eigenschaften hervorgehoben werden (Prinzip der Isolation von Schwierigkeiten). Außerdem ist eine Fehlerkontrolle vorgesehen, so daß das Kind selbst feststellen kann, ob es eine Aufgabe richtig gelöst hat. Es handelt sich z. B. um Materialien zur Unterscheidung räumlicher Dimensionen (Rosa Turm, Braune Treppe, Rote Stangen, Einsatzzylinder) und zur Analyse von Gesetzmäßigkeiten von Flächen und Körpern (geometrische Kommode, konstruktive Dreiecke, geometrische Körper). Der Zahl- und Mengenbegriff und die Grundrechenarten werden am „goldenen Perlenmaterial", das Schreiben mit Hilfe von Sandpapierbuchstaben und Druckkästen, das Lesen mit Wortkarten eingeübt. Das methodische Vorgehen ist gekennzeichnet durch die Prinzipien der freien Wahl, d. h. die Auswahl des Arbeitsgegenstandes in der vorbereiteten Umgebung und die Zeitdauer der Beschäftigung sind dem Kind überlassen. Die Aufgabe des Pädagogen ist die eines Beobachters, der die Schwierigkeiten des Kindes beim Lernen wahrnimmt und ihm dort – und nur dort – hilft, wo es allein nicht zum selbstgewählten Ziel kommt (Biewer, 1994).

Mit der Verbesserung der technischen Möglichkeiten, Senkung der Kosten, Entwicklung spezieller Programme und Ausbildung der Lehrkräfte erhält der Computereinsatz neben anderen Medien eine zunehmend bedeutsame Rolle in der sonderpädagogischen Förderung von Kindern mit geistiger Behinderung. Die Anwendungen reichen von elektronischen Hilfen, die schwerstbehinderten Kindern die Steuerung von Spielgeräten oder Alltagsgegenständen (z. B. dem Cassettenrecorder) erlauben, und Übungshilfen beim Erwerb des Schreibens, Lesens und Rechnens bis zur Nutzung als alternatives Kommunikationsmittel für Menschen mit geistiger Behinderung, die nicht sprechen können. Ihre Auswahl sollte sich nicht am „Markt der technischen Möglichkeiten", sondern an den Bedürfnissen des einzelnen Kindes orientieren und die handlungs- und lebensweltorientierte Förderung ergänzen.

Tabelle 21:   Technische Hilfen zur individualisierten Lernförderung

technische Hilfe	Anwendungsmöglichkeit
Schalter und Sensoren	Aktivierung von Spielzeug und Haushaltsgegenständen (BIG Red-Taste, Netzschaltadapter, AUTONOM etc.)
Computerspiele	Üben von Arbeitstechniken: Scannen, Vergleichen, visuelle Differenzierung und Speicherung
Lernprogramme	Schreib-, Lese- und Rechentraining

Für mehrfachbehinderte Kinder liegt in der Verwendung von Schaltern und „technisch adaptierten Spielzeugen" ein großes Potential zur Aktivierung und Kontrolle der Umwelt, die ihnen sonst nicht unabhängig vom Erwachsenen möglich wäre.

Dazu können mechanische und elektrische Schalter eingesetzt werden, bei denen Stromkreise durch leichten Druck mit Hand oder Fuß geschlossen werden können, so daß die Bedienung individuell an die motorischen Möglichkeiten des Kindes angepaßt werden kann. Auf diese Weise kann das Kind batteriebetriebene Spielzeuge oder netzbetriebene Geräte in Gang setzen, z. B. beleuchtete Spielsachen, Cassettenrecorder, Autos oder eine Eisenbahn. An entsprechenden PC-gestützten Programmen kann es Arbeitstechniken üben, z. B. Wahlmöglichkeiten sukzessive zu scannen, Paare von Abbildungen zu vergleichen oder sich den Ort von Abbildungen zu merken. Für Kinder mit schweren Bewegungsstörungen kann die Steuerung des Computers durch spezielle Tastaturen oder Joysticks erleichtert werden, die eine Bedienung durch Tastendruck oder einen Lichtstrahl, der mit dem Kopf gesteuert werden kann (Kopfschreiber), erlauben (Sevenig, 1995). Auch für Kinder mit leichteren motorischen Handicaps kann der Computer heutzutage eine gewisse „Werkzeug-Funktion" übernehmen und ihnen Tätigkeiten ermöglichen, die ihnen sonst kaum gelingen. So liegen Mal- und Zeichenprogramme vor, bei denen Bildvorlagen ausgewählt und selbständig grafisch gestaltet werden können (MALWAS, Menschenmoser, 1997). Software-Kataloge für den sonderpädagogischen Bereich werden z. B. in der Datenbank SODIS laufend aktualisiert.

Für das Schreib-, Lese- und Rechentraining stellt der Computer ein sehr motivierendes Medium zur Wiederholung, Übung und Festigung von Fähigkeiten dar, indem die Programme auf die Lernvoraussetzungen des Kindes abgestimmt werden können und das Gerät dem Schüler eine sofortige Rückmeldung, ständige Lernkontrolle und Arbeiten im selbstgewählten Tempo erlaubt. Probleme der Ablenkbarkeit und Merkfähigkeit, die im größeren Klassenverband das Lernen behindern, können so vermindert werden. Es kommt Schülern entgegen, deren Stärken eher in der Verarbeitung visueller Informationen liegen. Aufgaben zur akustischen Differenzierung (Erkennen von Geräuschen, Unterscheiden ähnlich klingender Wörter oder Wortanfänge), Zuordnung von Wortbildern zu Gegenständen, Zusammenfügen von Wortteilen und Ergänzen von Lückenwörtern als Teile des Lese- und Schreiblehrgangs eignen sich besonders für die computergestützte Bearbeitung (Blesch & Klemm, 1997). Bisher wenig genutzt werden Simulationsprogramme für die Einübung praktischer Fähigkeiten zur Alltagsbewältigung. So läßt sich z. B. durch das Programm KAUFWAS für Kinder mit geistiger Behinderung das Einkaufen simulieren. Die Schüler üben am Bildschirm die Auswahl der benötigten Artikel, das Erstellen eines Einkaufszettels, Erfassen der Preise und den Umgang mit dem Kassenzettel (Menschenmoser, 1997).

3.2.5   Gemeinsames Lernen behinderter und nicht behinderter Kinder

Partizipation am „normalen" sozialen Alltag schafft die stärkste Motivation zum Erwerb adaptiver, praktischer Fähigkeiten. Kinder mit Behinderungen sollten deshalb soweit wie möglich unter integrativen Bedingungen, d. h. im Kreise von gleichaltrigen Kindern mit unterschiedlichen Fähigkeiten aufwachsen und lernen können. Dort finden sie ein anregendes Umfeld vor und erhalten nicht nur von Erwachsenen, sondern auch von gleichalten Kindern die Hilfe, die sie brauchen, um mit den verschiedenen Situationen fertigzuwerden. Sie werden in ihren Fähigkeiten wahrgenommen und entwickeln soziale Kompetenzen, werden aber natürlich auch mit Grenzen und Mißerfolgen konfrontiert.

Dem Psychologen kommt die Aufgabe zu, die Chancen für gemeinsames Lernen mit den Eltern zu reflektieren, sie bei der Suche nach Möglichkeiten zur integrativen Förderung zu unterstützen und die Erzieher und Lehrer zu beraten, wie sie durch individualisierende pädagogische Strategien den besonderen Bedürfnissen von Kindern mit geistiger Behinderung gerecht werden können. Dabei muß anerkannt werden, daß nicht für jedes Kind in der Alltagsrealität der Kindergärten und Schulen eine Integration erreicht werden kann. Wenn es nicht möglich ist, die Bedingungen und Assistenz zu gewährleisten, die es für eine erfolgreiche Partizipation am Gruppengeschehen braucht, würde eine nur oberflächlich bleibende „Integration" seine Entwicklung hemmen und das Risiko schwerer Verhaltensstörungen als Reaktion auf Mißerfolge und Isolation mit sich bringen.

Die Anerkennung des Anspruchs auf „Normalisierung des Lebensumfelds" und „soziale Partizipation" als pädagogische Leitmotive in der Arbeit für Kinder mit geistiger Behinderung hat in den letzten Jahren zu einer Verbesserung der integrativen Erziehungs- und Fördermöglichkeiten in Kindergärten geführt. Neben den Sonder- oder heilpädagogischen Kindergärten als selbständige Einrichtung oder Teil eines allgemeinen Kindergartens sind an vielen Orten Kindergärten entstanden, in denen mehrere Kinder mit geistiger Behinderung und nicht behinderte Kinder gemeinsam gefördert werden; in anderen werden einzelne Kinder aufgenommen (Einzelintegration).

Über 40 % der Kinder mit (nicht nur geistigen) Behinderungen befinden sich heute in integrativen Kindergärten. Gegenüber diesem bundesweiten Durchschnitt bstehen allerdings erhebliche länderspezifische Schwankungen (14–80 %; Frühauf 1999). Landespolitische Rahmenaussagen, einen weiteren Ausbau der integrativen Angebote anzustreben, stehen unter dem Vorbehalt der Finanzierbarkeit, sind somit in ihrer Realisierung unsicher und schwer einzufordern. In der Praxis zeigt sich zudem, daß Kinder mit schwerer geistiger Behinderung eine geringere Chance auf einen Integrationsplatz haben als Kinder mit anderen Behinderungsformen.

Die Auseinandersetzung mit dem grundsätzlichen Recht aller Kinder auf volle Beteiligung am gemeinsamen Unterricht und öffentlichen sozialen Leben hat auch Veränderungen im Schulbereich bewirkt (Mahnke, 2000). Eine Übersicht über die Organisationsformen schulischer Eingliederung gibt Mühl (2000). Neben der herkömmlichen Schule für Geistigbehinderte mit der Organisationsform der Ganztagsschule, der Unterrichtung durch zwei Lehrkräfte, der Zusammenstellung von Klassen aus Schülern mit unterschiedlichen Lernvoraussetzungen in Unter-, Mittel-, Ober- und Werkstufe und einem Überwiegen von handlungs- und projektorientierten Unterrichtsformen gegenüber fachorientiertem Unterricht entwickeln sich auch in diesem Bereich alternative Angebote:

- der Besuch einer Sonderschule mit engen Kooperationsbeziehungen zu einer allgemeinen Schule oder einer ausgelagerten Sonderklasse unter dem Dach einer allgemeinen Schule
- der Besuch einer wohnbezirksübergreifenden Integrationsschule
- der Besuch einer wohnortnahen Grundschule mit Integrationsbedingungen

Gegenwärtig besuchen etwa 1100 Kinder mit geistiger Behinderung die Grundschule oder Sekundarstufe I gemeinsam mit nicht behinderten Kindern in lernzieldifferentem Unterricht. Das sind ca. 2 % aller Kinder mit geistiger Behinderung im schulpfichtigen Alter (Frühauf, 1999). Auch hier bestehen erhebliche länderspezifische und regionale Unterschiede. Da alle Bundesländer, die gesetzlich die Möglichkeit lernziel-differenten Unterrichts verankert haben, dies an den Vorbehalt „entsprechender sonderpädagogischer Ausstattung der allgemeinen Schulen" geknüpft haben, bestehen weitaus weniger Plätze als nachgefragt werden. De facto werden die umfänglichen sonderpädagogischen Rahmenbedingungen, die für Kinder mit schwerer Behinderung geschaffen werden müßten, oft als nicht finanzierbar erklärt.

In den meisten Bundesländern ging und geht der Druck auf die Realisierung von Integrationskonzepten auch im schulischen Bereich von Eltern behinderter Kinder aus. Sie schätzen die größtmögliche Partizipation am sozialen Umfeld für ihre Kinder als wertvoller ein als kurzfristig erreichbare Lern- und Förderziele und versprechen sich von Interaktions- und Beobachtungsmöglichkeiten sowie den „normaleren" Erwartungen an die Fähigkeiten ihrer Kinder eine günstigere Entwicklung als bei separiertem Unterricht. Die Einstellung gegenüber integrativer Beschulung ist jedoch nicht einheitlich. Einige Eltern sorgen sich darum, ob in integrativen Unterrichtsformen genügend fachlich kompetente Anleitung für ihre Kinder erfolgt, und fürchten, daß ihre Kinder überfordert, durch die häufige Konfrontation mit Mißerfolgen in ihrer Lernmotivation entmutigt sowie durch andere Schüler verspottet oder gehänselt werden könnten. Sie bevorzugen daher den „Schonraum" der Sonderschule und die Förderung der praktischen Kompetenzen sowie die individuelle Aufmerksamkeit, die ihre Kinder dort erhalten.

Soweit überhaupt eine Wahl zwischen verschiedenen Alternativen besteht, spielt die Diagnose des Kindes, der Förderbedarf, das Alter und die Vorerfahrungen der Eltern mit der schulischen Förderung eine große Rolle bei ihrer Entscheidung für oder gegen integrative Beschulung. Eltern von Kindern mit stärkeren Behinderungen, Verhaltensproblemen und größeren Förderbedürfnissen sind der Integration gegenüber in der Regel skeptischer eingestellt (Palmer et al., 1998). Unter der Voraussetzungen, daß für ihre Kinder zusätzliche fachliche Hilfen verfügbar sind, bevorzugen z. B. mehr Eltern von Down-Syndrom-Kindern die integrative Beschulung als Eltern

von Kindern mit autistischem Syndrom, die glauben, daß die Förderung und ein hin-
reichendes Verständnis für die besonderen Verhaltensformen ihrer Kinder eher bei
separater Beschulung möglich ist (Kasari et al., 1999).

Tabelle 22:   Vor- und Nachteile gemeinsamer Beschulung behinderter und
                  nicht behinderter Kinder

Vorteile	Risiken
Integration in das soziale Umfeld Beobachtungsmöglichkeiten Entwicklungsstimulation	unzureichende persönliche Anleitung Überforderung und Entmutigung negative Erfahrungen (Ausgrenzung)

Wie unter den Eltern ist die Einstellung zur gemeinsamen Erziehung und Förderung
auch unter den Lehrkräften allgemeiner Schulen unterschiedlich. Während die integrative Beschulung körper- oder sprachbehinderter Kinder von der Mehrheit als realisierbar angesehen wird, bestehen erhebliche Vorbehalte gegen die Aufnahme von
Schülern mit geistiger Behinderung. Bei ihnen wird ein zu hoher Bedarf an individueller Förderung, Unterstützung und besonderen Lehrtechniken angenommen.
Viele Lehrer glauben, insbesondere den spezifischen Bedürfnissen behinderter Kinder mit problematischem Verhalten in allgemeinen Schulen nicht gerecht werden zu
können.

Forschungsarbeiten zu Vorteilen und Risiken einer integrativen Förderung von Kindern mit geistiger Behinderung sind noch spärlich und variieren sehr in der Größe
der untersuchen Stichproben, der Wahl der Erfolgskriterien (schulischer Lernfort-
schritt, kommunikative Fähigkeiten oder soziale Kompetenz). Die Mehrzahl analy-
sierte Beobachtungen in Kindergärten, Tagesstätten oder Freizeitgruppen, nicht im
Unterrichtsgeschehen selbst. Die vorliegenden Untersuchungen sprechen für einen
positiven Effekt auf die soziale Kompetenz (Buysse & Bailey, 1993; Thompson et
al., 1996; Guralnick, 1999a), d. h. eine Förderung von Kontakten zu nicht behinderten Kindern, häufigen und ausgedehnten kommunikativen Aktivitäten und komplexen Spielformen. Unmittelbare positive Auswirkungen auf die kognitive und sprachliche Entwicklung sind schwerer nachzuweisen und scheinen eher auf Kinder mit
leichter geistiger Behinderung beschränkt (Cole et al., 1991). Es fehlt zudem an
Kontrollgruppenstudien, so daß bei der Bewertung der Ergebnisse zugunsten gemeinsamer Förderung die Frage bleibt, ob es sich bei den Kindern in integrativen
Schulen um eine positive Auswahl handelt und ob sich diese Kinder mit guten Lernvoraussetzungen bei separiertem Unterricht wirklich schlechter entwickelten.

Das Gelingen gemeinsamen Unterrichts hängt von organisatorischen Bedingungen
und Unterrichtsformen, aber auch von der Ausbildung, Offenheit und den pädagogi-

schen Zielvorstellungen der Lehrer ab (Tab. 23). Einigkeit herrscht darüber, daß eine sinnvolle und effektive Beschulung aller Kinder mit geistiger Behinderung im Rahmen des allgemeinen Schulsystems nur dann realisiert werden könnte, wenn sich die allgemeine Schule in ihren Zielsetzungen und Strukturen radikal veränderte. Sie müßte Leistungsdruck reduzieren, den Unterricht stärker differenzieren und individualisieren, die Lerngruppen verkleinern und Lerninhalte in realitätsnahe, projektorientierte Unterrichsformen übersetzen. Es ist nicht zu übersehen, daß im Bereich der Grundschule vielerorts solche Bestrebungen in Gang kommen, die Schule als Lebensraum wiederentdeckt und Unterricht neu organisiert wird (z. B. an Montessori-Schulen) – zum Wohl nicht behinderter und behinderter Kinder.

Tabelle 23:   Voraussetzungen für das Gelingen schulischer Integration

Organisatorische Bedingungen	Klassenstärke, zusätzliche Assistenz, angepaßte Materialien, technische Hilfen; administrative Unterstützung
Unterrichtsform	Lernzieldifferenter Unterricht, handlungs- und projektorientiertes Lernen, systematische Planung, Nutzung von Partner- und Kleingruppenarbeit zur Kommunikationsförderung
Persönliche Voraussetzungen des Lehrers	Bereitschaft zur Auseinandersetzung mit den Bedürfnissen behinderter Kinder und zur Zusammenarbeit mit sonderpäd. Fachkräften (Teamfähigkeit), Vorbereitungs- und Reflexionszeit, Fortbildung
Pädagogische Zielsetzungen	Normalisierung des Lebensumfelds, Partizipation und soziale Kompetenz als Primärziele für die Arbeit mit behinderten Kindern; inklusive statt defizitorientierte Sicht; individuell bestimmte Lernziele statt Orientierung an vorgegebenen Lehrplänen

Die pädagogischen Arbeitsformen in integrierten Klassen dienen dem Ziel einer größtmöglichen Beteiligung der behinderten Kinder an den Lernaktivitäten. Kinder mit geistiger Behinderung benötigen in Teilschritte gegliederte Aufgaben, um Erfolgserlebnisse haben zu können, klare Lehrerinstruktionen, Hilfen zur Organisation von Informationen und unmittelbares Feedback. Sie beteiligen sich aktiver in Kleingruppen, in denen Kinder mit unterschiedlichen Fähigkeiten zusammenarbeiten können. Die pädagogische Herausforderung für den Lehrer liegt darin, das Unterrichtsmaterial so vorzubereiten, das Unterrichtsgeschehen zu organisieren und die nicht behinderten Kinder so anzuleiten, daß ein handlungsorientierter, die Fähigkeiten des behinderten Kindes fördernder Unterricht gelingt.

Angesichts der gegenwärtig noch bestehenden Grenzen für die Realisierung dieser Bedingungen stellen Formen der kooperativen Beschulung eine Übergangslösung dar, durch die Veränderungen angebahnt und Erfahrungen gesammelt werden können. Dabei wird eine Klasse mit geistigbehinderten Schülern in eine allgemeine Schule räumlich eingegliedert, so daß außerhalb des eigentlichen Unterrichts und in Fächern, die geringere Anforderungen an abstraktes Denkvermögen stellen (Sport, Musik, Sachkunde, Kunst, Hauswirtschaft), gemeinsame Aktivitäten möglich sind. So entstehen Gelegenheiten zur Begegnung von nicht behinderten und behinderten Kindern und zum Abbau von sozialer Isolierung. Auch bei der kooperativen Integration hängt der Erfolg allerdings vom aktiven Engagement von Lehrer und Eltern sowie verbindlichen Strukturen für die Zusammenarbeit ab.

Kasten 2:   Adaptive Fähigkeiten: Beurteilung und Intervention

---

Beurteilung
- Dokumentation der praktischen Fähigkeiten eines Kindes in standardisierten Skalen und im Elterninterview
- Wissen um syndromspezifische Besonderheiten (Hindernisse und Chancen)
- Reflexion von Übungszielen zur Förderung einer größtmöglichen Selbstbestimmung und sozialen Partizipation

Intervention
- Vorbereitung der Umgebung für gezieltes Üben von praktischen Fertigkeiten
- Planung und Demonstration von Handlungsschritten, systematisches Einsetzen und Ausblenden von Hilfen (Übungsanleitung)
- Nutzung von speziellen Arbeitsformen und -materialien (z. B. Übungen des praktischen Lebens, Sinnes- und didaktisches Material aus dem Montessori-Konzept)
- Nutzung computergestützter Lernhilfen
- Förderung der Lernmotivation durch gemeinsames Lernen behinderter und nicht behinderter Kinder in Kindergarten und Schule

---

3.3   Soziale Kompetenz

3.3.1   Entwicklungsaufgaben bei der Gestaltung sozialer Beziehungen zu Gleichaltrigen

Die soziale Integration geistig behinderter Kinder hängt nicht nur von den pädagogischen Rahmenbedingungen ab, sondern auch von ihrer Fähigkeit zur Gestaltung sozialer Beziehungen zu Gleichaltrigen und zur Entwicklung von Freundschaften.

Beide Entwicklungsaufgaben sind für behinderte Kinder schwerer zu meistern als
für nicht behinderte – unabhängig davon, ob sie heilpädagogische oder integrative
Gruppen besuchen. Sie verbringen weniger Zeit mit sozialem Spiel, spielen mehr für
sich allein, sind weniger beliebt als Partner und Freunde, verfügen über weniger soziale Problemlösestrategien (Guralnick & Waterhouse, 1984; Guralnick & Groom,
1988; Guralnick et al., 1996, 1998; Guralnick, 1999a).

Tabelle 24:   Probleme in der sozialen Entwicklung behinderter Kinder

- geringere soziale Partizipation am Spiel
- häufigere negative Interaktionen mit Gleichaltrigen
- weniger Erfolg mit Spielvorschlägen
- weniger Problemlösestrategien in Konfliktsituationen
- weniger reziproke Freundschaftsbeziehungen
- geringere soziale Beliebtheit

Sozial kompetentes Verhalten im Kindesalter bedeutet, sich am Spiel mit anderen
Kindern zu beteiligen und auftretende Konflikte zu lösen, sich in Alltagssituationen
zu behaupten, das eigene Verhalten angemessen zu kontrollieren und nach sozialen
Regeln auszurichten. Es resultiert aus dem Zusammenspiel von kognitiven Fähigkeiten und sozialen Fertigkeiten. Kognitive Fähigkeiten zu differenzierter Wahrnehmung, Perspektivenübernahme und Antizipation von Konsequenzen bilden die
Voraussetzung für Kooperations- und Hilfsbereitschaft, Einfühlungsvermögen und
angemessene Selbstbehauptung. Spezifische soziale Fertigkeiten wie die Entwicklung eines Verständnisses für soziale Situationen, emotionale (Selbst-)Regulation
und soziale Kommunikation müssen gelernt werden (Guralnick, 1999a; Abb. 5).

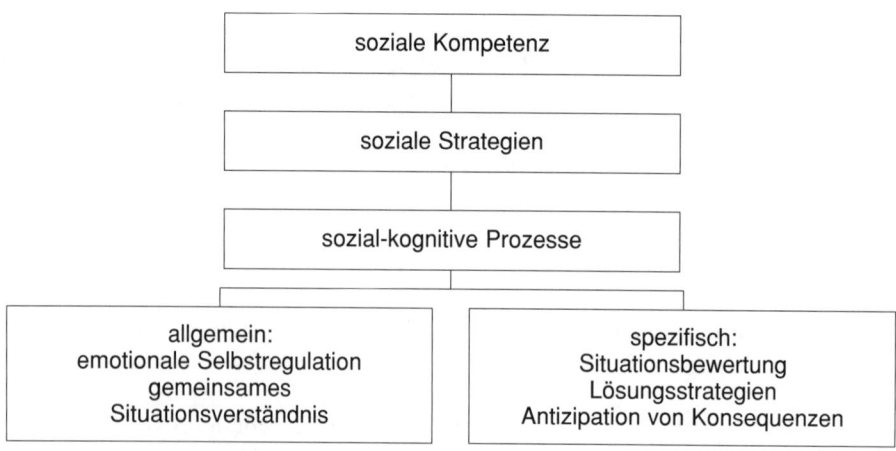

Abbildung 5:   Entwicklungsaufgaben beim Erwerb sozialer Kompetenz

Emotionale Selbstregulation meint die Fähigkeit, Reaktionen wie Wut oder Ängstlichkeit, die die soziale Beziehung stören können, hinreichend zu kontrollieren. Gemeinsames Situationsverständnis zeigt sich im grundlegenden Wissen um soziale Rollen, Regeln und Erwartungen (z. B. daß etwas nicht ungefragt genommen werden darf oder bei gemeinsamen Spielen abgewartet und abgewechselt werden muß), und in „Handlungsskripts", die quasi als Drehbücher für das eigene Handeln (z. B. in Rollen- und Fantasiespielen) dienen. Sozial kompetent handeln zu können, setzt zudem voraus, in einer konkreten Situation die Wünsche, Vorhaben oder Gefühle des anderen Kindes zu erkennen und Absprachen treffen oder Lösungen für Konflikte finden zu können. Emotionale Selbstregulation, Situationsverständnis und spezifische sozial-kognitive Fähigkeiten stellen jede für sich und in Wechselwirkung miteinander Kernprobleme bei der Entwicklung sozial kompetenten Verhaltens behinderter Kinder dar.

3.3.2 Allgemeine und syndromspezifische Schwierigkeiten der sozialen Entwicklung

Für diese Entwicklungsprozesse bringen Kinder mit geistiger Behinderung ungünstigere Voraussetzungen als nicht behinderte Kinder mit. Probleme der Aufmerksamkeitskontrolle, Handlungsplanung und Speicherung sowie ein reduziertes sprachliches Ausdrucksvermögen erschweren sozial kompetentes Verhalten. Die Fähigkeiten, Emotionen der Freude, Trauer, des Ärgers oder der Angst am Gesichtsausdruck des Gegenübers zu erkennen und sich unterschiedliche Sichtweisen und Absichten von Personen vorzustellen, entwickeln sich langsamer als bei nicht behinderten Kindern („Theory of Mind", Zelazo et al., 1996, Yirmiya et al., 1996). Auch Jugendlichen und Erwachsenen mit geistiger Behinderung fällt es oft noch schwer, Emotionen auf Fotos adäquat zu erfassen (Rojahn et al., 1995; Hobson et al., 1989).

Defizite im Verständnis der Absichten des Gegenübers und in Problemlöse- und Bewertungsstrategien haben unmittelbare Auswirkungen auf die Akzeptanz von Kindern in ihrer sozialen Gruppe. So wurden Kindern mit leichter geistiger Behinderung z. B. Videoszenen gezeigt, in denen ein Kind zu sehen ist, das sich am Spiel der anderen beteiligen möchte oder von ihnen provoziert wird. Kinder mit geistiger Behinderung erkannten lediglich feindselige Absichten anderer Kinder, nicht aber wohlmeinende Intentionen. Sie wählten häufiger Rückzugs- und Vermeidungsstrategien als Lösungsvorschläge. Einzelne Kinder, die um angemessene Möglichkeiten wußten, sich am Spiel zu beteiligen oder auf Ablehnung zu reagieren, waren in ihrer Gruppe wesentlich besser anerkannt (Leffert & Siperstein, 1996; Siperstein & Leffer, 1997).

Neben diesen allgemeinen Schwierigkeiten beim Erwerb sozialer Kompetenzen ergeben sich für einige Kinder zusätzliche Probleme (Tab. 25). Kinder mit autistischem Syndrom initiieren generell seltener soziale Interaktionen, beschränken sich auf Begrüßungsformeln oder kurze Mitteilungen und versuchen seltener, sich am gemeinsamen Spiel zu beteiligen als Kinder mit Down-Syndrom oder anderen Behin-

derungsformen (Sigman & Ruskin, 1999). Ihnen fällt es besonders schwer, den emotionalen Ausdruck des Gegenübers zu deuten und ihr Verhalten darauf einzustellen
(Sigman et al, 1992). Auch ihre sprachlichen Besonderheiten (Perseveration von Sätzen, monotoner Sprachstil, Fixierung auf wenige Themen) tragen zum Scheitern sozialer Beziehungen bei.

Kinder und Jugendliche mit Williams-Beuren-Syndrom haben dagegen eine sehr
hohe Motivation zur sozialen Kontaktaufnahme (Dykens & Rosner, 1999). Dennoch
gelingt es ihnen oft nicht, dauerhafte soziale Beziehungen zu entwickeln. Soziale
Kontakte scheitern oft an ihrer niedrigen Frustrationstoleranz, besonderen Empfindlichkeit für kränkende Erfahrungen, Ablenkbarkeit und Überaktivität sowie der Neigung zu ungehemmtem oder distanzlosem Verhalten. Bei Jugendlichen mit Prader-
Willi-Syndrom sind zwanghafte Handlungen und zornige Ausbrüche für andere
Kinder schwer zu verstehen.

Unterschiede in sozial-kognitiven Fähigkeiten haben Vorläufer in der Fähigkeit zur
dialogischen Abstimmung der Aufmerksamkeit auf ein gemeinsames Thema und zu
symbolischem Spiel im frühen Kindesalter. In der Entwicklung von Kindern mit autistischem Syndrom, Down-Syndrom und anderen Behinderungen zeigt sich eine
hohe Stabilität zwischen diesen Entwicklungsmerkmalen. Die Kinder, die – unabhängig vom Grad ihrer Behinderung – im frühen Kindesalter mehr Initiative und
Reaktionsbereitschaft bei der dialogischen Aufmerksamkeitsabstimmung und mehr
Ansätze zu repräsentationalem und sozialem Spiel zeigen, entwickeln auch im
Schulalter mehr soziale Kontakte (Sigman & Ruskin, 1999).

Tabelle 25:   Hindernisse für die Entwicklung sozialer Kompetenzen

Merkmale des Kindes	Merkmale der familiären Umgebung
Probleme der Aufmerksamkeitskontrolle	fehlende Einbettung in soziale Netzwerke
Probleme der Handlungsplanung	pessimistische Einstellung der Eltern zur Förderbarkeit sozialer Kompetenzen
Probleme des kommunikativen Sprachgebrauchs	geringe Responsivität der Eltern-Kind-Beziehungen
Defizite im Erkennen von Emotionen und der Entwicklung einer „Theory of Mind" Fehlen sozialer Problemlösestrategien Spezifische Verhaltensmerkmale (geringe Frustrationstoleranz, Impulsivität, Zwanghaftigkeit)	allgemeine Belastung der familiären Beziehungen

3.3.3 Familiäre Einflüsse auf die Entwicklung sozialer Kompetenzen

Die Entwicklung der sozialen Kompetenz eines behinderten Kindes hängt nicht nur von seinen Verhaltensmerkmalen und Lernvoraussetzungen, sondern auch von den Gelegenheiten ab, die es zur Entwicklung seiner Fähigkeiten in sozialen „Netzwerken" erhält. Behinderte Kinder haben in ihrer Nachbarschaft meist weniger Kontakte als nicht behinderte Kinder. Kindergärten oder Schulen, die sie besuchen, sind weiter entfernt und z. T. als Ganztageseinrichtungen organisiert. Oft verbleibt ihnen auch wenig Freizeit durch vielfältige Arzt- und (Ergo-, Sprach- usw.) Therapietermine, so daß sich weniger Gelegenheiten zum gemeinsamen Spiel mit anderen Kindern ergeben.

Die meisten Eltern nicht behinderter Kinder bemühen sich im Kindergartenalter aktiv um Gelegenheiten für solche Kontakte, wenn sie sich nicht spontan entwickeln, und glauben, daß sich soziales Verhalten erzieherisch fördern läßt. Eltern behinderter Kinder betrachten die geringe soziale Kompetenz ihrer Kinder eher als Ausdruck der Behinderung und zweifeln daran, daß sich soziale Fähigkeiten gezielt üben lassen (Booth, 1997).

Soziale Fähigkeiten im Umgang mit Gleichaltrigen haben ihre Vorläufer in der Eltern-Kind-Beziehung. Regeln für abwechselndes Spielen, die Abstimmung auf ein gemeinsames Thema, das Erkennen von Gefühlen und Absichten des sozialen Partners und Strategien zur Lösung von Konflikten werden in der frühen Eltern-Kind-Interaktion erlernt. Wenn diese durch die Enttäuschung über die Behinderung, Zukunftssorgen oder Überforderung der Eltern belastet ist, können behinderte Kinder keine hinreichende Unterstützung bei der Entwicklung sozialer Kompetenzen erhalten.

3.3.4 Beurteilung sozialer Fähigkeiten

Informationen über die sozialen Fähigkeiten eines Kindes können durch Fragebögen erhoben werden, die Eltern, Erzieher oder Lehrer ausfüllen. Bei jüngeren Kindern eignet sich dazu der „Verhaltensfragebogen zur Verhaltensbeurteilung von Vorschulkindern" (VBV, Döpfner et al., 1993), bei älteren das „Heidelberger-Kompetenz-Inventar" (HKI, Holtz et al., 1984/1998). Die Items sind jedoch relativ allgemein, ohne Bezug zu einzelnen Situationen formuliert, was die Zuverlässigkeit der Einschätzungen und den Nutzen für die Planung von Interventionen schmälert.

Eine differenziertere Beurteilung von sozial-kognitiven Fähigkeiten und sozialen Strategien eines Kindes ist durch eine Verhaltensbeobachtung in der Gruppe möglich. Sie richtet sich auf die Häufigkeit, mit der soziale Interaktionen von ihm ausgehen, Nachfragen, Vorschläge und Bitten, die es an andere Kinder richtet, um mitspielen zu dürfen, die Regelmäßigkeit, mit der es auf die Kontaktangebote anderer Kinder eingeht, und seine Fähigkeit, mit ablehnenden Reaktionen umzugehen, eigene Wünsche durchzusetzen oder Kritik zu akzeptieren.

Tabelle 26: Beurteilung sozialer Kompetenzen im „Heidelberger-Kompetenz-Inventar" (HKI; Beispiele)

Selbstkontrolle	akzeptiert Entschuldigung nach Beleidigung wartet, bis es an der Reihe ist geht auf Kritik ein, ohne wütend zu werden
Selbst- behauptung	lehnt Hilfe ab, wenn es etwas selbst kann äußert spontan seine Wünsche nimmt Gefühle anderer wahr und berücksichtigt sie
Perspektiven- übernahme/ Sozialkontakt	fordert andere zum Mitspielen auf bietet von sich aus Hilfe an, wenn nötig unterscheidet zwischen Absicht und Ergebnis
Kooperation/ soziales Regelwissen	hält sich an Spielregeln berücksichtigt bei der Planung von Spielen die Interessen anderer Kinder schlägt bei Konflikten Regeln vor, die zur Lösung beitragen können

Wenn sich keine Gelegenheit zur unmittelbaren Beobachtung des Kindes in entsprechenden Situationen ergibt, können sie mit Bildern, Bildergeschichten oder Rollenspielen simuliert werden, sofern das Kind über eine hinreichende Vorstellungsfähigkeit und Sprachverständnis verfügt. Es wird jeweils gebeten, eine günstige Lösung vorzuschlagen. Für die einzelnen Situationen läßt sich abschätzen, wovon der Erfolg eines Lösungsvorschlags abhängt. So bietet z. B. paralleles Mitspielen oder ein passender Vorschlag die Chance, sich an einem laufenden Spiel zu beteiligen; Blickkontakt, feste Stimmführung und Klarheit bei der Formulierung erhöht die Chance, einen Wunsch durchzusetzen. Eine Auswahl von solchen Verhaltensproben findet sich z. B. im „Behavioral Assertiveness Test for Children" (BAT-C; Michelson et al., 1983). Einige Beispiele:

- Stell dir vor, ich hätte etwas gemacht, das dich ärgert, z. B. deinen Stift zerbrochen. Sag mir, wie du dich bei mir beschweren würdest!

- Stell dir vor, du möchtest, daß ich dir einen Gefallen tue, z. B. dir ein Buch leihe. Sag mir, wie du mich fragen würdest!

- Stell dir vor, ich komme gerade rein und setze mich zu dir. Du möchtest mit mir über etwas reden, was dich interessiert. Was würdest du zu mir sagen?

- Stell dir vor, du hast dir ein Spiel ausgesucht und es auf deinen Platz gelegt. Plötzlich kommt ein anderes Kind und nimmt es weg. Sag mir, was du tun würdest, um es wiederzubekommen!

- Stell dir vor, ein Kind aus deiner Gruppe ärgert dich immer mit blöden Sätzen. Sag mir, was du tun würdest, damit es aufhört!

Eine situationsspezifische Diagnostik aggressiver Verhaltenstendenzen bietet der „Erfassungsbogen für aggressives Verhalten in konkreten Situationen" (EAS, Petermann & Petermann, 1996). Er umfaßt 22 Konfliktsituationen aus Schule, Freizeit und Elternhaus. Das Kind soll zwischen drei beschriebenen Reaktionsmöglichkeiten, wie es sich in der konkreten Situation verhalten würde, entscheiden. Das Testverfahren liegt mittlerweile auch in einer computergestützten Fassung vor (EAS-C; Petermann & Petermann, 2000). Weitere Beispiele sind den Materialien zur Behandlung sozial unsicherer und aggressiver Verhaltensstörungen bei Schulkindern (Petermann & Petermann, 1996, 1997) oder einem Übungsprogramm zur Förderung des Verständnisses emotionaler Reaktionen und unterschiedlicher Perspektiven zu entnehmen, das speziell für autistische Jugendliche entwickelt wurde (Howlin et al., 1999).

3.3.5   Interventionen zur Förderung der sozialen Kompetenz

Interventionen zur Förderung der sozialen Kompetenz können sich auf grundlegende sozial-kognitive Prozesse oder das Üben spezifischer Verhaltensstrategien konzentrieren. Bei nicht behinderten Kindern haben sich dazu Programme zur Förderung von sozialer Wahrnehmung, Erkennen und Äußern von Gefühlen, angemessener Selbstbehauptung und Kooperation bewährt (Tab. 27). Entsprechende Übungsprogramme und (Video-) Materialien für sozial unsichere oder aggressive Kinder (Petermann & Petermann 1996, 1997) können für Kinder mit leichter geistiger Behinderung adaptiert werden. Als Übungsmaterialien eignen sich auch Spiele, die kooperatives und sozial verträgliches Verhalten thematisieren (z. B. Vertragen und nicht schlagen, Helferspiel, Wundergarten, Drachenspiel/ Ravensburger), und Arbeitshilfen zur Förderung sozialer Kompetenz im Kindergarten (Hielscher, 1976; Croissier et al., 1979) oder in Grundschulen (Petermann et al., 1999).

Standardisierte Übungsprogramme überfordern allerdings das Vorstellungsvermögen jüngerer oder schwerer behinderter Kinder. Die Förderung ihrer sozialen Fähigkeiten geschieht über die unmittelbare Assistenz des Pädagogen bei der Bewältigung sozialer Anforderungen im Gruppengeschehen. Seine Aufgabe ist es, Materialien bereitzustellen, bei denen möglichst viele Gelegenheiten zu sozialen Interaktionen entstehen können (z. B. Rollenspielmaterial, Baukästen, Fahrzeuge, Musik- und Malsachen), und gezielt soziale Kontakte zu bestärken oder durch Instruktion und Modell anzubahnen. Dieses „Coaching" richtet sich nicht nur auf die Kinder mit einer geistigen Behinderung. Auch die nicht behinderten Spielpartner brauchen Hinweise, wie sie das behinderte Kind ansprechen und aktiv in ihr Spiel einbeziehen können, und Ermutigung, wenn diese nicht sofort darauf eingehen. Auf diese Weise läßt sich die soziale Partizipation behinderter Kinder am Gruppengeschehen wirksam steigern (Strain & Odom, 1986).

Tabelle 27: Traingsprogramme zur Förderung der sozialen Kompetenz bei Kindern
mit leichter Behinderung

- Erkennen von eigenen und fremden Absichten und Gefühlen in Wahrnehmungs-übungen
- Durchsetzen eigener Absichten und Wünsche in Rollenspielen (Forderungen und Ablehnungen formulieren)
- Verstehen der Perspektive des anderen
- Suche nach kooperativen Problemlösungen für Konflikte

Darüberhinaus können einzelne „kritische" soziale Situationen (z. B. bei Rollenspielen oder Kreisrunden) gezielt vorbereitet werden, indem das Kind quasi ein Drehbuch („Script") für seine Beteiligung erhält. Ein gelenktes kognitives Modellieren sozialer Strategien (Erkennen verschiedener Perspektiven, Rollen, Erwartungen und Lösungsmöglichkeiten) mit Hilfe von Bildergeschichten („social stories") oder spezifischen Übungsmaterialien zur Förderung der „Theory of Mind" ist bei Jugendlichen mit autistischem Syndrom erfolgreich erprobt worden (Hadwin et al., 1996; Howlin et al., 1999; Smith Myles & Southwick, 1999). Kognitives Modellieren und „Scripttraining" erfordern allerdings wiederum relativ differenzierte Verständnis- und Vorstellungsfähigkeiten. Sie eignen sich für Kinder und Jugendliche mit geistiger Behinderung erst dann, wenn diese einen kognitiv-sprachlichen Entwicklungsstand von fünf bis sechs Jahren erreicht haben.

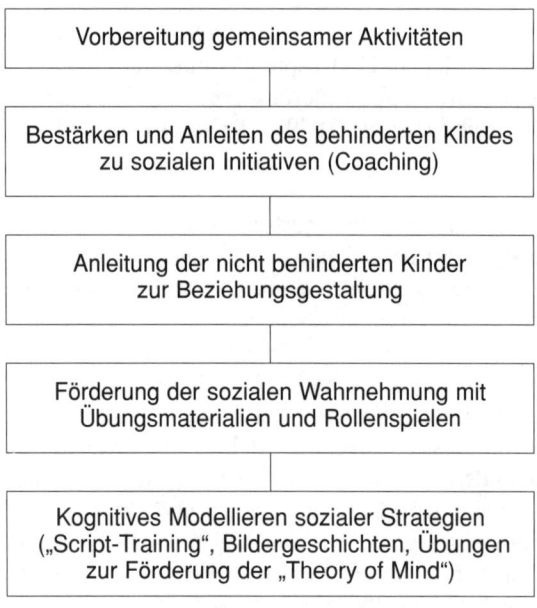

Abbildung 6:   Interventionen zur Förderung der sozialen Kompetenz

Kasten 3:   Soziale Kompetenz: Beurteilung und Intervention

Beurteilung
- Einschätzung sozialer Fähigkeiten durch Eltern und Pädagogen mittels Fragebögen
- Beurteilung der Häufigkeit von sozialen Initiativen (Spielvorschläge, Bitten, u. ä.) und Reaktionen durch unmittelbare Verhaltensbeobachtung in der Gruppe
- Beurteilung der Effektivität von Strategien zur Beteiligung am gemeinsamen Spiel, Durchsetzung eigener Wünsche und Konfliktlösung (evtl. „Verhaltensproben")

Intervention
- Vorbereitung von Gelegenheiten zu gemeinsamen Aktivitäten
- Bestärkung spontaner sozialer Initiativen des behinderten Kindes und Anleitung durch Instruktion und Modell (Coaching)
- Anleitung anderer Kinder zur Beteiligung des behinderten Kindes am Spiel
- kognitives Modellieren sozialer Strategien durch „Script-Training", (Bilder-) Geschichten und Übungen zum Erkennen unterschiedlicher Perspektiven, Emotionen und Konfliktlösungen

---

Kapitel 4

Förderbereich: Kommunikation und Sprache

4.1 Besonderheiten des Sprachentwicklungsverlaufs

4.1.1 Vorläufer sprachlicher Fähigkeiten

Soziale Partizipation und Selbstbestimmung setzt die Fähigkeit zur Kommunikation über Wünsche, Bedürfnisse und Interessen voraus. Die Förderung der kommunikativen Entwicklung von Kindern mit geistiger Behinderung richtet sich nicht primär auf das Üben formaler Aspekte der Sprache, sondern auf die Anbahnung möglichst vielfältiger Ausdrucksmittel. Entscheidend für die soziale Integration und Lebensqualität eines Kindes mit einer Behinderung ist nicht, ob es vollständige Sätze bilden, sondern daß es sich erfolgreich mit seiner Umwelt verständigen kann.

Bereits der Säugling ist mit einem erstaunlichen Repertoire angeborener Fähigkeiten zur Kommunikation mit einer vertrauten Bezugsperson durch Blickverhalten, Mimik, Vokalisation und Motorik ausgestattet. Zur Entfaltung, Ausreifung, Einübung und Differenzierung seiner Fähigkeiten ist er jedoch auf eine komplementäre Hilfe durch die Eltern angewiesen. Verhaltensmikroanalysen der vorsprachlichen Kommunikation haben gezeigt, daß Eltern ihrerseits dazu ein intuitives Repertoire von spezifischen Verhaltensmustern (Ammensprache, Grußreaktion), förderlichen Angeboten (einfache Anregungsmuster, Wiederholung mit spielerischer Variation, Nachahmung und Modelle zur Nachahmung) und Anpassungen in der Verhaltensdynamik (Intensität und Zeitstruktur mit Tempo, Rhythmus und Pausen) mitbringen. Ihr Verhalten ist sensibel und responsiv auf die kindlichen Verhaltenssignale abgestimmt (Papousek, 1994; Papousek & Papousek, 1996). In diesem komplementären System der frühen Eltern-Kind-Beziehungen erlebt das Kind, daß seinen vorsprachlichen Signalen von den Eltern eine kommunikative Bedeutung zugeordnet wird, und lernt, diese zu Gesten und sprachlichen Äußerungen zu konventionalisieren (Abb. 7). Es handelt sich dabei um einen kontinuierlichen Entwicklungsprozeß der Integration kognitiver, sozial-affektiver und sprachlicher Fähigkeiten, der die Abstimmung der Aufmerksamkeit von Eltern und Kind voraussetzt.

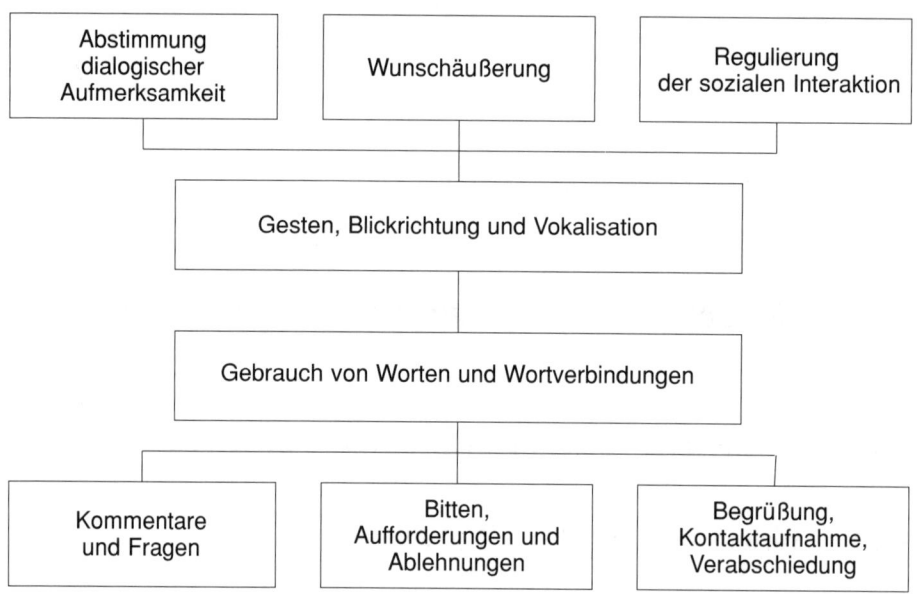

Abbildung 7: Dimensionen des frühen Sprachentwicklungsverlaufs

Die Koordinierung der Aufmerksamkeit erlaubt Episoden gemeinsamen Handelns („joint engagement") und Erfahrungsaustausches („secondary intersubjectivity") über Ereignisse mit einem sozialen Partner. Diese Fähigkeit entwickelt sich im Laufe der normalen Entwicklung etwa ab dem sechsten Lebensmonat. Zu dieser Zeit können Objekte bereits inspiziert, ergriffen und erkundet werden. Sie werden zum Focus der gemeinsamen Aufmerksamkeit dadurch, daß der Erwachsene sie ebenfalls in den Blick nimmt und zum Thema seiner Kommentare macht. Das Kind beginnt dann, den Interaktionspartner in seine Aktivitäten einzubeziehen, indem es sich mit dem Blick rückversichert, ob er noch aufmerksam ist, und Blickrichtung und Gesten als Mittel verwendet, um vom Erwachsenen einen bestimmten Gegenstand zu erbitten oder ihn auf etwas aufmerksam zu machen.

Die Koordination gemeinsamer Aufmerksamkeit wird konsolidiert in standardisierten ritualisierten Spielformen (z. B. Geben-und-Nehmen-Spiele) und beim gemeinsamen Betrachten von Bilderbüchern. Mit 12–13 Monaten gelingt dann ein flexibles (triadisches) Ausrichten der Aufmerksamkeit auf die Bezugsperson und das Objekt des Interesses. In solche Episoden gemeinsamen Handelns wird Sprache eingeführt. Das Kind führt mit dem Gegenstand Handlungen aus, die der Erwachsene vorschlägt; es hört von ihm sprachliche Kommentare, die sich auf das Objekt oder die Handlung beziehen, und beginnt sie allmählich zu übernehmen.

4.1.2   Syndromspezifische Schwierigkeiten im frühen Entwicklungsverlauf

Die Fähigkeiten zur sozialen Kontaktaufnahme, dialogischen Abstimmung der Aufmerksamkeit und Wunschvermittlung entwickeln sich bei vielen geistig behinderten Kindern nicht synchron zueinander und verzögert gegenüber ihrer sensomotorisch-kognitiven Entwicklung (vgl. Kap. 3.1). Untersuchungen zur vorsprachlichen Entwicklung von Kindern mit Down-Syndrom zeigen z. B., daß sie verspätet Blickkontakt zu ihren Eltern aufnehmen und weniger vokalisieren (Berger & Cunningham 1981, 1983), dann aber auf einen sozialen Interaktionspartner fixiert scheinen. Es fällt ihnen schwer, ihre Aufmerksamkeit zwischen dem Erwachsenen und den Spielsachen hin- und herwandern lassen, um ein gemeinsames Spielthema zu „etablieren" oder Wünsche zu vermitteln (Kasari et al., 1995; Ruskin et al., 1994). Ähnliche Beobachtungen lassen sich bei Kleinkindern mit Williams-Beuren-Syndrom machen. Schon früh zeigen sie ein ausgeprägtes Interesse am sozialen Kontakt, beobachten ihr Gegenüber, koordinieren aber selten die Erkundung von Gegenständen und die soziale Aufmerksamkeit (Bertrand et al., 1993). Bei Kindern mit schwerer geistiger Behinderung und/oder autistischem Syndrom sind die Schwierigkeiten in der dialogischen Abstimmung der Aufmerksamkeit besonders deutlich. Sie suchen kaum Kontakt zum Erwachsenen und versuchen nicht, sein Interesse auf etwas zu lenken, indem sie es herbeiholen, ihm übergeben oder hindeuten (Mundy et al., 1986; Stone et al., 1997).

Die Fähigkeit zur dialogischen Aufmerksamkeitsabstimmung ist ein recht stabiles Merkmal zur Vorhersage der künftigen sprachlichen Entwicklung. Je früher ein Kind mit geistiger Behinderung mit Gesten oder Blickrichtung auszudrücken beginnt, was es möchte und was es interessiert, desto rascher wird es die ersten Worte erwerben (Mundy et al., 1995). Sigman und Ruskin (1999) untersuchten mehr als 200 Kindern mit autistischem Syndrom, Down-Syndrom und anderen Behinderungen im Alter von einem bis fünf Jahren. Nachuntersuchungen folgten ein Jahr später und im Alter von 8–12 Jahren. Es ergaben sich deutliche prädiktive Zusammenhänge zwischen individuellen Unterschieden in der Fähigkeit zur Aufmerksamkeitsabstimmung zum ersten Zeitpunkt und der späteren Entwicklung des Wortschatzes und der Satzbildung.

Der Erwerb von Wortbedeutungen und Regeln zur Satzbildung im sozialen Dialog ist ein zentraler Verarbeitungsprozeß, der durch die vorsprachliche Verständigung vorbereitet wird. Schwierigkeiten der dialogischen Aufmerksamkeitsabstimmung haben Auswirkungen auf das Gelingen der Verständigung von Eltern und Kind. Sie machen es den Bezugspersonen schwerer, die Interessensrichtung des Kindes zu erkennen und durch Modelläußerungen zu kommentieren. Es eröffnen sich ihnen weniger Gelegenheiten, auf diese Weise kindliche Nachahmungen anzubahnen.

Dabei sind Mütter behinderter Kinder nicht weniger bereit, auf die kommunikativen Signale ihrer Kinder einzugehen, als die Mütter nicht behinderter Kinder. Die Anpassung an die kindlichen Schwierigkeiten gelingt ihnen jedoch unterschiedlich gut. Harris et al. (1996) analysierten die Interaktion von zweijährigen Kindern mit Down-Syndrom und ihren Müttern und fanden einen Zusammenhang zwischen der Häufigkeit und Ausdehnung von Phasen gemeinsamer Aufmerksamkeit, in denen die Mütter dem Kind Fragen zu Dingen stellten, mit denen es sich gerade beschäftigte, und der weiteren Sprachentwicklung. Auch Mahoney (1988) untersuchte individuelle Unterschiede im mütterlichen Interaktionsstil bei Kindern mit Down-Syndrom. Mütter, die verstärkt auf vorsprachliche Gesten der Kinder eingingen und sie schon früh als kommunikative Signale verstanden, hatten Kinder, die mehr mit ihren Müttern kommunizierten und in der Folge eine raschere Sprachentwicklung vollzogen. Beobachtungen von Müttern autistischer Kinder zeigten, daß auch sie auf die Aufmerksamkeitsrichtung ihres Kindes eingingen, wenn diese deutlich zu erkennen war. Zusätzlich richteten sie aber viele Äußerungen auf Dinge, die nicht in der Blickrichtung des Kindes lagen, als ob sie dadurch versuchen wollten, die geringe Beteiligung des Kindes am sozialen Geschehen auszugleichen (Watson, 1998).

4.1.3   Entwicklung von Wortschatz und Satzbildung

Auf der Grundlage der vorsprachlichen Verständigung differenziert sich dann bei vielen Kindern mit geistiger Behinderung das semantische Wissen parallel zur kognitiven Entwicklung. Sie speichern und generalisieren neue Wortbedeutungen, klassifizieren Dinge, die zusammengehören, unter Oberbegriffen (Tab. 28) und erwerben so einen breiten Wortschatz, den sie zu Mitteilungen im Alltag und Kommentaren und Erzählungen einsetzen. Abstrakte Begriffe und zeitliche (vorher-nachher-) Zusammenhänge werden aber auch im Jugendalter oft nicht verstanden. Es gibt aber auch hier syndromspezifische Besonderheiten.

Tabelle 28:   Stufen der sprachlichen Entwicklung

Semantisch	Syntaktisch	Pragmatisch
Bildung relationaler Beziehungen	Wortverbindungen	Differenzierung von Mitteilungen
Bildung von Oberbegriffen und Differenzierung	Verbflexion, Pluralformen, Zeitformen	Gesprächsabstimmung
Begriffe mit abstrakter Bedeutung	Beachtung von Wortstellungsregeln, Satzverbindungen	Auflösung von Mißverständnissen

Besondere Stärken in der semantischen Kompetenz finden sich bei Kindern mit Wiliams-Beuren-Syndrom. Sie verfügen über seltener gebräuchliche Begriffe, können zu Oberbegriffen rasch Beispiele aufzählen oder Bedeutungen definieren und mit anekdotischen Ergänzungen versehen (Bellugi et al., 1993). Ihre Sprachentwicklung eilt in vielen Fällen ihren non-verbalen kognitiven Fähigkeiten voraus. Die Sprache von Kindern mit autistischem Syndrom weist dagegen spezifische semantische Besonderheiten auf, in denen sich ihre Schwierigkeiten im Verständnis sozialer Zusammenhänge widerspiegeln. Sie verwechseln Personalpronomen und nehmen seltener Bezug auf die Gedanken oder Sichtweisen eines Gesprächspartners. Jungen mit Fragilem-X-Syndrom haben dagegen häufig Probleme der Wortfindung, wenn sie nach weniger alltäglichen Begriffen gefragt werden (Sudhalter et al., 1992). Diese sind nicht als primäre Sprachentwicklungsstörung, sondern als Ausdruck syndromspezifischer Schwierigkeiten der Selbstregulation bei unmittelbaren sozialen Anforderung zu verstehen (Tab. 29).

Tabelle 29:   Einflußfaktoren auf die semantische, syntaktische und pragmatische Kompetenz

- Kognitiver Entwicklungsverlauf
- Soziale Wahrnehmung und Informationsverarbeitung
- Impulsivität und Probleme der Handlungsplanung (Selbstregulation)
- Merkfähigkeit
- Temperament und soziale Kontaktfreude

Bei vielen Kindern und Jugendlichen mit Down-Syndrom verläuft die Sprachentwicklung zumindest in den ersten Lebensjahren langsamer als bei Kindern mit anderen Behinderungsformen. Die Verständlichkeit ihrer Äußerungen ist häufig durch oral-motorische Koordinationsmängel und eine allgemeine Hypotonie erschwert (Kumin, 1994). Vor allem haben sie Probleme in der Satzbildung (Chapman, 1997). Einige Kinder kommen mit drei bis vier Jahren zu Mehrwortverbindungen und bilden dann rasch vollständige Sätze, andere beginnen erst mit fünf oder sechs Jahren einzelne Worte zu kombinieren und kommen auch später kaum über die Stufe der Zweiwortverbindungen hinaus. Generell bleibt die Äußerungslänge kürzer, der Satzbau einfacher als bei Jugendlichen mit anderen Behinderungen (Rosin et al., 1988, Fowler, 1995). Sie lassen häufiger Verb- oder Pluralendungen, Präpositionen, Artikel oder Konjunktionen aus. Diese Verkürzungen lassen sich als Folge einer leichten Hörminderung, die die Wahrnehmung von Details der Wörter erschwert, und einer syndromspezifischen akustischen Merkschwäche verstehen (Pueschel et al., 1987), die die Speicherung von Satzelementen begrenzt.

4.1.4   Schwierigkeiten im Sprachgebrauch

Die erfolgreiche Gestaltung von Gesprächen setzt einen differenzierten Sprachgebrauch voraus. Die abwechselnden Gesprächsbeiträge müssen zeitlich und inhaltlich
aufeinander abgestimmt werden; der Sprecher muß deutlich machen, worauf er sich
bezieht, und den Kontext und Wissensstand des Zuhörers berücksichtigen. Hier lassen sich allgemeine und spezifische pragmatische Schwierigkeiten bei geistiger Behinderung unterscheiden. Den meisten behinderten Kindern und Jugendlichen fällt
es schwer, Mitteilungen so zu formulieren, daß der Zuhörer alle relevanten Informationen erhält, auf die er zum Verständnis angewiesen ist, und nachzufragen, was er
verstanden hat, bzw. Mißverständnisse aufzuklären (Abbeduto & Hesketh, 1997;
Tab. 30).

Tabelle 30:   Gründe für Verständigungsprobleme im Dialog

- Störende stereotype Verhaltens- und Sprachmuster
- Blickkontaktvermeidung
- Unzureichende Abstimmung des thematischen Bezugs der Äußerungen
- Unzureichende Mitteilung von zum Verständnis nötigen Informationen
- Fehlende Strategien zur Auflösung von Mißverständnissen

Bei einzelnen definierten Syndromen finden sich spezifische Stärken. Ältere Kinder und Jugendliche mit Down-Syndrom sind meist in der Lage, Gespräche zu
führen, Wünsche mitzuteilen, Ereignisse zu kommentieren und Mißverständnisse
durch Umschreibungen oder zusätzliche Gesten aufzuklären. Kinder mit Williams-
Beuren-Syndrom verfügen sogar oft über eine besondere Sprachgewandtheit und
können Geschichten mit vielen Details, Betonungen und anderen prosodischen
Elementen spannend ausschmücken (Reilly et al., 1990). Andere behinderte Kinder haben spezifische pragmatische Schwächen. Wenn Kinder mit autistischem
Syndrom sich sprachlich äußern können, fällt es ihnen schwer, ihre Beiträge auf
den Gesprächspartner abzustimmen. Sie gehen oft nicht auf die jeweilige Frage
ein, lassen in ihren Mitteilungen wichtige Informationen aus, berichten kaum über
persönliche Erlebnisse und begrenzen ihre Kommentare oder Nachfragen auf das,
was unmittelbar im Blickfeld ist (Capps et al., 1998; Tager-Flusberg & Anderson,
1991). Echolalien und Wiederholungen von Phrasen sind häufig (Rydell & Mirenda, 1994). Diese finden sich auch bei Jungen mit Fragilem-X-Syndrom; insbesondere dann, wenn die Gesprächssituation unstrukturiert, ihr Gegenüber fremd
oder dessen Äußerungen sehr komplex sind (Ferrier et al., 1991). Bei beiden Gruppen hängt das Gelingen sozialer Dialoge wesentlich von der Anpassung des Gesprächspartners an die Schwierigkeiten des Kindes ab.

4.1.5 Kommunikative Fähigkeiten von schwerstbehinderten Kindern

In letzter Zeit ist auch versucht worden, die kommunikativen Fähigkeiten von (noch) nicht sprechenden Menschen mit schwerster Behinderung mit Hilfe von differenzierten Befragungen der Eltern oder Pädagogen zu beschreiben. McLean et al. (1996) fanden eine beträchtliche individuelle Variabilität bei 211 schwer geistigbehinderten Kindern und Jugendlichen, die zu Hause oder in Heimeinrichtungen aufwuchsen. Viele der Kinder waren mehrfach(seh-, hör- oder körper-)behindert. 24 % von ihnen verfügten über gezielte vorsprachliche Kommunikationsmöglichkeiten, 43 % über Wörter oder alternative symbolische Ausdrucksformen, die sie auch z. T. zu kombinieren vermochten. Ein Drittel hatte jedoch keine intentionalen Kommunikationsmöglichkeiten. Eine systematische Beobachtung von mehr als 100 Kindern mit schwerer Behinderung (Mar & Sall, 1999) und eine eigene Befragung von Eltern schwer behinderter Kinder mit unterschiedlichen Syndromen (Sarimski, 2000) kommt zu ähnlichen Ergebnissen. Sehr viele verfügen (noch) nicht über Möglichkeiten, aktiv sozialen Kontakt zum Erwachsenen aufzunehmen, sich mit ihm über ein „Thema gemeinsamer Aufmerksamkeit" zu verständigen oder ein Bedürfnis mitzuteilen. Einige Kinder setzen jedoch gezielt Gesten ein, zeigen auf etwas, führen den Erwachsenen zu einem gewünschten Ort oder Gegenstand, machen ihm durch Blickrichtung oder eine pantomimische Geste einen Wunsch deutlich. Solche kommunikativen Handlungen sind allerdings seltener als bei leicht behinderten Kindern und oft auf Wünsche nach Lieblingsspeisen oder -beschäftigungen beschränkt (McLean et al., 1991; Ogletree et al., 1992).

4.2 Förderung der Kommunikationsfähigkeit

4.2.1 Beurteilung der kommunikativen Kompetenz

Die Förderung der Kommunikation setzt eine vollständige Beschreibung der Mittel voraus, die das Kind einsetzt, um Kontakt aufzunehmen, sich mit dem Erwachsenen auf ein gemeinsames Thema zu verständigen, ihm einen Wunsch mitzuteilen und einen sozialen Dialog zu gestalten (Tab. 31).

Herkömmliche Sprachtests oder Checklisten, die sich an den Stufen der normalen Sprachentwicklung orientieren, eignen sich nicht für diesen Zweck. Sie führen zu einer reinen Dokumentation von Defiziten in der Form der Sprachäußerungen, werden dem Spektrum der individuellen Fähigkeiten zur Kommunikation im Alltag nicht gerecht und differenzieren zu wenig im vorsprachlichen Bereich. Sie überfordern die Kooperationsfähigkeit von schwerbehinderten Kindern und führen nicht zu validen Ergebnissen. Die kommunikativen Fähigkeiten sollten stattdessen über eine Befragung der Eltern (Tab. 32) und eine Beobachtung im Freispiel sowie in vorstrukturierten Situationen (Kommunikationsproben) beurteilt werden.

Tabelle 31:　Dimensionen der Beurteilung der Fähigkeiten zur sozialen Kommunikation

1　　Kommunikative Mittel
1.1　Gestische Mittel – selbstgewählte und konventionelle Gesten
1.2　Lautbildung (Konsonantenbildung, Silbenstruktur und -komplexität, Koordination von Gesten und Lautbildung)
1.3　Sprachliche Mittel (Wortschatzumfang, syntaktische Komplexität, ungewöhnliche sprachliche Verhaltensweisen)
1.4　Bildhafte Ausdrucksmittel (Gebrauch von Bildkarten, Symbolsysteme, Schrift)
2　　Sozial-kommunikative Fähigkeiten
2.1　kommunikative Funktionen (Verhaltensregulation, soziale Kontaktaufnahme, gemeinsame Aufmerksamkeitsabstimmung)
2.2　Reziprozität (Häufigkeit von spontanen kommunikativen Akten und Antworten auf Beiträge des Erwachsenen, Ausdauer und Strategien zur Auflösung von Mißverständnissen)
2.3　Sozial-affektiver Ausdruck (Einsatz der Blickrichtung zur Aufmerksamkeitsregulation, Ausdrucksformen positiven und negativen Affekts)

Tabelle 32:　Fragenkatalog zur Beurteilung der kommunikativen Mittel eines nicht oder kaum sprechenden Kindes

Funktion	Was tut das Kind, wenn es möchte, daß …
Kontaktaufnahme	– der Erwachsene sich zu ihm setzt – ein Gleichaltriger sich zu ihm setzt – ein Erwachsener zu ihm schaut – ein Erwachsener es kitzelt – ein Erwachsener es drückt – es auf dem Schoß eines Erwachsenen sitzen kann
Handlungswunsch	– ihm jemand beim An- und Ausziehen hilft – ihm jemand vorliest – jemand mit ihm spielt – jemand mit ihm nach draußen oder zum Einkaufen geht

Wunsch nach Gegenständen oder Essen	– es einen Gegenstand außerhalb seiner Reichweite bekommt – eine Tür oder ein Behälter geöffnet wird – es seine Lieblingsspeise bekommt – Musik, Radio oder Fernseher eingeschaltet werden sollen – es Schlüssel, Spielsachen oder Bücher erhält
Protest/Widerspruch	was tut das Kind, wenn … – eine vertraute und gewohnte Handlung unterbleibt – das Lieblingsspielzeug oder -essen weggenommen wird – es mitgenommen wird, ohne daß es das will – ein Erwachsener etwas beendet, was dem Kind gefällt – es etwas tun soll, was es nicht will
Erklärung/Kommentar	was tut das Kind, wenn es … – will, daß man etwas anschaut – um seine Meinung gefragt wird

Verhaltensbeoachtungen in Kommunikationsproben und im freien Spiel ergänzen einander. In freien Spielsituation werden in der Regel eher die kommentierenden Fähigkeiten des Kindes sichtbar, während sich in den Kommunikationsproben seine Fähigkeit zur Wunschäußerung und Verhaltensregulation beurteilen läßt (Tab. 33).

Tabelle 33:   Verhaltensproben zur Beurteilung der kommunikativen Fähigkeiten
               (Sarimski & Möller, 1991)

1. Ein Aufziehfrosch wird aufgezogen und läuft im Blickfeld des Kindes ab. Der Frosch wird dem Kind angeboten.
2. Eine Dose wird in Reichweite des Kindes aufgestellt. Den ersten Bauklotz wirft der Untersucher in die Dose. Er gibt dem Kind zu verstehen, daß es die nun folgenden Bauklötze in die Dose werfen soll. Nachdem vier Bauklötze angeboten wurden, wird ihm z. B. eine Spielzeugkuh gereicht.
3. Der Untersucher pustet Seifenblasen. Dann wird die Seifenblasendose fest verschlossen und dem Kind präsentiert.
4. Ein Luftballon wird aufgeblasen, die Luft wieder herausgelassen und der Ballon dem Kind überreicht.
5. Nachdem der Untersucher einen Ball mehrere Male zwischen dem Kind und sich selbst hin- und hergerollt hat, wird eine Puppe an seiner Stelle angeboten.
6. Der Untersucher kündigt dem Kind an, es könne jetzt malen und gibt ihm Papier. Ein Stift wird, dem Kind sichtbar, außerhalb seiner Reichweite plaziert.
7. Bei einem Holzpuzzle fehlt ein Teil. Der Untersucher versucht, das Kind zum Zusammensetzen des Puzzles anzuregen.
8. Ein Stück Schokolade wird vor den Augen des Kindes in ein Schraubglas gelegt und der Deckel fest verschlossen. Das Glas wird dem Kind gereicht.

Die Beobachtungen werden in ein zweidimensionales Beurteilungsschema der vorsprachlichen Kommunikationsentwicklung eingeordnet (Tab. 34). Vertikal lassen
sich die verschiedenen Stufen zunehmend zielgerichteten Verhaltens nach dem Grad
der Koordination ihrer Mittel unterscheiden. Horizontal lassen sich die kommunikativen Funktionen gliedern nach Handlungen, mit denen das Kind das Verhalten eines
Interaktionspartners zu lenken oder zu steuern versucht (Verhaltensregulation), solchen, mit denen es seine Aufmerksamkeit auf ein gemeinsames Ziel oder Thema
richtet (gemeinsame Aufmerksamkeit), und solchen, die der Herstellung und Aufrechterhaltung sozialen Kontakts an sich dienen (soziale Interaktion). Systematische
Beurteilungsskalen nach dieser Konzeption liegen von Seibert & Hogan („Early Social Communication Scales", 1982) und Wetherby & Prizant („Communication and
Symbolic Behavior Scales", 1993, 1995) vor.

Tabelle 34:   Stufen der kommunikativen Entwicklung (u. a. Seibert & Hogan, 1982)

	Gemeinsame Aufmerksamkeitsabstimmung	Verhaltenslenkung/Wunschäußerung
I	Keine aktive Kontaktaufnahme zum Erwachsenen während der Beschäftigung mit einem Objekt	Inspektion von Gegenständen ohne Kontaktaufnahme zum Erwachsenen
II	Spontane Aufnahme von Blickkontakt	Unspezifische Handlung, wenn ein Ereignis aufhört (z. B. Vokalisation, Klopfen gegen das Spielzeug)
III	Abwechselnder Blick vom Spielzeug zum Erwachsenen und zurück	Deuten in Richtung auf ein gewünschtes Objekt, Griff nach der Hand des Erwachsenen als Bitte um Hilfe, Wegschieben eines nicht gewünschten Objekts
IV	Spontanes Vorzeigen oder Übergeben eines Objekts, damit der Erwachsene es anschaut	Zeigen auf einen gewünschten Gegenstand, Übergeben mit der „Auf-forderung", etwas Interessantes zu wiederholen
V	Spontane Benennung und Blick zum Erwachsenen	Einzelne Worte als Wunschäußerung (z. B. „haben", „nochmal")
VI	Zweiwortverbindungen zur Kommentierung eines Sachverhalts oder Frage nach Informationen	Frage nach Gegenständen, die außer Sicht sind, oder Bitte um eine Handlung mit Zweitwortverbindung („Wo Auto", „Puppe haben")

Für die Planung der Sprachanbahnung in der sozialen Interaktion zwischen Eltern und Kind ist es schließlich sinnvoll, sich einen Eindruck davon zu machen, ob der Interaktionsstil der Eltern dem Kind hinreichend Gelegenheiten zu kommunikativen Beiträgen gibt und Lernprozesse unterstützt (Tab. 35).

Tabelle 35:   Beurteilung der Beiträge des Erwachsenen zur Förderung der sozialen Kommunikation

1	Gelegenheiten zur Kommunikation
1.1	Erhält das Kind genügend Gelegenheiten zur Kommunikation mit unterschiedlichen Zielen?
1.2	Sind Materialien, die zur Kommunikation anregen, vorhanden?
1.3	Sind die gemeinsamen Aktivitäten dem Entwicklungsstand des Kindes angemessen?
2	Strukturierung des Spiels
2.1	Gibt es eine Struktur wechselseitigen Abwechselns und kooperativer Rollen im Spiel?
2.2	Sind die Beiträge des Erwachsenen so prägnant, daß das Kind sie antizipieren kann?
2.3	Sind die Abfolgen der Handlungsschritte im Spiel für das Kind vorhersagbar?
3	Interaktionsstil
3.1	Gibt der Spielpartner dem Kind genügend Raum, um die Interaktion zu initiieren?
3.2	Reagiert er zuverlässig auf die Kommunikationsversuche des Kindes?
4	Unterstützung des Lernprozesses
4.1	Benutzt der Erwachsene variationsreiche Mimik, Betonung und Gesten, um die Aufmerksamkeit des Kindes zu fesseln?
4.2	Imitiert er das Verhalten des Kindes?
4.3	Interpretiert er den affektiven Zustand oder die Absichten des Kindes richtig?
4.4	Expandiert er die Äußerungen des Kindes, bietet er Modelle oder stellt er Fragen?

4.2.2   Prinzip und Effektivität der kommunikativen Sprachanbahnung

Eine Zeitlang herrschte die Meinung, daß Kinder mit geistiger Behinderung einzelne für die Sprachentwicklung relevante Fähigkeiten (z. B. Nachahmung) in Einzelübungen mit einem Erwachsenen „trainieren" sollten. Die theoretische Reflektion sozial-kommunikativer Entwicklung als dynamischer Interaktionsprozeß hat von solchen verhaltenstherapeutisch strukturierten Übungssituationen weggeführt, zumal sie bei Kindern mit schwerer Behinderung nur begrenzt erfolgreich waren und meist keine Generalisation über die Übungssituation hinaus erreicht wurde. Der Focus der kommunikativen Sprachanbahnung ist daher heute die Förderung von Gelegenheiten zur Kommunikation und die Beratung der Eltern in der Interaktionsgestaltung im Alltag.

In der interaktionsorientierten Beratung gilt es zunächst, gemeinsame Aktivitäten auszuwählen, die sich zur Kommunikationsförderung eignen, und diese Spiel- oder Alltagssituationen zu videografieren. Der Psychologe kann dann an diesen Beispielen – ähnlich wie bei der videogestützten Beratung zu kindgesteuertem, dialogischen Spiel (Kap. 3.1) – den Eltern Hinweise geben, wie sie die kindliche Aufmerksamkeit lenken und Interaktionen für das Kind überschaubarer machen können, indem sie sein Verhalten imitieren, Spielabläufe ritualisieren und die eigenen Sprachäußerungen reduzieren. Gelegenheiten zur Kommunikation ergeben sich z. B., wenn das Kind sich bestimmte Spielsachen oder Speisen wünscht, Hilfe braucht, sich an musikalischen Aktivitäten, Sing-, Nachahmungs-, Rollenspielen oder Bilderbüchern freut.

Wenn das Kind dann durch die wiederkehrenden Abläufe im gemeinsamen Spiel innere Erwartungen über den Fortgang des Geschehens ausgebildet hat, gilt es, seine kommunikative Initiative zu mobilisieren durch geschickte Anordnung des Materials, enthusiastische Kommentierung von „Ereignissen", Unterbrechen von Aktivitäten, Nachfragen, systematisches Abwarten und Aufgreifen kindlicher Gesten und Wortansätze. So lernt es, seine basalen Kommunikationsmittel (Blickrichtung, Lautbildung und Gestik) einzusetzen, um mitzuteilen, was seine Aufmerksamkeit fesselt oder was als nächstes geschehen soll.

Sobald das Kind sich aktiv am vorsprachlichen Dialog beteiligt, geht es darum, daß der Erwachsene durch sein Modell zur Nachahmung erster Wörter anregt. Er übersetzt quasi die kommunikative Absicht des Kindes in eine konventionalisierte Form. Die Nachahmung gelingt dem Kind leichter, wenn die Modellwörter sich genau auf die Dinge beziehen, auf die es gerade seine Aufmerksamkeit gerichtet hält, sie prägnant betont und wiederholt werden und ihre soziale „Wirkung" im Dialog unmittelbar einsichtig ist (z. B. „helfen", „nein", „weg", „zu", „gib mir", „alle-alle", „nochmal", „meins", „auf").

Daran schließt sich die Anbahnung von Mehrwortverbindungen an, um Relationen zwischen Personen, Handlungen und Objekten und neue kommunikative Funktionen (z. B. eine Bitte um Erlaubnis oder Hilfe, Frage nach Informationen oder Kommentieren von Ereignissen) auszudrücken. Der Erwachsene kann diesen Prozeß erleichtern, indem er die kindlichen Äußerungen aufgreift und zu kurzen Modellsätzen expandiert. Erst von dieser Stufe an ist es sinnvoll, grammatische Strukturen gezielt zu üben. Die gezielte Förderung der Satzbildung und der Fähigkeit, über vergangene und zukünftige Ereignisse zu sprechen und dabei die Informationsbedürfnisse des Gegenübers zu beachten oder auftretende Mißverständnisse aufzulösen, kann in pädagogischen Situationen in Zusammenarbeit mit einer Logopädin geschehen.

Abbildung 8:   Prinzipien der kommunikativen Sprachanbahnung

In der Literatur werden die Formen der kommunikativen Sprachanbahnung danach unterschieden, ob der Erwachsene lediglich die kindlichen Äußerungen aufgreift und expandiert (responsive Förderung; z. B. Tannock et al., 1992; Dannenbauer, 1984) oder diese aktiv provoziert durch Nachfragen, Aufforderungen oder bewußte Verzögerungen im interaktiven Geschehen (z. B. Halle et al., 1979; Warren et al., 1984). Eine Übersicht über einige Effektivitätsstudien gibt die Tab. 36.

Die responsive Förderung scheint erfolgversprechend, wenn das Kind bereits über erste Zweiwortverbindungen verfügt (MLU > 2.5; Yoder et al., 1995) und wenn der Erwachsene seine eigenen Äußerungen auf spezifische Strukturen konzentriert. In dieser Phase hat es offensichtlich ausreichende Aufmerksamkeits- und Speicherfähigkeiten, um aus dem Modell des Erwachsenen zu lernen. Auf einer früheren Sprachstufe führt die Beratung und Anleitung der Eltern in responsiven Interaktionsformen zwar zu einer stärkeren Beteiligung der Kinder am gemeinsamen Spiel, aber nicht zur Übernahme komplexer sprachlicher Äußerungsmuster (Tannock et al., 1992). Damit sie erste Wörter und Zweiwort-Verbindungen erlernen, ist eine gezielte Anregung („Provokation") kindlicher Kommunikationsbeiträge erforderlich (Warren et al., 1993; Yoder et al., 1994).

Tabelle 36: Effektivitätsstudien zur frühen Sprachanbahnung durch kommunikations-
fördernde Strategien

Autoren	Stichprobe (Alter, Zahl)	Dauer der Intervention	Ergebnisse
Mahoney & Powell (1988)	2–32 Mon. (n = 41)	9–11 Monate	Sprachliche und allgemeine Entwicklungsfortschritte sind abhängig vom Ausmaß der Realisierung responsiver vs. direktiver Interaktionsformen
Tannock et al. (1992) Girolametto (1988)	3–6 Jahre (n = 32)	12 Wochen	Responsiver Eltern-Kind-Inter-aktionsstil steigert die kindliche Beteiligung, führt aber nicht zum Erwerb neuer Sprachmuster
Warren et al. (1993)	20–30 Mon. (n = 5)	4 Wochen (30–60 Sitzungen)	Häufigere Kommentare und Wunschäußerungen des Kindes
Yoder et al. (1994)	21–27 Mon. (n = 4)	4 Wochen (35–61 Sitzungen)	Häufigere Wunschäußerungen des Kindes
Kaiser & Hester (1994)	37–80 Mon. (n = 6)	4 Wochen	Bildung von Mehrwortver-bindungen
Warren et al. (1994)	37–76 Mon. (n = 11)	4 Wochen	Bildung von Mehrwortver-bindungen
Yoder et al. (1991)	26–81 Mon. (n = 40)	4 Wochen	Bildung von Mehrwortver-bindungen

4.3   Anbahnung von alternativen Kommunikationsformen

4.3.1   Voraussetzungen

Einige Kinder werden aufgrund ihrer zentralen Verarbeitungsprobleme oder zusätz-
licher schwerer motorischer Störungen die Lautsprache nicht erwerben können. Sie
benötigen alternative Kommunikationsformen. Eine systematische Förderung alternativer Kommunikationsformen ist dann besonders erfolgversprechend, wenn das
Kind ein hohes Interesse am Kontakt mit seiner Umwelt hat, eigene Initiative zu
Mitteilungen zeigt, seine visuelle Aufmerksamkeit mit dem Dialogpartner abstimmen kann und bereits über ein gewisses Verständnis für Worte und repräsentationale

Darstellungen (z. B. Fotos oder Abbildungen) verfügt. Es ist aber nicht sinnvoll, mit der Anbahnung alternativer Kommunikationsformen zu warten, bis alle diese Bedingungen erfüllt sind, oder erst dann zu beginnen, wenn eine intensive lautsprachlich orientierte Förderung ohne Erfolg geblieben ist. Schwerbehinderte Kinder lernen den Gebrauch von Handzeichen z. B. auch dann, wenn sie noch nicht über ein differenziertes Sprachverständnis verfügen (Romski & Sevchik, 1997).

4.3.2   Formen alternativer Kommunikation

Unter den alternativen Kommunikationsformen lassen sich Handzeichensysteme (vereinfachte Gebärden) unterscheiden von grafischen Symbolsystemen. Eine ausführliche Übersicht geben z. B. Kristen (1996) oder Biermann (2000). Gebärdensprachen wurden primär für Gehörlose entwickelt und dann für Menschen mit geistiger Behinderung vereinfacht. In der Zusammenarbeit von Fachleuten aus mehreren Einrichtungen entstanden so die Gebärdensammlungen „Schau doch meine Hände an" (Verband evangelischer Einrichtungen für geistig und seelisch Behinderte e. V., 1995) und „… wenn man mit Händen und Füßen reden muß" (Berg & Blickle, 1985). Gebärden und Handzeichen haben gegenüber Systemen, die Bilder oder Symbole verwenden, den Nachteil, daß sie „flüchtig" sind, d. h. nicht in Ruhe betrachtet werden können, und z. T. eine erhebliche motorische Geschicklichkeit erfordern.

Symbolsysteme umfassen Kommunikationsbücher und –tafeln, Fotoalben und standardisierte Symbolsammlungen (z. B. Löb-Sammlung, Aladin, PCS; Tab. 37) Durch eine individuelle Zusammenstellung von Bildern, Fotos oder Symbolen wird ein persönliches Vokabular bereitgestellt, das auf die Bedürfnisse des Kindes abgestimmt ist. Symbolsammlungen unterscheiden sich in ihrem Umfang, ihren Aussagemöglichkeiten und in der Anschaulichkeit, bzw. ihrem Abstraktionsgrad erheblich.

Tabelle 37:   Standardisierte Symbolsammlungen (Auswahl)

Bezeichnung	Vertrieb	Zahl der Symbole	Merkmal
Löb-Symbole	R. Löb, Gerberstr. 19, 86854 Amberg	60 –180	Anschaulich
Aladin's Bilder-Sammlung	PuT Pädagogik und Technik, Schuberstr. 9, 58300 Wetter	> 1000	Computer-kompatibel
Picture Communication Symbols (PCS)	ACTIVE Communication, Untere Fischbachstr. 5, CH-8932 Mettmenstetten	Ca. 1800	Vielseitig
BLISS-Symbole	J. Groos Verlag, Hertzstr. 6, 68126 Heidelberg	Ca. 2000	Abstrakt

Grafische Symbolsysteme können mit technischen Hilfen unterschiedlicher Speicherkapazität und der Möglichkeit der Sprachausgabe verbunden werden. Einfache technische Hilfen wie der BIGmack – eine Großtaste, die gedrückt werden kann, um die Ausgabe eines gespeicherten Satzes von bis zu 20 sec Länge auszulösen – können auch von Kindern mit sehr begrenzten motorischen Fähigkeiten bedient werden. Komplexere Geräte wie der Alpha- und Delta-Talker erlauben es dem Benutzer, differenzierte Äußerungen zu bilden. Sie umfassen 8 bzw. 32 Tastenfelder, die mit Symbolen oder Bildern versehen werden können. Auf jedes Feld können dann Aussagen wie bei einem Kassettenrecorder gespeichert und durch Drücken der Tasten abgerufen werden. Für Kinder mit schweren Bewegungsstörungen lassen sich Tastatur und Ansteuerungstechniken anpassen (optischer Sensor, Joystick, Zeilen-Spalten-Scanning mit speziellen Schaltern).

Diese modernen technischen Hilfen erweitern die Verständigungsmöglichkeiten schwerbehinderter Menschen erheblich. Die Möglichkeit der Sprachausgabe erlaubt eine Kommunikation über größere Entfernung und auch die Verwendung gesprächssteuernder Formulierungen wie „Du hast mich falsch verstanden" oder „Ich habe eine Frage". Die Wahl des elektronischen Systems richtet sich nach den Fähigkeiten des Kindes, Transportabilität, Robustheit, Kosten und Benutzungsgeschwindigkeit des Geräts und der Akzeptanz durch das Kind und seine Umwelt. Komplexe technische Hilfen sollten erst eingeführt werden, wenn ein grafisches Symbolsystem erfolgreich aufgebaut ist.

Tabelle 38:   Vor- und Nachteile verschiedener alternativer Kommunikationsformen

	Vorteile	**Nachteile**
Handzeichen / Gebärden	Anschaulich Ständig verfügbar	z.T. hohe Anforderungen an motorische Koordination
Grafische Symbolsysteme	Gut verständlich Individuelle Abstimmung auf Bedürfnisse des Kindes möglich Einfache Herstellung	Eingeschränkte Mobilität Unmittelbare Nähe des Gesprächspartners erforderlich
Elektronische Hilfen	Anpassung zur Bedienung auch bei motorischen Handicaps möglich Verwendung gesprächs- steuernder Formulierungen möglich Sprachausgabe möglich	Zeitaufwand zur Einarbei- tung und Programmierung Regelmäßige technische Wartung erforderlich Begrenzte Transportierbarkeit Hohe Kosten

In letzter Zeit ist die Methode der „Gestützten Kommunikation" („Facilitated Communication") unter Sonderpädagogen und Forschern kontrovers diskutiert worden. Bei der „Gestützten Kommunikation" erhält ein Kind, das sich lautsprachlich nicht verständigen kann, die Hilfe einer zweiten, stützenden Person, um auf einer Buchstabentafel oder einem Computer eine Buchstabenauswahl zum Schreiben zu treffen. Die Stützung soll sukzessive reduziert werden, um dem Kind auf lange Sicht zu selbständigem Ausdruck zu verhelfen. Diese Methode weckte bei Eltern und Betreuern von Kindern und Erwachsenen mit autistischem Syndrom oder geistiger Behinderung große Erwartungen. In Einzelfällen zeigten FC-Schreiber unerwartete schriftsprachliche Kenntnisse und waren z.T. in der Lage, elaborierte Texte zu produzieren. Viele Fachleute vermuteten jedoch, daß die stützende Person die Botschaft bestimmte. Bei der überwiegenden Mehrzahl wissenschaftlich kontrollierter Studien zeigte sich dann, daß diese Zweifel berechtigt waren. Die meisten FC-Nutzer konnten Aufgaben nicht lösen, wenn sie so gestellt wurden, daß die stützende Person die Lösung nicht kennen konnte. Nur ein kleiner Teil der Kinder, Jugendlichen und Erwachsenen konnte authentische FC-Botschaften produzieren (Biermann, 1999). Beim gegenwärtigen Stand des Wissens muß somit vor zu großen Hoffnungen gewarnt werden, auf dem Wege der „Gestützten Kommunikation" eine selbstbestimmte Form der Verständigung im sozialen Alltag aufbauen zu können.

4.3.3 Vorgehen bei der Anbahnung alternativer Verständigungsformen

Bevor alternative Kommunikationsformen eingeführt werden, sollte das kommunikative Repertoire des Kindes beschrieben (vgl. Kap. 4.2) und geprüft werden, ob es Fotos oder grafische Abbildungen bereits den realen Objekten zuordnen und auf einer Tafel wiederfinden kann. Die Förderung alternativer Verständigungsformen folgt den Prinzipien der kommunikativen Sprachanbahnung (Kap. 4.3). Zunächst werden die Handzeichen, Bilder oder Symbole ausgewählt, die für das Kind im Alltag bedeutsam sind. Sie werden dann in Spiel- und Alltagssituationen im funktionalen Zusammenhang eingeübt, indem das jeweilige Zeichen oder Symbol mit den jeweiligen Gegenständen oder Tätigkeiten zusammen präsentiert wird. Spezielle (Brett- oder Einkaufs-)Spiele können das Einprägen ihrer Bedeutung unterstützen. Das Kind wird zur Nachahmung angeleitet und erlebt, daß der Gebrauch des Handzeichens oder grafischen Symbols zur Verständigung führt. Wie bei der Anbahnung lautsprachlicher Äußerungen sollte der Erwachsene seinen Interaktionsstil anpassen, seine Aktivitäten mit kurzen Äußerungen kommentieren und dem Kind möglichst viele Gelegenheiten zu kommunikativen Beiträgen geben. Eine enge Absprache zwischen Eltern und Pädagogen ist dabei unerläßlich.

4.3.4 Praktische Verwendung in Deutschland

Leider hat der Einsatz alternativer Kommunikationsformen bei Kindern und Jugendlichen mit geistiger Behinderung in Deutschland noch nicht die Verbreitung gefunden, die wünschenswert wäre. Dies ist z. T. Ausdruck eines unzureichenden Bewußtseins für die kommunikativen Bedürfnisse und Fähigkeiten schwerbehinderter Menschen, zum anderen des mangelnden Zutrauens in ihre Fähigkeit zum Umgang mit technischen Hilfen. Fröhlich und Kölsch (1998) dokumentierten den Wissensstand zu alternativen Kommunikationsformen und ihren Einsatz in einer Befragung von Lehrern an Schulen für Geistigbehinderte. Individuell ausgewählte Fotos und Piktogramme waren in vielen Einrichtungen vorhanden, kaum aber standardisierte Sammlungen wie das LÖB- oder BLISS-System. Mit technischen Hilfen waren zu diesem Zeitpunkt lediglich 32 % der Schulen ausgestattet. In der Praxis angewendet wurden überwiegend Handzeichen/Gebärden oder einfache Fotos, während technische Hilfen oder Symbolsammlungen bei weniger als 10 % der Kinder zum Einsatz kamen. Viele Pädagogen äußerten Vorbehalte hinsichtlich der Praktikabilität technischer Hilfen und betrachteten die Kommunikationsförderung als eine Aufgabe der therapeutischen Fachdienste (logopäd. Einzeltherapie). Empirische Untersuchungen in anderen Ländern zeigen jedoch, daß auch Kinder und Jugendliche mit schwerer geistiger Behinderung bei systematischer Anleitung alternative Kommunikationsmittel zuverlässig einsetzen lernen können (Romski & Sevchik, 1997). Geräte mit Sprachausgabe werden dabei intensiver genutzt als rein grafische Symbolsysteme, denn sie erlauben eine Angleichung an die natürliche Sprachumwelt und Verständigung mit fremden Personen (Schlosser et al., 1995; Romski et al., 1999).

Kasten 4: Kommunikation: Beurteilung und Intervention

Beurteilung
- Initiative zu intentionaler Kommunikation (sozialer Bezug, emotionaler Ausdruck, Suche nach sozialer Aufmerksamkeit)
- Mittel zur Kommunikation (Laute, Gesten, Symbole, Worte)
- Funktionen, zu denen sie eingesetzt werden (Kontaktaufnahme, Wunschäußerung/ Verhaltensregulation, Abstimmung gemeinsamer Aufmerksamkeit/Kommentierung)
- Fähigkeit zur Einleitung und Fortführung eines Dialogs, Reaktion auf einen Beitrag des Gesprächspartners
- Beurteilung von alternativen Strategien, wenn ein Kommunikationsversuch fehlschlägt
- Einschätzung, ob seine sozialen Beziehungen hinreichend förderlich für seine kommunikative Entwicklung sind (Gelegenheiten zur Kommunikation, Klarheit der Dialoge, Responsivität der Beiträge des Erwachsenen)
- Bei Ausbleiben sprachlicher Ansätze: Beurteilung der motorischen Fähigkeiten, Handzeichen zu lernen, eine Kommunikationstafel oder eine technische Hilfe zu be-

nutzen, und Einschätzung des Verständnisses der Bedeutung von Worten oder Bildern als Symbole für reale Objekte im Sinne der Voraussetzungen für alternative Kommunikationsformen

Intervention
- Vorbereiten möglichst vieler Gelegenheiten zur Kommunikation
- Vereinfachung der Erwachsenenäußerungen
- Sensibilisierung des Erwachsenen für kindliche Kommunikationsbeiträge (Steigerung der Responsivität)
- Beratung zur Provokation kindlicher Beiträge
- Beratung zur „Übersetzung" in Worte und Expansion durch Modelläußerungen des Erwachsenen zur Anbahnung von Mehrwortverbindungen
- Evtl. Anbahnung des Gebrauchs von Handzeichen oder grafischen Symbolen (und technischen Hilfen mit Sprachausgabe) zur Kommentierung und Wunschäußerung in Alltagssituationen

Kapitel 5

Interventionsbereich: Belastendes Verhalten

5.1 Entwicklungsmodell und Versorgungsbedarf

Im modernen entwicklungspsychopathologischen Verständnis werden Verhaltensweisen, die von der Umwelt als auffällig und belastend wahrgenommen werden, als Ausdruck des Zusammenwirkens von biologischen Dispositionen (Defiziten in Kernprozessen der Informationsverarbeitung, Motivationslagen, Vulnerabilität in der Kontaktaufnahme mit der Umwelt) und unzureichender Abstimmung der Umwelt auf die Bedürfnisse und Fähigkeiten des Kindes angesehen (Kap. 2.6). Kinder und Jugendliche mit geistiger Behinderung unterscheiden sich – ebenso wie nicht behinderte Menschen – in der individuellen Ausprägung von Motivationen zur Kontaktnahme mit der Umwelt (Tab. 39).

Tabelle 39: Grundlegende Unterschiede in der Kontaktaufnahme zur Umwelt („Fundamental Goals and Motivational Sensitivities", Reiss & Haverkamp 1998; Auswahl)

Bedürfnis nach sozialer Anerkennung	Vermeidung von Frustration
Ängstlichkeit	Suche nach Aufmerksamkeit
Wunsch nach Freundschaften	Bewältigungsmotivation
Neugier	Streben nach Dominanz
Freude am / Bedürfnis nach Essen	Hilfsbereitschaft
Wunsch nach Unabhängigkeit	Bedürfnis nach Ordnung

Unterschiede in der Motivation und Regulationsfähigkeit bei der Kontaktaufnahme zur Umwelt sind Teil des Verhaltensphänotyps bei definierten genetischen Syndromen.

Mit dem Begriff des Verhaltensphänotyps ist eine Kombination von Entwicklungs- und Verhaltensmerkmalen gemeint, die bei Kindern und Erwachsenen mit einem definierten genetischen Syndrom mit höherer Wahrscheinlichkeit auftritt als bei Kindern und Erwachsenen mit einer Behinderung anderer Ursache (Dykens, 1995; Sarimski, 1997; Finegan, 1998; Dykens et al., 2000). Einzelne Merkmale erhöhen das Risiko für das Auftreten belastender und problematischer Verhaltensweisen (Dykens, 2000).

Das Konzept der Verhaltensphänotypen ist nicht so zu verstehen, daß syndromspezifische Entwicklungs- und Verhaltensmerkmale für jedes Kind mit einem bestimmten Syndrom in gleichem Maße und in jeder Entwicklungsstufe zutreffen müssen. Innerhalb des Syndroms kann eine beträchtliche individuelle Variabilität bestehen. Es postuliert ebensowenig, daß die Verhaltensmuster genetisch festgelegt, damit unveränderlich und keiner pädagogisch-psychologischen Intervention zugänglich sind. Genetisch bedingt ist lediglich die Motivationslage oder Vulnerabilität, deren strukturelle und physiologische Grundlagen noch unbekannt sind. Wie sich die Fähigkeit zur sozialen Partizipation und Selbstbestimmung des Kindes entwickelt, hängt nicht nur von der genetischen Disposition ab, sondern – wie bei nicht behinderten Kindern – von der Abstimmung der Umwelt auf die spezifischen Bedürfnisse des jeweiligen Kindes und der Qualität seiner sozialen Beziehungen (Sarimski & Stengel-Rutkowski, 2000).

Tabelle 40: Ergebnisse einiger Studien zu syndromspezifischen Verhaltensmerkmalen (Auswahl)

Syndrom	Merkmale	Studien
Prader-Willi-Syndrom	Übermäßiger Drang nach Essen, zwanghaftes Verhalten, Wutanfälle, Passivität, selbstverletzendes Kratzen	Dykens & Kasari, 1997; Sarimski, 1997c; Dykens & Rosner, 1999; Einfeld et al., 1999; Dimitropoulos et al., 2000
Williams-Beuren-Syndrom	Ungehemmte Kontakt-, freude, Redefreudigkeit, übermäßige Besorgtheit, Konzentrationsschwäche, Hyperacusis	Gosch & Pankau, 1997; Sarimski 1997c; Einfeld et al., 1997; Dykens & Rosner, 1999; Mervis & Klein-Tasman, 2000
Fragiles-X-Syndrom	Reizüberempfindlichkeit, Aufmerksamkeitsstörung, Impulsivität mit stereotypen und selbstverletzenden Verhaltensweisen, soziale Scheu	Einfeld et al., 1994; Lachiewicz et al., 1994; Baumgartner et al., 1995; Sarimski, 1997c; van Lieshout et al., 1998; Mazzocco, 2000; Bailey et al., 2000; Kau et al., 2000

Angelman-Syndrom	Hyperaktivität, Eß- und Schlafprobleme, ausbleibende Sprachentwicklung	Summers & Feldman, 1999; Clarke & Marston, 2000
Smith-Magenis-Syndrom	Wutanfälle, Stereotypien, Selbstverletzungen, Aufmerksamkeitsstörungen, Schlafstörungen	Clarke & Boer, 1998; Dykens & Smith, 1998

Im Zusammenhang mit dem Begriff des Verhaltensphänotyps ist zu unterscheiden zwischen syndromspezifischen Verhaltensmustern und allgemeinen Merkmalen einer geistigen Behinderung. So gelten Kinder mit Down-Syndrom oder Williams-Beuren-Syndrom als sozial zugewandt und freundlich. Eine fehlende Sprachentwicklung wird für Kinder mit Angelman- oder Rett-Syndrom als charakteristisch betrachtet. Bei Kindern mit Cornelia-de-Lange-Syndrom treten häufiger selbstverletzende Verhaltensweisen auf als bei Kindern mit anderen Behinderungsursachen. Solche Entwicklungs- und Verhaltensmerkmale sind meist nicht nur für ein Syndrom spezifisch. Sie treten auch bei anderen Kindern und Erwachsenen mit geistiger Behinderung, aber bei einem definierten Syndrom häufiger auf („partielle Spezifität", Hodapp, 1997). Andere Verhaltensweisen wie Impulsivität, Stereotypien oder Selbstverletzungen sind generell bei Kindern, Jugendlichen und Erwachsenen mit einer schweren geistigen Behinderung öfter zu beobachten als bei nicht behinderten Menschen. Als syndromspezifische Aspekte eines Verhaltensphänotyps können nur solche Verhaltensmerkmale gelten, in denen sich Kinder mit einem definierten Syndrom von Kindern mit anderer Behinderungsursache, aber gleichem Alter oder Fähigkeitsniveau signifikant unterscheiden.

Entwicklungs- und Verhaltensmerkmale von genetischen Syndromen haben darüberhinaus indirekte Auswirkungen. Das Bild, das sich Eltern und Pädagogen von den Entwicklungsbesonderheiten bei einem bestimmten Syndrom machen, und die Verhaltensmerkmale des Kindes selbst prägen gemeinsam die sozialen Erfahrungen, die es in der Interaktion mit seiner Umwelt macht. So wird ein Kind mit Down- oder Williams-Beuren-Syndrom als sozial interessiert und kontaktfreudig wahrgenommen werden, so daß sich wesentlich mehr soziale Kontakte ergeben, als bei einem Kind mit autistischem Syndrom. Bei Jungen mit Fragilem-X-Syndrom werden Impulsivität und Aufmerksamkeitsstörung u. U. die Freude an gemeinsamen Aktivitäten mindern, sehr passive Kindern mit Prader-Willi-Syndrom wird der Erwachsene stärker zu Tätigkeiten drängen als andere Kinder. Solche Unterschiede in den sozialen Erfahrungen bedeuten unterschiedliche Lernerfahrungen für die betroffenen Kinder, die wiederum indirekt den Entwicklungsverlauf mitbestimmen (Hodapp, 1997). Eine frühe Beratung der Eltern über syndromspezifische Entwicklungs- und Verhaltensmerkmale erweist sich deshalb als bedeutsam. Die Entwicklung von positiven

Erwartungen an das Kind, optimistischen Zukunftsperspektiven, Verständnis für seine spezifischen Besonderheiten sowie die Anpassung der Lernumwelt an seine Bedürfnisse und eine frühe Förderung von Kompensationstechniken können dazu beitragen, unerwünschte Verhaltensformen zu verhindern (Tab. 41).

Tabelle 41:   Nutzen und Risiken des Konzepts von Verhaltensphänotypen

- Verbesserung der Erstberatung der Eltern (positive Zukunftsperspektiven)
- Entlastung durch das Wissen, daß schwierige Verhaltensweisen syndromspezifisch sein können und nicht Ausdruck erzieherischen Unvermögens
- Sensibilisierung der Beobachtung von Eltern und Pädagogen (vs. Gefahr der Stigmatisierung und sich selbst-erfüllender Prophezeiungen)
- Anpassung der (Lern-) Umwelt an die besonderen Bedürfnisse der Kinder
- Frühe Förderung von kompensatorischen Strategien

5.1.1   Versorgungsbedarf an psychologischer Intervention

Tabelle 42:   Relativer Anteil von Menschen mit geistiger Behinderung und problematischen Verhaltensweisen (Gesamtstichprobe: 91164; Borthwick-Duffy, 1994)

Kategorie	Aggression	häufige und schwere Autoaggression	häufige Autoaggression	destruktives Verhalten
Zahl	1899	2017	8444	6466
Alter				
0–3 Jahre	1.1	1.0	5.8	1.8
4–10 Jahre	0.9	1.1	9.6	5.7
11–20 Jahre	1.7	1.9	10.7	7.9
> 21 Jahre	2.7	2.8	9.3	8.1
Grad der Behinderung				
Leicht	1.4	0.8	3.5	4.4
Mäßig	1.8	1.5	6.7	6.7
Schwer	2.9	3.3	15.3	9.9
sehr schwer	4.5	7.1	24.9	15.0
Sprachfähigkeit				
Verbal	2.0	2.0	8.6	7.9
non-verbal	2.9	5.2	17.0	7.0
Gesamtzahl	2.1	2.2	9.3	7.1

In epidemiologischen Studien, die aus den USA, England und Skandinavien vorliegen, werden Verhaltensauffälligkeiten und psychische Störungen bei Menschen mit geistigen Behinderungen wesentlich häufiger gefunden als bei nicht behinderten Menschen. Die Untersuchungen unterscheiden sich allerdings sehr in den Definitions- und Einschätzungskriterien für „auffälliges Verhalten", der Repräsentativität und der Alterszusammensetzung der Stichproben.

Bruininks et al. (1988) ermittelten z. B. Prävalenzdaten zu selbstverletzendem, aggressivem und destruktivem Verhalten. Bei Kindern, Jugendlichen und Erwachsenen, die in wohnortnahen Einrichtungen betreut werden, ergab sich eine Häufigkeit von 16 % für ausgeprägtes aggressives Verhalten und je 11 % für destruktives und selbstverletzendes Verhalten. In großen Heimeinrichtungen lagen die Raten wesentlich höher. Borthwick-Duffy (1994) berichtete eine weitaus geringere Häufigkeit der gleichen Verhaltensauffälligkeiten in einer landesweiten kalifornischen Untersuchung bei 91164 Menschen mit geistiger Behinderung (Tab. 42). Bezogen auf die Gesamtgruppe lag die Rate aggressiven Verhaltens bei 2.1 %, destruktiven Verhaltens bei 7.1 % und häufigen, schweren selbstverletzenden Verhaltens bei 2.2 %. Jugendliche und Erwachsene wiesen höhere Raten auf als jüngere Kinder. Unter den Kindern und Erwachsenen in großen Heimeinrichtungen wurden auch in dieser Studie bei einem Viertel schwere Verhaltensstörungen gefunden.

Obgleich die epidemiologischen Daten divergieren, belegen sie den dringenden Versorgungsbedarf. Schwere Verhaltensstörungen gefährden die soziale Integration der Kinder und hemmen adaptive und kognitive Lernprozesse. Sie entscheiden in vielen Fällen darüber, ob ein Kind die Möglichkeit zum gemeinsamen Lernen mit nicht behinderten Kindern erhält oder eine separate Beschulung für notwendig erachtet wird. Schließlich sind sie der wichtigste Prädiktor, ob die Eltern dauerhaft mit den besonderen Belastungen der Erziehung und Förderung des Kindes fertigwerden oder schließlich eine Heimunterbringung anstreben. Lösungsorientierte Konzepte und Projekte zur Versorgung von Menschen mit geistiger Behinderung und schweren Verhaltensauffälligkeiten – wie sie in den USA, England und den Niederlanden bereits verwirklicht sind – bedürfen dringend der Übersetzung in das deutsche Versorgungssystem. Dabei gilt es, die Angebote der Einrichtungen zu vernetzen und für eine multiprofessionelle Zusammenarbeit zu sorgen (Bouras, 1999; Petry & Bradl, 1999).

5.2   Diagnostisches Vorgehen bei problematischen Verhaltensweisen

In den letzten Jahren sind einige standardisierte Beurteilungsinstrumente für die Beschreibung von Kindern und Jugendlichen mit geistiger Behinderung entwickelt worden, die eine erste Orientierung über die Schwere und Art von belastenden Ver-

haltensformen eines Kindes geben. Eltern und Pädagogen werden darin gebeten ein-
zuschätzen, inwieweit bestimmte Verhaltensbeschreibungen auf das jeweilige Kind
zutreffen (vgl. Kap. 2.3).

Für die diagnostische Bewertung und die Planung von Interventionen entscheidend
ist dann die genauere Analyse der Form und Funktion des Verhaltens. Sie umfaßt
neben der Dokumentation von Art, Häufigkeit und Dauer belastender Verhaltensweisen die Identifikation von Bedingungen, unter denen sie auftreten und durch die
sie aufrechterhalten werden. Die funktionale Analyse hat das Ziel, das belastende
Verhalten in seiner Bedeutung zu verstehen als Ausdruck von individuellen Bedürfnissen und Motivationslagen in bestimmten Situationen (Abb. 9). Sie muß lebensgeschichtliche Faktoren, die sozialen Beziehungen des Kindes sowie mögliche
körperliche Erkrankungen (Schmerzzustände, Obstipation, Menstruationsbeschwerden etc.) einbeziehen, die die Fähigkeit des Kindes zu einer adäquaten Situationsbewältigung beeinträchtigen können. Aus der Formulierung einer Hypothese über die
funktionale Bedeutung des problematischen Verhaltens lassen sich dann konkrete Interventionen ableiten, die wiederum in ihrer Wirksamkeit überprüft werden müssen.

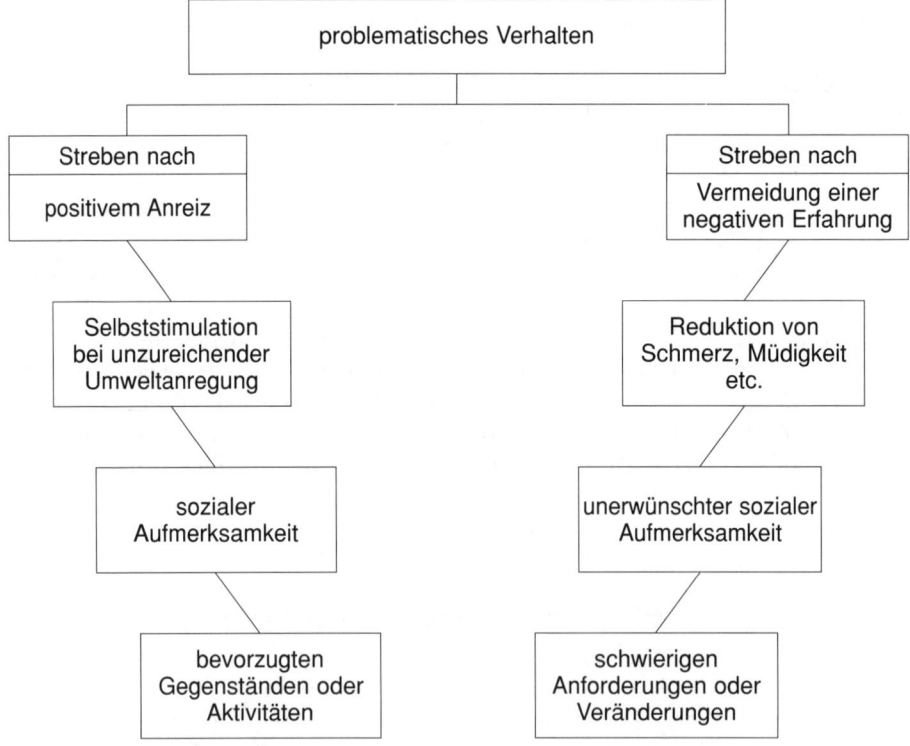

Abbildung 9: Funktionen problematischen Verhaltens

In Leitfäden zur funktionalen Analyse (z. B. O'Neill et al., 1997) werden antezedente, situative Bedingungen und Konsequenzen des Verhaltens erfragt sowie potentielle Alternativen im Verhaltensrepertoire des Kindes, seine kommunikativen Ausdrucksmöglichkeiten, die Wirkung der Unterstützung durch die Umgebung und der Erfolg, bzw. Mißerfolg früherer Interventionsversuche (Tab. 43). Um die Realisierbarkeit von Interventionsvorschlägen einschätzen zu können, sollten schließlich auch die Einstellungen der Eltern und Pädagogen zur Veränderbarkeit von problematischen Verhaltensweisen und der Grad der individuellen Belastung in die Analyse einbezogen werden. Selbstverständlich lassen sich auf diese Weise keine objektiven Daten, wohl aber die Sichtweise wichtiger Bezugspersonen auf der Grundlage ihrer Erfahrungen mit dem Kind erheben.

Die Motivation zu problematischen Verhaltensweisen kann individuell sehr unterschiedlich sein. Taylor und Carr (1992 a,b) gingen den Zusammenhängen von aggressivem, destruktivem Verhalten, Abwehr, Selbstimulationen und Selbstverletzungen nach. Bei einem Teil der Kinder traten diese Verhaltensmuster dann auf, wenn die Aufmerksamkeit des Erwachsenen (zu) gering war („attention seeking group"), bei dem anderen eben zu den Zeiten, in denen sich die Aufmerksamkeit des Erwachsenen direkt auf das Kind richtete („social avoiding group"). Wechselseitig sich verstärkende Kreisläufe halten das belastende Verhalten aufrecht. Die erste Gruppe erfährt vermehrte Zuwendung, wenn sie Problemverhalten zeigt, die zweite einen Rückzug des Erwachsenen und den Verzicht auf Anforderungen. In beiden Fällen wird das Erwachsenenverhalten dadurch bestärkt, daß das Kind das Problemverhalten kurzzeitig einstellt. Gleichzeitig erfährt dieses selbst aber eine systematische (positive, bzw. negative) Verstärkung.

Tabelle 43: Diagnostische Befragung von Eltern und Pädagogen

- Rahmenbedingungen und unmittelbare Auslöser problematischen Verhaltens
- Konsequenzen, die in der Regel auf das Verhalten folgen
- Positive Alternativen im Handlungs- und Kommunikationsrepertoire des Kindes
- Erfahrungen mit präventiven Unterstützungen durch die Umgebung
- Frühere Erfolge/Mißerfolge von Interventionsversuchen
- Kritische Lebensereignisse mit Auswirkungen auf die Bewältigungsfähigkeiten des Kindes
- Soziale Beziehungen und individuelle Stärken des Kindes als Veränderungsressourcen
- Subjektive Belastung von Eltern und Pädagogen und Einstellungen zur Veränderbarkeit von problematischen Verhaltensweisen
- Zusätzliche Belastungen (z. B. Teamkonflikte, Überforderung durch vielfältige Anforderungen)

Die Befragung der Eltern und Pädagogen sollte durch eine Beobachtung des konkreten Verhaltens ergänzt werden. Sie kann in der Beratungssituation unternommen werden, wenn sich aus dem Gespräch Auslösebedingungen für das problematische Verhalten identifizieren lassen, die sich in diesem Rahmen „provozieren" lassen. Dies ist z. B. möglich, wenn das Problem als oppositionelles Verhalten gegen Aufforderungen oder abwehrendes Verhalten beim Essen geschildert wird. Andere Verhaltensweisen lassen sich nur im natürlichen Kontext analysieren. Dazu werden Eltern oder Pädagogen gebeten, einige Tage lang Verhaltensprotokolle nach einem einfachen Schema zu führen und Auslösebedingungen, problematisches Verhalten und nachfolgende Konsequenzen in knappen Worten zu beschreiben. Der Psychologe wird dann versuchen, diese Aufzeichnungen zu ordnen und nach wiederkehrenden Zusammenhängen zu suchen, aus denen eine Hypothese über die Funktion des Verhaltens formuliert werden kann. Übersichtsbögen erleichtern die Zuordnung, welche Verhaltensweisen zu einzelnen kommunikativen Funktionen eingesetzt werden (Tab. 44). Bei der Hypothesenbildung ist nicht nur auf unmittelbare Auslöser, sondern auch auf kritische Rahmenbedingungen („setting events") wie Müdigkeit, Hunger, unerwartete Veränderungen im Tagesablauf, Möglichkeiten zur Selbstbestimmung, Anwesenheit von Besuchern oder des Geschwisterkinds zu achten, die im Alltag leicht übersehen werden.

Eltern und Pädagogen können zusätzlich nach ihren subjektiven Einschätzungen der Zusammenhänge des Verhaltens mit Hilfe eines Fragebogen befragt werden. Dazu eignet sich z. B. die „Motivation Assessment Scale" (MAS, Durand & Crimmins, 1988; dt. in Mühl et al., 1996). Ursprünglich für die Analyse von funktionalen Zusammenhängen bei selbstverletzendem Verhalten entwickelt, enthält sie 16 Fragen, mit denen eingeschätzt werden soll, ob das Verhalten durch das Streben nach Aufmerksamkeit, den Wunsch nach einem bestimmten Gegenstand, einer Aktivität oder der Vermeidung von Anforderungen motiviert ist, bzw. selbstimulatorische Funktion hat. Die Einschätzung der funktionalen Zusammenhänge sollte allerdings nicht nur auf diesen Fragebogen gestützt werden, da er situationsspezifische Faktoren vernachlässigt und wohl deshalb nicht immer reliable Ergebnisse liefert (Sigafoos et al., 1994; Sturmey, 1994).

Ein Beweis im strengen wissenschaftlichen Sinne für einen funktionalen Zusammenhang zwischen bestimmten Verhaltensweisen und Auslösern, bzw. Konsequenzen läßt sich nur über eine „analoge experimentelle Analyse" führen. In grundlegenden Arbeiten zeigten Iwata et al. (1982, 1994), daß sich die Auftretenswahrscheinlichkeit selbstverletzenden Verhaltens systematisch veränderte, wenn es nacheinander unter vier verschiedenen Bedingungen beobachtet wurde. Die erste Situation war als Leistungsanforderung, die zweite als Spielsituation mit freiem Zugang zu bevorzugten Gegenständen konzipiert. In der dritten Situation befand sich das Kind allein im Raum, in der vierten spendete der Erwachsene Aufmerksamkeit und Trost immer dann, wenn das Kind selbstverletzendes Verhalten zeigte. In den meisten Fällen ließ sich bei diesem experimentellen Vorgehen eindeutig erkennen, unter welcher Bedingung das selbstverletzende Verhalten häufiger auftrat. Auf diese Weise ließen sich auch funktionale Zusammenhänge bei stereotypen und aggressiven Verhaltensweisen sowie echolalischen Sprachäußerungen nachweisen (Derby et al., 1992; Day et al.,

Tabelle 44: Zuordnung einzelner Verhaltensformen zu kommunikativen Funktionen

Ausdrucks- mittel Funktion	non verbal Allg. Erregung (E) Blickrichtung (B) Zeigen/Übergeben (Z) Hinführen (H) Handzeichen/Geste (G)	sprachlich Wörter (W) Kombinationen (K) Sätze (S) Echolalien (Echo)	problematisches Verhalten Destruktion (Des) Aggression (Agg) Zwanghaftes V. (Zwa) Ängstliches V. (Äng) Selbstverletzung (Sel)
Streben nach Aufmerksamkeit			
Bitte um Hilfe			
Bitte um eine Pause			
Bitte um Essen/ Gegenstand/ Aktivität			
Lenkung der Aufmerksamkeit			
Mitteilung von Schmerzen			
Mitteilung von Verwirrung/ Unbehagen			
Protest gegen eine Anforderung			

1994; Mace & Lalli, 1991). Allerdings läßt sich nicht in allen Fällen durch eine solche „analoge experimentelle Analyse" eine eindeutige Entscheidung treffen, welche Funktion einem problematischen Verhalten zugrundeliegt. Zudem ist die Methode sehr zeitaufwendig. Für die Praxis ist daher die systematische Befragung von Eltern und Pädagogen und Verhaltensprotokollierung vorzuziehen, die die funktionalen Zusammenhänge mit der gleichen Zuverlässigkeit aufdecken wie das experimentelle Vorgehen, wenn sich die Verhaltensprobleme bestimmten Situationen zuordnen lassen (Arndorfer et al., 1994; Yarborough & Carr, 2000). Entscheidend ist, daß überhaupt eine funktionale Analyse des problematischen Verhaltens versucht wird und vorschnelle Verallgemeinerungen und Handlungsempfehlungen vermieden werden.

5.2.1 Einstellungen des Pädagogen zu problematischen Verhaltensweisen

Für die Realisierung von psychologischen Interventionen in pädagogischen Einrichtungen (Kindergarten, Schule, Heim) ist es nicht nur wichtig, daß die funktionalen Zusammenhänge korrekt identifiziert werden. Darauf aufbauende psychologische Empfehlungen werden nur übernommen werden, wenn sie die Einstellungen des Pädagogen zum Problemverhalten und seiner Veränderbarkeit berücksichtigen, er die Hypothesen zu Zusammenhängen mit seinen eigenen Beobachtungen in Einklang bringen kann, die Vorschläge konkret formuliert sind und im Rahmen der Bedingungen der Einrichtung, in der er arbeitet, realisierbar erscheinen (Tab. 45).

Tabelle 45:   Bedingungen für die Realisierung von Interventionen in pädagogischen Einrichtungen

- Einschätzung der grundsätzlichen Veränderbarkeit von problematischem Verhalten
- Übereinstimmung im Verständnis der funktionalen Zusammenhänge des Verhaltens zwischen Pädagoge und psychologischem Berater
- Klarheit und Praktikabilität von fachlichen Empfehlungen im pädagogischen Alltag
- Personelle und räumliche Ressourcen zur Umsetzung von Interventionen
- Unterstützung von Veränderungsbemühungen durch das gesamte Team einer Einrichtung

Bromley & Emerson (1995) befragten pädagogische Mitarbeiter in Heimen nach ihrer Einschätzung der Gründe belastender Verhaltensformen bei den von ihnen betreuten Menschen mit geistiger Behinderung. 41 % nannten Stimmung oder interne psychische Zustände, 26 % Umgebungsbedingungen (Überforderung), 26 % lebensgeschichtliche Gründe (z. B. die Tatsache der Heimaufnahme), 24 % Selbststimulation und 23 % den Versuch, soziale Kontrolle auszuüben. Die subjektiv empfundene Belastung war umso größer, je unverständlicher und unberechenbarer das Verhalten für die Mitarbeiter war, je weniger Möglichkeiten sie sahen, es im Rahmen der Ressourcen ihrer Einrichtung zu verändern, und je weniger Austausch über Schwierigkeiten im Team stattfand. Ebenso vielfältig wie die Alltagsvermutungen über die Gründe problematischen Verhaltens sind die Gewohnheiten, wie mit ihnen umgegangen wird. Am häufigsten reagieren Mitarbeiter – ihrer eigenen Einschätzung nach – auf aggressive Verhaltensweisen mit Ablenkungsversuchen oder sozialem Ausschluß, auf selbstverletzende Verhaltensweisen mit körperlicher Einschränkung, ansonsten mit verbalen Ermahnungen (Bromley & Emerson, 1995; Bruininks et al., 1988). Die Variationsbreite der Antworten zeigt, wie wichtig es ist, durch eine sorgfältige funktionale Analyse zu einem gemeinsamen Verständnis des problematischen Verhaltens und einer einheitlichen Vorgehensweise zu kommen.

5.3   Psychologische Ansätze zur Veränderung

Interventionsstrategien zur Veränderung problematischen Verhaltens müssen sorgfältig reflektiert werden. Sie dürfen nicht allein nach dem Kriterium ausgewählt werden, welches Vorgehen die Anpassung des Kindes an die Erwartungen, die sogenannte „Normalität" am schnellsten zu erreichen verspricht. Sie müssen mit dem Leitbild der Förderung größtmöglicher Selbstbestimmung und sozialen Partizipation vereinbar sein. Ziel aller Interventionen ist nicht die Modifikation einzelner, die Umwelt belastender Verhaltensweisen, sondern die langfristige Verbesserung der Lebensqualität und sozialen Integration des behinderten Kindes in seiner Umwelt. Sie sollen Eltern und Pädagogen helfen, sich auf die Bedürfnisse und Schwierigkeiten des Kindes einzustellen. Wertschätzung seiner Individualität, Vertrauen in seine Fähigkeiten, Bereitschaft zur Unterstützung seiner Lebensbewältigung und Reflexion der sozialen Konstruktion sogenannter Normalität bilden die Grundlage für Empfehlungen, wie mit seinen problematischen Verhaltensweisen umgegangen werden kann (Theunissen, 1999; Fröhlich & Laubenstein, 2000).

Die Interventionen gliedern sich in die Veränderung von unmittelbaren Auslösern für problematisches Verhalten (Aufgaben- und Umweltanforderungen), lebensweltorientierte Maßnahmen (Veränderung der räumlichen Umgebung und sozialen Partizipation am Geschehen, Angebot attraktiver Beschäftigungsmöglichkeiten, Unterstützung bei der Entwicklung fester sozialer Beziehungen, Förderung von Gelegenheiten zur Selbstbestimmung) sowie die Förderung adaptiver und kommunikativer Fähigkeiten zur Situationsbewältigung. Die einzelnen Interventionen werden als Teil des Förderplans („comprehensive behavioral support planning") betrachtet und auf die Entwicklungsziele des Kindes bezogen; sie stellen somit nicht isolierte Verhaltensregeln für bestimmte kritische Situationen dar, wie sie früher von Verhaltenstherapeuten aufgestellt wurden.

Tabelle 46:   Interventionsstrategien

- Veränderung von Umgebungsbedingungen (v. a. Gelegenheiten zur Selbstbestimmung und sozialen Partizipation)
- Veränderung von unmittelbaren Auslösebedingungen
- Funktionales Kommunikationstraining
- Bestärkung alternativer adaptiver Verhaltensweisen
- Einschränkungen durch negative Konsequenzen bei destruktiven und gefährlichen Verhaltensweisen

5.3.1   Selbstbestimmung und Kommunikation

Wieviel Gelegenheiten ein Kind hat, auf das soziale Geschehen Einfluß zu nehmen und über seine Tätigkeiten selbst zu bestimmen, entscheidet mit über das Auftreten problematischer Verhaltensweisen. Gerade schwerbehinderten Kindern wird die

Fähigkeit zur Selbstbestimmung oft nicht zugetraut. Wenn sie erleben, daß ihre Versuche, Wünsche und Bedürfnisse durch Laute, Körperhaltung, Mimik, Blickrichtung oder Berühren eines Gegenstands mitzuteilen, nicht beachtet werden, sie aber über problematische Verhaltensweisen einen gewissen Einfluß auf die soziale Umgebung ausüben können, werden sie diese häufiger einsetzen (Tab. 47).

Tabelle 47: Einstellungen zur Selbstbestimmung bei schwerer Behinderung

Fehleinschätzung	Realität
Einige Menschen sind zu schwer behindert, um selbst etwas entscheiden zu können.	Menschen mit schwerer Behinderung haben ebenso Vorlieben und versuchen, ihre Umgebung zu beeinflussen, wie nicht behinderte Menschen. Es gilt, ihre Kommunikationsfähigkeit zu fördern.
Problematisches Verhalten erfordert mehr Kontrolle über die Kinder, nicht Selbstbestimmung.	Problematisches Verhalten ist oft ein Weg, um gegen unzureichende Gelegenheiten zur Selbstbestimmung zu protestieren. Mehr Kontrolle über das, was geschieht, kann die Verhaltensprobleme reduzieren helfen.
Bei Gelegenheit zur Selbstbestimmung würden einige Kinder unangemessene Wahlen treffen oder nichts tun wollen.	Jeder hat das Recht auf die falsche Wahl. Wenn jemand häufig vorzieht nichts zu tun, sollte geprüft werden, wie die Umgebung für ihn anregender und bedeutsamer werden kann.
Einige Kinder können nicht selbst bestimmen, denn sie brauchen eine hoch-strukturierte Umgebung mit systematisch geplanten Lernzielen.	Ein großer Hilfebedarf für den Erwerb adaptiver Fähigkeiten bedeutet nicht, daß keine eigenen Entscheidungen getroffen werden können.
Unterrichtsvorgaben verbieten Selbst-bestimmung.	Es gibt keine Vorschriften, die es legiti-mieren würden, jemandem das Recht auf Selbstbestimmung zu verwehren.

Gelegenheiten zur Selbstbestimmung zu bieten, bedeutet nicht, auf soziale Anforderungen zu verzichten. Seine Kooperationsbereitschaft hängt davon ab, daß das Kind eine Wahl treffen kann, welche Aufgaben es zu welchen Zeitpunkten übernimmt und diese in klarer und eindeutiger Form gestellt, in angemessene Teilschritte gegliedert und in Aktivitäten eingebettet werden, die es gern macht (Dyer et al., 1990; Dunlap et al., 1994).

Wenn die funktionale Analyse ergibt, daß problematisches Verhalten durch den Wunsch nach bestimmten Aktivitäten oder Gegenständen, dem Bedürfnis nach Aufmerksamkeit, einer Pause oder dem Schutz vor Überforderung motiviert ist, gilt es, in der entsprechenden Situation konventionelle Kommunikationsformen anzubahnen, die das problematische Verhalten als Mitteilungsform ersetzen können (Tab. 48). Das bedeutet nicht, daß der Erwachsene dem Wunsch auch immer nachkommen muß; es erlaubt aber, Absprachen zu treffen oder Kompromisse auszuhandeln. Eine Vielzahl von Studien belegt den Erfolg eines solchen „Funktionalen Kommunikationstrainings" bei der Veränderung problematischer Verhaltensweisen im Elternhaus oder in der Schule (Carr et al., 1994; Northup et al., 1994; Arndorfer et al., 1994; Derby et al., 1997). Für einen dauerhaften Erfolg entscheidend ist, daß das vormals wirksame, problematische Verhalten nicht weiterhin erfolgreich bleibt, sondern ignoriert (oder durch eine milde Einschränkung unterbunden) wird (Fisher et al., 1993; Wacker et al., 1990) und systematisch adaptive Handlungsformen gefördert werden (Sprague & Horner, 1992). Nicht wirksam ist es bei Selbststimulationen in reizarmer Umgebung oder bei zwanghaften, innengesteuerten Verhaltensweisen.

Tabelle 48:   Interventionsschritte beim Funktionalen Kommunikationstraining

---

Motivation zur Kommunikation
- Vorbereitung von Gelegenheiten zur Kommunikation durch Spiele und Beschäftigungsangebote, die das Kind interessieren
- Motivation zur sozialen Kontaktaufnahme bei diesen gemeinsamen Aktivitäten
- Provokation von Kommunikationsversuchen (Annäherung, einfache Geste)

Auswahl einer konventionellen Kommunikationsform als Alternative
- Festlegung einer funktional äquivalenten Kommunikationsform (Handzeichen, Geste, Gebrauch einer Bildkarte), die einfach auszuführen und zu interpretieren ist, als Ersatz für problematisches Verhalten
- Möglichst Nutzung von kommunikativen Ausdrucksformen, die das Kind bereits beherrscht

Etablierung der alternativen Kommunikation im Alltag
- Absprachen aller Teammitglieder, die kommunikationsorientierte Intervention zu unterstützen
- Ausschöpfen aller Gelegenheiten zu sozialer Partizipation und attraktive Angebote zur Anbahnung von Kommunikation (vgl. Kap. 4)
- Ignorieren oder Unterbinden des problematischen Verhaltens und gleichzeitige Anleitung zum Gebrauch der alternativen Kommunikationsform in kritischen sozialen Situationen
- Anbahnung der Fähigkeit, die Erfüllung eines Wunsches abwarten zu können

5.3.2 Veränderung von Konsequenzen problematischer Verhaltensweisen

Die Modifikation von Auslösebedingungen als primäre Interventionsstrategie baut auf den bereits bestehenden Handlungsmöglichkeiten des Kindes auf und bezieht sich auf die natürlich auftretenden Situationen zu Hause, im Kindergarten und in der Schule. Sie wirkt auf Eltern und Pädagogen meist praktikabler als die Realisierung von differenzierten Verstärkungsplänen, wie sie Verhaltenstherapeuten herkömmlicherweise forderten. Bei Verhaltensweisen, die eine unmittelbare körperliche Bedrohung für Eltern, andere Kinder oder Pädagogen darstellen, müssen jedoch auch körperliche Einschränkungen zur Krisenintervention abgesprochen werden. Ein kurzes Festhalten des Kindes dient dem Schutz der anderen und gibt Gelegenheit zum Umlenken. Über dieses kurze Unterbrechen oder ein systematisches Ignorieren problematischer Verhaltensformen hinausgehende klassische Bestrafungsverfahren (Time-Out, Response-Cost-Verfahren, Überkorrektur und kontingente Bestrafung durch einen unangenehmen Reiz) sind sehr kritisch zu reflektieren, müssen aber bei schweren aggressiven oder selbstverletzenden Verhaltensweisen als Teil des Interventionskonzepts in Betracht gezogen werden (Blair, 1992; Whitaker, 1993).

Beim Time-Out wird das Kind bei aggressivem oder destruktivem Verhalten aus der aktuellen Situation herausgenommen, um ihm positive Zuwendung zu entziehen. Dies ist nur dann erfolgversprechend, wenn die funktionale Analyse gezeigt hat, daß soziale Aufmerksamkeit das Verhalten bestärkt. Die Auszeit beträgt 3–10 Minuten und wird vom Erwachsenen beendet. Problematisch für die Durchführung ist, daß das Time-Out sofort und gegen den Widerstand des Kindes erfolgen muß und nicht überall ein Raum zur Verfügung steht, in dem eine solche Auszeit realisiert und hinreichend überwacht werden kann.

Response-Cost-Verfahren werden in Kombination mit positiver Belohnung für sozial erwünschtes Verhalten im Rahmen eines Verhaltensvertrages („Token-Programm") eingesetzt. Das Kind verliert bei problematischem Verhalten gemäß vorheriger Absprache einen Punkt. Nach einem definierten Zeitraum hat es entsprechend der gesammelten Punktzahl Zugang zu besonderen Anreizen. „Überkorrektur" beinhaltet die Wiedergutmachung eines Schadens (z. B. Aufstellen von Möbeln, die umhergeworfen wurden) und eine forcierte Übung der positiven Alternative zum Problemverhalten. Auch dies ist in der Regel nur gegen Widerstand des Kindes zu erzwingen. Bestrafung durch kontingent eingesetzte unangenehme Reize umfaßt z. B. unangenehme Geruchs- oder Geschmacksreize wie Tabasco-Soße, Zitronensaft oder Ansprühen mit Wasser. Solche Strafreize erwiesen sich teilweise bei der Behandlung von autoaggressiven Verhaltensweisen als wirksam, um das Verhalten zu reduzieren.

Wenn Time-Out-, Response-Cost- oder Überkorrekturverfahren im Rahmen eines umfassenden Behandlungskonzepts zur Veränderung exzessiv auftretenden selbst-

oder fremdverletzenden Verhaltens einbezogen werden sollen, muß sichergestellt werden, daß sie vom gesamten Betreuungsteam akzeptiert werden und alle anderen, positiven Möglichkeiten ausgeschöpft wurden. Leider gehören isolierte Strafmaßnahmen in einzelnen Einrichtungen, deren personelle Ausstattung mit fachlich qualifizierten Mitarbeitern unzureichend ist, noch zum Betreuungsalltag. Strafmaßnahmen, die körperlichen Schmerz zufügen, widersprechen den ethischen Grundsätzen psychologischer und pädagogischer Arbeit und sind ausnahmslos abzulehnen.

Tabelle 49: Effektivitätsstudien (Meta-Analyse) zur Veränderung problematischen Verhaltens (Didden et al., 1997)

	Zahl der Studien	**M**	**SD**
Selbstverletzendes Verhalten	416	69.95	35.47
Stereotypien	327	76.18	32.56
sozial störendes Verhalten	178	75.27	32.36
Aggressives Verhalten	134	68.82	33.21
Ruminieren	78	71.26	34.66
Pica	45	75.17	31.65
Unangemessene Sprachäußerung	42	80.24	24.81
Destruktives Verhalten	25	66.30	38.35
Hyperaktives Verhalten	24	68.85	33.78

Anm.: M = prozentualer Mittelwert der nicht-überlappenden Datenpunkte zwischen Behandlungs- und Kontrollphase, SD = Standardabweichung dieses Erfolgsmaßes

Didden et al., (1997), Scotti et al. (1991) und Schlosser und Goetze (1991) legten Meta-Analysen zur Effektivität verschiedener Interventionen bei herausfordernden (aggressiven, destruktiven und selbstverletzenden) Verhaltensweisen bei Menschen mit geistiger Behinderung vor (Tab. 49). Alle Studien, die in Fachzeitschriften publiziert wurden und methodischen Standards genügten, wurden beurteilt nach dem Grad der Verhaltensänderung in der Behandlungsphase gegenüber der Kontrollphase. Die Tab. 50 zeigt den Erfolg von Veränderungen der auslösenden Bedingungen und Verstärkungs- bzw. Bestrafungsprogrammen. Kombinierte therapeutische Vorgehensweisen erwiesen sich als wirksamer als einzelne Interventionen, ebenso Ansätze, bei denen vor Behandlungsbeginn eine sorgfältige funktionale Analyse des problematischen Verhaltens durchgeführt worden war. Entwicklungsniveau oder Alter, Ätiologie, zusätzliche Behinderungen oder der Behandlungsrahmen hatten keinen systematischen Einfluß auf den Erfolg. Zusammenfassend wurde der Behandlungsverlauf in 26.5 % der publizierten Studien als sehr erfolgreich, in 47.1 % als erfolgreich beschrieben.

Tabelle 50: Effektivität von verschiedenen therapeutischen Maßnahmen
(Meta-Analyse nach Didden et al., 1997)

	Zahl der Studien	M	SD
Veränderung der antezedenten Bedingungen	29	76.90	31.47
Bestrafungsverfahren:			
Elektroschock	31	76.11	37.25
„facial screening" (Sichtblockade)	31	77.57	32.72
Kurzzeitiges Fixieren	57	71.98	27.96
„water mist" (Ansprühen mit Wasser)	22	76.95	27.48
Überkorrektur	22	92.96	15.06
Unterbindung von Verstärkungseffekten			
Aufmerksamkeitsentzug	14	54.43	41.70
Sensorische Maskierung (bei Stereotypien)	15	84.95	14.31
Time-Out (im Raum)	43	69.56	38.12
Aufbau adaptiver Verhaltensformen	29	63.75	33.25
Funktionales Kommunikationstraining	32	84.99	26.33

Anm.: M = prozentualer Mittelwert der nicht-überlappenden Datenpunkte zwischen Behandlungs- und Kontrollphase, SD = Standardabweichung dieses Erfolgsmaßes

5.4   Erfahrungen bei einzelnen Störungsbildern

5.4.1   Aggressives und destruktives Verhalten

Schlagen, Treten, Kneifen, Kratzen, Beißen, Schubsen und An-den-Haaren-Ziehen als körperliche Angriffe, Drohen, Beschimpfen und Schreien als verbale Aggressionen gefährden die Beziehung zu Eltern, Pädagogen und gleichaltrigen Kindern. Distanz oder Gegenaggression sind die Folge, letztendlich oft eine Herausnahme aus der Gruppe als „untragbar" und „nicht gruppenfähig" mit der Folge einer Überweisung in stationäre psychiatrische Behandlung. Exzessive aggressive und destruktive Verhaltensweisen gefährden somit die Entwicklung größtmöglicher Selbstbestimmung und die Chancen zur sozialen Partizipation.

Aggressives Verhalten ist nicht biologisch determiniert, variiert unter verschiedenen Umgebungsbedingungen und kann daher auch durch Veränderungen der Umgebungsbedingungen modifiziert werden. Kinder mit unterschiedlichen genetischen Syndromen unterscheiden sich allerdings in ihrer Toleranz für Umweltanforderungen und in ihrem Hilfebedarf, um kritische Situationen zu bewältigen.

Die Tab. 51 stellt einige Studien vor, in denen einzelne therapeutische Techniken in ihrer Wirksamkeit zur Veränderung aggressiven und destruktiven Verhaltens bei Kindern mit geistiger Behinderung evaluiert wurden.

Tabelle 51:   Therapeutische Ansätze bei aggressivem und destruktivem Verhalten (Auswahl)

Ansatz	Maßnahmen	Studie
Veränderung von Rahmenbedingungen	Reduzierung schwieriger Anforderungen; Wechsel in kleinere Wohneinheiten	Carr et al., 1980; Murphy & Zahn 1978
Funktionales Kommunikationstraining	Anbahnung von alternativen Mitteilungsformen für Wünsche nach Aufmerksamkeit oder Hilfe	Carr & Durand, 1985
Time-Out-Verfahren	Zweiminütiges Halten auf einem Stuhl in der Gruppe; Ausschluß	Mace et al., 1986; Luiselli & Greenidge, 1982
Response-Cost-Verfahren (Selbstkontrolle)	Punktabzüge im Rahmen von Verhaltensverträgen	Dougherty et al., 1985
Überkorrektur	Forcierte Armbewegungen für mehrere Minuten	Dougherty et al., 1985

Zeiten des Übergangs zwischen verschiedenen Aktivitäten oder die Einstellung auf neue Anforderungen sind für Kinder mit reduzierter Toleranz für Veränderung (z. B. Fragilem-X-Syndrom oder Prader-Willi-Syndrom) besonders kritisch. Impulsive Reaktionen lassen sich vermeiden, wenn diese Veränderungen zuvor angekündigt werden und das Kind sich anhand von anschaulichen (Stunden-) Plänen orientieren kann. Wenn sich Vorzeichen steigender Erregung identifizieren lassen, ergibt sich mitunter die Möglichkeit, die Eskalation durch Umlenkung auf vertraute Routinetätigkeiten, kurzes In-den-Arm-Nehmen oder eine humorvolle Bemerkung zu ver-

meiden, solange das Kind noch darauf eingehen kann. Kommt es doch zu Wutanfäl-
len, aggressiven oder destruktiven Reaktionen, ist eine argumentative Auseinandersetzung mit dem Kind nicht sinnvoll. Erklärungen oder Beruhigungsversuche erreichen das Kind nicht mehr, wenn es übererregt ist, zeigen ihm lediglich, daß es auf
diese Weise vermehrte Aufmerksamkeit des Erwachsenen und besondere Zuwendung erreicht, was das Verhalten ungewollt eher bestärkt.

Wenn das problematische Verhalten in bestimmten Situationen regelmäßig wieder-
kehrt, kann ein „Ärger-Kontrolltraining" helfen, diese Situation künftig besser zu bewältigen. Das Kind wird dazu angeleitet, Zeichen eigener Anspannung wahrzunehmen, impulsive Reaktionen zu hemmen und sich alternative Reaktionsmöglichkeiten
bewußtzumachen (Stop, was ist mein Problem? – Was kann ich tun? – Was wird
dann passieren?). Bei manchen Kindern können auch einfache Atemtechniken oder
beruhigende Standardsätze („In der Ruhe liegt die Kraft") als Entspannungshilfe
nützlich sein.

Standardisierte Therapieprogramme für nicht behinderte Kinder enthalten darüberhinaus viele praktische Hinweise zur Anleitung von Eltern, wie sie mit Kooperati-
onsproblemen und aggressivem Verhalten umgehen können. Sie lassen sich für die
Elternarbeit in Familien mit geistig behinderten Kindern adaptieren (Döpfner et al.,
1997).

5.4.2   Ängste

Über Ängste bei Kindern und Jugendlichen mit geistiger Behinderung liegen sehr
wenige Erfahrungen vor, denn sie können das eigene Erleben meist nicht differenziert beschreiben. Ängste müssen stattdessen aus beobachtbaren Reaktionen
(Zittern, schnelle Atmung, Verbergen des Gesichts oder allgemeine Unruhe) bei
Konfrontation mit bestimmten Situationen erschlossen werden. Einige Kinder
sind besonders vulnerabel für die Entwicklung von Ängsten. So berichten viele
Eltern und Betreuer von Menschen mit Williams-Beuren-Syndrom von einer ungewöhnlich hohen Empfindlichkeit für Alltagsgeräusche (Hyperacusis; z.B. Don-
ner, Rasenmäher, Kaffeemaschine, Staubsauger), Sorge vor potentiell unangenehmen Ereignissen (z.B. Arztbesuchen) oder Unsicherheit bei der Bewältigung von
Situationen, die Körperkontrolle erfordern (Fahrstuhl, Treppensteigen, Fliegen).
Die physiologischen Grundlagen dieser erhöhten Sensibilität sind nicht vollständig
geklärt.

Bei der Entstehung von Ängsten wird die erste Konfrontation mit einem bedrohlichen Reiz mit seinen Umständen gespeichert. Potentielle Auslöser werden überge-
neralisiert mit der Folge, daß eigentlich nicht bedrohliche Situationsaspekte ebenfalls angstauslösenden Charakter bekommen. Das Kind versucht dann entweder, die
entsprechende Reizkonstellation zu vermeiden oder die Angst durch antizipierende

exzessive Beschäftigung mit dem entsprechenden „Thema" zu bewältigen. Der
Abbau von Ängsten gelingt über eine graduell abgestufte, wiederholte Konfrontation
mit der angstauslösenden Situation unter desensibilisierenden, entspannenden Bedingungen.

5.4.3   Zwanghafte Verhaltensformen und Stereotypien

Zwanghaftes und ritualistisches Verhalten tritt bei Kindern mit autistischem Syndrom, aber auch bei anderen Kindern mit geistiger Behinderung auf. Körper-
schaukeln, exzessives Manipulieren von Objekten, Handwedeln, bizarre Körper-
oder Fingerbewegungen, Sammeln und Festhalten an bestimmten Gegenständen
hat – wie bei nicht behinderten Kindern – die Funktion, durch den Rückzug auf
Vertrautes eine gewisse Kontrolle über die Reizsituation zu gewinnen (Turner,
1999). Dementsprechend kommt es oft zu Erregungszuständen, wenn solche
zwanghafte Verhaltensweisen unterbunden werden. Ziel der Intervention ist es
deshalb, sie so weit zu reduzieren, daß sie die soziale Partizipation in Familie und
Kindergruppe und den Erwerb neuer Fähigkeit nicht übermäßig beeinträchtigen
(Tab. 52).

Tabelle 52:   Graduell abgestufte Modifikation zwanghafter Verhaltensformen

- Klare und konsistente Regeln, wo, wann und wie lange bestimmte Rituale erlaubt
  sind
- Anschauliche Ankündigung von bevorstehenden Veränderungen durch Bildkalender
  oder Symbole, um sich besser auf sie einstellen zu können
- Schrittweise Gewöhnung an kleine Veränderungen im Tagesablauf
- Schrittweise Veränderung eines Objekts, auf das das Kind fixiert ist

Stereotype Verhaltensmuster werden primär durch ihre sensorischen Konsequenzen
(visuelle, akustische, taktile und vestibuläre Reize) aufrechterhalten. Sie sind besonders häufig, wenn sich das Kind selbst überlassen ist oder in einer sehr unstruktu-
rierten Umgebung befindet. Ihre Rate sinkt, wenn es alternative Beschäftigungsangebote erhält, die die gleiche Art der Stimulation bewirken (MacLean & Baumeister,
1982; Rincover et al., 1979), und es stärker in soziale Aktivitäten einbezogen wird.
Die Maskierung des sensorischen Effekts der Handlung (z. B. durch Abdeckungen
oder geräuschreduzierende Polsterung; Mason & Newsom 1990, Singh et al., 1993)
oder ein kurzes Unterbinden der Stereotypie durch Festhalten und Umlenken auf
alternative Handlungsmöglichkeiten führt zu einer stabilen Verbesserung (MacDuff
et al., 1993; Symons & Davis, 1994), nicht aber der Einsatz negativer Konsequenzen allein (Turner, 1999).

5.4.4   Selbstverletzendes Verhalten

Selbstverletzende Verhaltensweisen (sich schlagen, beißen, kratzen, kneifen u. a.) treten bei Menschen mit schwerer geistiger Behinderung, die nicht sprechen können und wenig sozialen Bezug haben, häufiger auf als bei anderen. Ein Teil von ihnen zeigt gleichzeitig stereotype Verhaltensmuster (Matson et al., 1997). Leichte Formen werden bei 5–10 % aller Kinder mit geistiger Behinderung gesehen, schwere Formen mit Selbstbeschädigungen bei 1–3 %. Die Häufigkeit scheint im Verlaufe des Kindesalters zuzunehmen. So fand sich in englischen Schulen für geistig Behinderte eine Rate von 4 % selbstverletzendes Verhalten in der Altersgruppe der 5- bis 10jährigen, von 8 % bei den 10- bis 15jährigen und 12 % bei den älteren Jugendlichen (Oliver et al., 1987).

Entstehungsbedingungen und funktionale Zusammenhänge selbstverletzender Verhaltensweisen sind trotz intensiver Forschungsbemühungen noch nicht vollständig geklärt. Grundsätzlich lassen sich wiederum Formen unterscheiden, die durch sensorische Stimulation (z. B. Augenbohren zur visuellen Selbstimulation, Kopfschlagen zur Überdeckung von Schmerzen) bekräftigt werden, von solchen, die durch soziale Verstärkung aufrechterhalten werden. In einer größeren Untersuchung identifizierten Iwata et al. (1994) bei 21 % der selbstverletzenden Verhaltensweisen eine sensorische Funktion. Bei 27 % wurden sie durch besondere soziale Aufmerksamkeit verstärkt, bei 38 % dienten sie der Vermeidung von Anforderungen oder sozialem Kontakt. Die Tab. 53 gibt einen Überblick über Interventionsansätze bei selbstverletzenden Verhaltensweisen mit sozialer Funktion.

Für das Auftreten von selbstverletzenden Verhaltensweisen scheinen genetische Dispositionen von großer Bedeutung zu sein. Sie sind bei einzelnen definierten Syndromen (z. B. Fragiles-X-, Prader-Willi-, 5p-Syndrom) häufiger als bei Kindern und Jugendlichen mit geistiger Behinderung im Allgemeinen. Teilweise läßt sich das verstehen im Zusammenhang mit einer höheren Vulnerabilität für körperliche Erkrankungen („establishing operations"). So ist die Wahrscheinlichkeit erhöht, wenn das Kind oder der/die Jugendliche oft unter Schmerzen durch Mittelohr- oder Zahnentzündungen (O'Reilly, 1997), Obstipationsbeschwerden (Gunsett et al., 1989), Speiseröhrenreizungen nach Reflux oder Menstruationsbeschwerden (Ghaziuddin et al., 1995) leidet.

Tabelle 53:   Interventionen bei selbstverletzendem Verhalten in Abhängigkeit von funktionalen Zusammenhängen

Funktion	Interventionsansätze
Aufmerksamkeitssuche	Reduzierung der Aufmerksamkeit (Ignorieren) bei selbstverletzendem Verhalten, Etablierung von angemessenen Formen der Kontaktaufnahme und Initiative zu sozialen Dialogen; Steigerung der sozialen Beteiligung

Wunsch nach Gegen-ständen oder Aktivitäten	Etablierung angemessener Formen der Wunschvermittlung; Entzug des bevorzugten Objekts nach selbstverletzendem Verhalten; Anreicherung der Umgebung mit attraktiven Materialien
Vermeidung von Anforderungen	Ignorieren des Vermeidungsversuches (manuelle Führung bei der Aufgabenbearbeitung); Etablierung einer angemessenen Form der Bitte um Hilfe oder Pausen; sukzessives Einblenden von Anforderungen; Reduzierung der Aufgabenschwierigkeit; Wechsel zwischen Aktivitäten und Pausen

Bei einigen Kindern ist das selbstverletzende Verhalten exzessiv und scheint zwanghaften Charakter zu haben, so daß diese Kinder sich selbst vor der Schädigung zu schützen versuchen (z. B. indem sie sich auf ihre Hände setzen), und in Panik geraten, wenn Schutzmaßnahmen entfernt werden. Solche Beobachtungen werden z. B. beim Lesh-Nyhan-Syndrom oder beim Smith-Magenis-Syndrom gemacht. Auch bei extremen Selbstbeschädigungen (Anreißen des Ohres, Substanzverluste an den Fingern oder Lippen) lassen diese Kinder keinen Schmerz erkennen (Mace & Mauk, 1995). Die exzessive Rate, das damit einhergehende hohe Erregungsniveau und die verminderte Schmerzempfindlichkeit sprechen für eine endogene (nicht-soziale) Steuerung des Verhaltens. Hypothetisch werden Störungen der Neurotransmitterausschüttung (endogene Opiate, Dopamin und Serotonin) angenommen. Für eine solche Hypothese spricht auch, daß die Körperzonen, in denen selbstverletzende Verhaltensformen auftreten, den Analgesiezonen entsprechen, die bei der Akupunktur ausgewählt werden (Symons & Thompson, 1997). Medikamente, die die Schmerzempfindung normalisieren (z. B. Seratonin-re-uptake-Blocker oder Opiat-Blocker), führen bei einigen Kindern zu einer Reduzierung des autoaggressiven Verhaltens (Thompson et al., 1995; Sandman et al., 2000).

Bei primär endogen gesteuerten, zwanghaft wirkenden Autoaggressionen gilt es, durch Entspannungshilfen und alternative Beschäftigungsangebote eine zunehmende Toleranz für ungeschützte Zeiten (z. B. Zeiten ohne Schutz durch Armmanschetten oder Helm) zu erreichen (Bull & LaVecchio, 1978; Cunningham & Peltz, 1982). Es besteht allerdings die Gefahr, das Auftreten der selbstverletzenden Verhaltensweisen ungewollt zu verstärken, wenn der Helm oder die Manschetten wieder angelegt werden. Der Schutz sollte daher möglichst in mehreren Schritten reduziert werden. So lassen sich u. U. aufblasbare Armmanschetten (Schwimmhilfen) zur Unterbindung von selbstverletzendem Beißen oder Schlagen einsetzen, deren Druckstärke graduell vermindert werden kann, ohne daß erneut Selbstverletzungen auftreten (Pace et al., 1986; Oliver et al., 1997).

Kasten 5:   Belastendes Verhalten: Beurteilung und Intervention

---

Beurteilung

- Beschreibung der Art, Häufigkeit, Dauer und Intensität belastender Verhaltensweisen
- Identifizierung von Rahmenbedingungen, die sie begünstigen
- Identifizierung spezifischer unmittelbar vorausgehender Auslöser
- Identifizierung von bestärkenden Konsequenzen des Verhaltens
- Hypothesenbildung über funktionale Zusammenhänge und Prüfung durch Beobachtung
- Beurteilung der alternativen Handlungs- und Kommunikationsmöglichkeiten des Kindes zur Situationsbewältigung
- Beurteilung von syndromspezifischen Motivationslagen und Bedürfnissen des Kindes
- Vorerfahrungen mit früheren Behandlungsversuchen
- Einschätzung der subjektiven Belastung und Einstellung der Bezugspersonen zur psychologischen Intervention

Intervention

- Behandlung körperlicher Erkrankungen als mögliche Bedingungen für problematische Verhaltensweisen
- lebensweltorientierte Maßnahmen zur Förderung der Selbstbestimmung und sozialen Partizipation
- Veränderung von Auslösebedingungen (Anpassung von Anforderungen an die Fähigkeiten und Bedürfnisse des Kindes)
- Anbahnung alternativer Ausdrucksformen zur Verständigung über Wünsche und Bedürfnisse (Funktionales Kommunikationstraining)
- Differentielle Bestärkung positiver Verhaltensformen und Unterbindung schwerer Verhaltensprobleme bei Selbst- oder Fremdgefährdung

---

5.5   Fütter- und Eßstörungen

5.5.1   Prävalenz und Ursachen

Untersuchungsergebnisse zur Prävalenz von Fütter- und Eßstörungen in der Normalentwicklung schwanken je nach Altersgruppe, methodischem Vorgehen und dem Kriterium, das als Problem gewertet wird. Etwa 25 % der Kinder im ersten und zweiten Lebensjahr bereiten – in den meisten Fällen vorübergehende – Fütterprobleme (Lindberg et al., 1991). Schwere Störungen, die die Ernährung des Kindes gefährden und u. U. einen stationären Aufenthalt mit Sondierung erforderlich machen, treten nur bei wenigen Kindern auf (Dahl & Sundelin, 1992).

Die Häufigkeit schwerer Eßstörungen ist bei Kindern mit unterschiedlichen Behinderungen wesentlich höher. Thommessen et al. (1991) untersuchten Eß- und Wachstumsstörungen bei 221 Kindern mit geistiger Behinderung, Cerebralparese, Epilepsie, Ösophagus-Atresie und schweren chronischen Erkrankungen (congenitale Herzfehler, Cystische Fibrose). Ein Viertel von ihnen waren sehr unselbständig beim Essen, ein Drittel hatte oral-motorische Probleme. Ebenfalls ein Viertel aller untersuchten Kinder hatte häufig keinen Appetit, ein Drittel wehrte die Nahrung aktiv ab.

Schwere (oral-)motorische Störungen sind eine häufige Ursache von Fütterproblemen bei verschiedenen genetischen Syndromen und bei ehemals sehr unreif geborenen Babys, die längere Zeit beatmet und sondiert werden mußten (Blaymore-Blier et al., 1993). Selektives Eßverhalten ist z. B. häufig bei Kindern mit Williams-Beuren-Syndrom oder Noonan-Syndrom, Nahrungsabwehr und Gedeihstörung im frühen Kindesalter beim Cornelia-de-Lange- und Rubinstein-Taybee-Syndrom oder der fetalen Alkohol-Embryopathie.

Tabelle 54:   Formen persistierender Fütter- und Eßprobleme

* generalisierte Nahrungsabwehr mit schwerer Gedeihstörung oder Sondenernährung
* extreme Selektivität beim Essen
* extrem verlangsamtes Essen
* exzessiv ausweichendes oder abwehrendes Verhalten beim Essen
* mangelnde Selbständigkeit beim Essen

Eine klare Trennung von organischen und nicht-organischen Ursachen ist nicht immer möglich. Physiologische Faktoren (Fehlbildungen, chronische körperliche Erkrankungen, allgemeine und oral-motorische Koordinationsstörungen), belastende Erfahrungen (z. B. bei Sondierung oder Langzeitbeatmung) und die Entwicklung ungünstiger Interaktionsmuster beim Füttern als Folge elterlicher Verunsicherung wirken bei der Entstehung von Fütter- und Eßstörungen zusammen. Umfassende Darstellungen zum Verständnis von Fütter- und Eßstörungen und zum Behandlungsvorgehen finden sich bei Babbitt et al. (1994) und Kedesdy und Budd (1998).

Tabelle 55:   Störungen der Nahrungsaufnahme bei behinderten Kindern

Anatomische Fehlbildung	z. B. bei Spaltbildung (Lippen-Kiefer-Gaumenspalte), Choanalatresie, Tracheo-ösophageale Fisteln, übergroßer Zunge oder Fehlanlagen in der Mund- und Schlundregion (z. B. Down-Syndrom, Apert-Syndrom)

Zentrale Koordinations-störung	allgemeine Hypo- oder Hypertonie, Probleme der Haltungskontrolle (z. B. bei Cerebralparese, Prader-Willi-Syndrom)
oral-motorische Dysfunktion	orale Hypo- oder Hypersensitivität, abnormer Tonus, pathologische Reflexe, Zungenstoß, unkoordinierte Kau- und Schluckbewegungen (z. B. bei Cerebralparese)
chronische körperliche Erkrankungen	Appetitmangel, Verdauungsprobleme, erhebliche Irritabilität (z. B. bei Lungenerkrankung/BPD oder Herzfehler), Anfallsleiden, gastro-ösophagealer Reflux, chronische (Ohren)-Infektionen
Probleme der Verhaltensregulation	gelerntes Abwehrverhalten (nach negativen Erfahrungen bei Sondierung, Langzeitbeatmung oder Tracheostomie), unzureichende Beachtung der kindlichen Hunger- und Sättigungssignale und ungewollte Bestärkung ausweichenden Verhaltens beim Füttern

Schwere Fehlbildungen der oberen Luftwege (Choanalatresie oder -stenose) – die z. T. im Rahmen eines übergeordneten Fehlbildungssyndroms auftreten – erschweren das Füttern; es kommt von Anfang an zu Aspirationssymptomen wie Stridor, Husten, Cyanose. Liegen sie beidseitig vor, ist die Ernährung bis zu einer operativen Korrektur nur über eine Magensonde möglich. Andere anatomische Fehlbildungen, die die Nahrungsaufnahme stören (ineffizientes Schlucken, nasaler Reflux, Obstruktion der Luftwege), finden sich bei schweren kraniofazialen Fehlbildungen wie dem Apert-, Crouzon- oder Treacher-Collins-Syndrom und bei Kindern mit Lippen-Kiefer-Gaumenspalten. Häufiges Hochwürgen der Nahrung und Verschlucken lassen das Füttern bei solchen Problemen für Kind und Eltern zu einer Belastung werden.

Bei cerebralen Bewegungsstörungen beeinträchtigen das Persistieren abnormer Reflexe, Störungen von neuromotorischen Aufrichtungsmechanismen (Kontrolle über die Kopf- und Körperhaltung) und eine allgemeine Hypo- oder Hypertonie die Nahrungsaufnahme, den Mundschluß und den Schluckvorgang. Die orale Exploration von Gegenständen ist durch die Bewegungsstörung sekundär erschwert, was leicht zu einer Über-empfindlichkeit für Berührungen im Mundbereich führt. Häufiges Absaugen, Sondieren durch die Nase, schmerzhafte medizinische Prozeduren oder ein nicht erkannter gastro-ösophagealer Reflux mit der Folge einer chronischen Speiseröhrenreizung können auf dem Wege einer klassischen Konditionierung zusätzlich zu einer persistierenden Nahrungsabwehr (konditionierte Dysphagie, posttraumatische Fütterstörung) beitragen.

Anatomische und physiologische Probleme, oral-motorische Koordinationsstörungen und/oder posttraumatisches Abwehrverhalten erschweren die Entwicklung entspannter und unterstützender Interaktionsformen zwischen Eltern und Kind beim Füttern. Es kommt zu überstimulierenden, desorganisierten oder mechanisch-unterstimulierenden Interaktionsmustern, bei denen die kommunikativen Signale des Kindes unzureichend beachtet werden. Ängste um seinen Ernährungszustand führen zu forciertem, nachdrücklichem Füttern, auf das die Kinder wiederum mit verstärktem Abwehrverhalten (Hochwürgen oder Ausspucken der Nahrung, Wegdrehen des Kopfes, Zusammenpressen der Lippen, Weinen) reagieren. Im weiteren Verlauf kommt es zu einer Verfestigung des Abwehrverhaltens mit der Folge einer zunehmenden Resignation der Eltern bei Fütterversuchen oder zunehmend inkonsistentem Fütterverhalten, bei dem sie die Abwehr mit vermehrter sozialer Aufmerksamkeit oder exzessiven Ablenkungsversuchen ungewollt bestärken (Abb. 10).

Reilly und Skuse (1992) untersuchten Eßverhalten, oralmotorische Funktionen und Ernährungszusammensetzung bei mehrfachbehinderten cerebralparetischen Kindern. Fütterprobleme bestanden in den meisten Fällen schon von den ersten Lebenswochen an. Oral-motorische Koordinationsschwierigkeiten (z. B. der Lateralisierung der Zunge und Gaumenanspannung) mit verzögertem Schlucken (in einigen Fällen verbunden mit Aufstoßen, Husten oder Aspirieren) waren bei allen Kindern zu diagnostizieren. Aus Ernährungsprotokollen ergab sich, daß die Kinder am Tag weniger als 2/3 der altersüblichen Kalorienmenge zu sich nahmen und ihre Ernährung wesentlich eingeschränkter war als in einer Kontrollgruppe. Deutliche Unterschiede zeigten sich auch in der Interaktion beim Füttern. Die Mütter der behinderten Kinder sprachen weniger mit ihnen, fütterten sie auf eine eher mechanische Art und Weise und fühlten sich durch die Fütterschwierigkeiten hochbelastet.

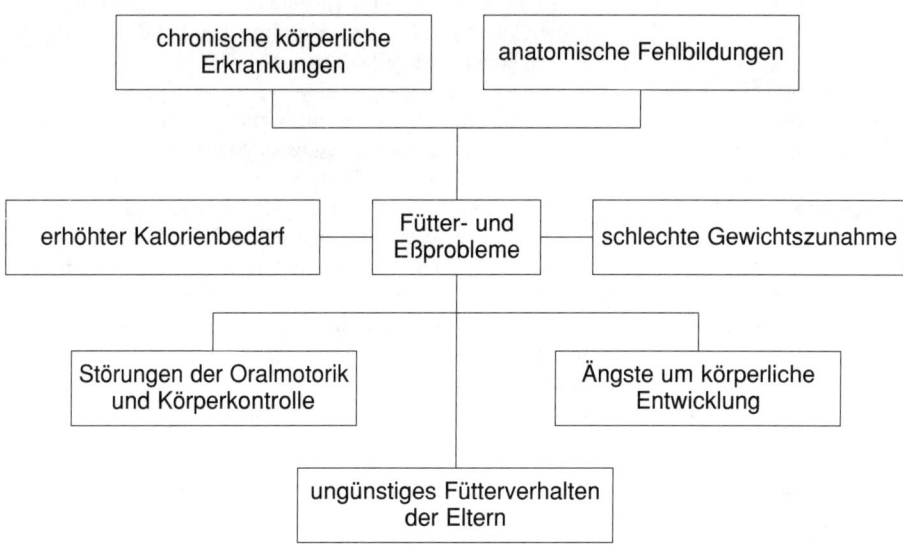

Abbildung 10:   Einflußfaktoren auf Fütter- und Eßstörungen

5.5.2   Diagnostisches Vorgehen

Das diagnostische Vorgehen bei Fütter- und Eßproblemen umfaßt zunächst die Dokumentation der Wachstumsmaße (Gewicht in Bezug zu Größe und evtl. vorliegenden syndromspezifischen Vergleichswerten) und eine entwicklungsneurologische
Untersuchung, um congenitale Fehlbildungen, gastro-intestinale und neuro-, bzw.
oralmotorische Störungen (orale Reflexe, Hypo- oder Hypertonie, orale Sensibilität)
zu beurteilen. Zusätzliche Untersuchungen (Sonographie, pH-Metrie) sind angezeigt, wenn eine Gedeihstörung mit häufigem Erbrechen, chronischen Atemwegs-
problemen, ausgeprägter Irritierbarkeit oder abnormen Haltungsmustern beim Füttern einhergeht, um einen Reflux mit der Folge einer chronischen Ösophagitis zu
erkennen. Bei häufiger Aspiration während der Mahlzeiten (Verschlucken, Husten),
häufigen Lungenentzündungen oder rezidivierenden Infekten der oberen Luftwege
ist zusätzlich eine Videofluoroscopie sinnvoll. Sie erlaubt über eine spezielle Rönt-
genaufnahme die Beurteilung der Anatomie des Schluck- und Mundbereichs sowie
der Physiologie des Schluckvorgangs.

Tabelle 56:   Relevante Informationen zur Diagnostik von Fütter- und Eßstörungen

allgemeine körperliche Entwicklung	congenitale, perinatale oder postnatale Besonderheiten; Krankheiten; Medikation und Klinikaufenthalte; Wachstumsmaße; oral-motorische Entwicklung; psychomotorische Entwicklung
Entwicklung des Fütterns	Beginn und Art der Fütterprobleme; Meilensteine der Entwicklung des Essens; Gewohnheiten bei den Mahl-zeiten; gegenwärtige Sorgen
gegenwärtige Nahrungsaufnahme	Kalorienmenge, Nahrungszusammensetzung, Nahrungs-arten und -konsistenz, Zugang zu Nahrungsmitteln
Interaktion beim Füttern	Abwehrverhaltens des Kindes, Beachtung kindlicher Signale, Unterstützung kooperativen Eßverhaltens durch den Erwachsenen, Selbständigkeit des Kindes beim Essen
Familienbelastungen	elterliche emotionale Belastungen; Partnerschafts-konflikte; Vernachlässigung; unzureichendes Ernährungs-wissen der Eltern

Dann werden die Eltern ausführlich zu Verlauf und gegenwärtiger Form des Fütter-
problems, den Entwicklungsschritten, Vorlieben und Gewohnheiten, gegenwärtiger
Menge und Zusammensetzung der Mahlzeiten, Dauer und Rhythmus sowie bisheri-
gen Versuchen zur Modifikation des Eßverhaltens befragt. Tagesprotokolle über Art,

Dauer und Rahmenbedingungen des Essens sowie das Auftreten definierter Abwehrverhaltensweisen können einen zusätzlichen Eindruck von der gegenwärtigen Situation geben. Die Wahrnehmung des kindlichen Eßverhaltens und eigener Einstellungen zum Essen läßt sich ergänzend über standardisierte Fragebogen dokumentieren („Child Eating Behavior Checklist", Archer et al., 1991; „Child Feeding Questionnaire", Johnson & Birch, 1994).

Schon die elterlichen Antworten auf diese Fragen geben Hinweise auf funktionale Zusammenhänge. Eine sehr lange Fütterzeit (über 30 Min.) spricht – bei Kindern, die keine schweren oral-motorischen Probleme haben – dafür, daß das Verhalten des Erwachsenen inkonsistent ist und die Eltern ungewollt ausweichende Verhaltensweisen bestärken. Essen zu unterschiedlichen Zeiten und an verschiedenen Orten läßt vermuten, daß eine unzureichende Strukturierung durch den Erwachsenen eine Rolle bei der Aufrechterhaltung der Eßprobleme spielt. Wenn die Eltern über eigene emotionale Konflikte oder dysfunktionale Einstellungen zum Essen berichten, wird wahrscheinlich eine unzureichende Beachtung der kindlichen Signale beim Füttern zum Problem beitragen.

Tabelle 57: Beurteilungsskalen zur Interaktion in Fütter- und Essenssituationen

bei kleinen Kindern	Feeding Scale (Chatoor et al, 1997): • dyadische Reziprozität • mütterliche Inkonsistenz • dyadische Konflikte und Machtkämpfe • verbale Steuerung
bei älteren Kindern	Mealtime Observation Schedule (Sanders et al., 1993): • Abwehr des Kindes (Ausspucken, Aufstehen, Spielen beim Essen etc.) • Steuerung durch den Erwachsenen
bei cerebralparetischen Kindern	Skala von Gisel & Patrick (1988): • Zungenmotilität, Mundschluß, Speicheln, Beißreflex, Aspiration, Spucken, Bunkern der Nahrung • Füttertechnik der Mutter: Druck auf Zunge, Abstreifen der Nahrung an Vorderzähnen etc.

Die unmittelbare (videografierte) Beobachtung der Mutter-Kind-Interaktion beim Füttern erlaubt die Identifizierung von Bedingungen, die Abwehrverhalten des Kindes (Ausspucken, Herausschieben der Nahrung, Husten, Erbrechen, Weinen, Wegstoßen des Löffels etc.) aktuell aufrechterhalten: zu rasches Tempo des Fütterns, fehlende Klarheit von verbalen Aufforderungen und Ankündigungen, unzureichende Beachtung kindlicher Hunger- und Sättigungssignale und Bestätigung bei Akzeptie-

ren des Löffels, besorgtes Eingehen auf ausweichendes Verhalten und ungenügende
Wahrnehmung der Selbständigkeitsbedürfnisse des Kindes. Dazu liegen verschiedene standardisierte Skalen vor (Tab. 57). Im Einzelfall sollte der Untersucher das
Kind zudem probeweise selbst füttern, um herauszufinden, wie sich das Kind „unter
neutralen Bedingungen" verhält.

5.5.3   Behandlungsvorgehen

Zur Prävention von Fütter- oder Eßstörungen bei Säuglingen und Kleinkindern mit
Behinderungen dient eine interaktionsorientierte Elternberatung. Am Beispiel einer
(möglichst videografierten) Füttersituation wird der Berater versuchen, die Wahrnehmung von kindlichen Hunger- und Sättigungssignalen und das Zutrauen der Eltern in
ihre intuitiven Fähigkeiten zur Gestaltung einer harmonischen Füttersituation zu stärken. Eine Beratung hinsichtlich angemessener Erwartungen an die Essensmenge und
den Wachstumsverlauf beim jeweiligen Kind – aufbauend auf Erfahrungswerten zum
Verlauf bei anderen Kindern mit gleicher Behinderung – kann zur Auflösung elterlicher Ängste um eine unzureichende Ernährung des Kindes beitragen.

Die Behandlung von verfestigten Fütter- oder Eßstörungen ist wesentlich aufwendiger
und muß in vielen Fällen stationär in Zusammenarbeit von Arzt, Psychologe und
Krankengymnastin oder Logopädin erfolgen. Sie unterscheidet sich je nachdem, ob
das Problem primär organisch oder sozial bedingt und als selektive Abwehr, generelle
Verweigerung oder angstgetönte posttraumatische Eßstörung eingeordnet wird. Eine
Übersicht über empirisch evaluierte Behandlungsstrategien gibt Kerwin (1999).

Bei sehr selektivem Eßverhalten werden die meisten Nahrungsangebote abgewehrt,
während Flüssigkeit und einzelne Speisen (z. B. gesüßter Brei) akzeptiert werden.
Die Kalorienaufnahme ist unzureichend, es kommt zu einer Gedeihstörung, unzu-
reichendem Einüben oral-motorischer Fähigkeiten sowie einer erheblichen Belastung der Eltern-Kind-Beziehung. In diesem Fall sind häufige Therapiesitzungen,
die Gestaltung einer ablenkungsarmen Umgebung beim Füttern, eine differentielle
Verstärkung für kleine Schritte der Tolerierung bisher abgelehnter Speisen sowie das
Ignorieren von ausweichendem und störendem Verhalten angezeigt, um eine Veränderung einzuleiten. Als positive Verstärkung können neben der sozialen Bestätigung
zusätzliche Anreize (z. B. bestimmte Spielsachen, Musik, Schaukeln oder kleine
Mengen der bevorzugten Nahrung) kontingent eingesetzt werden.

Wenn das Abwehrverhalten durch dysfunktionale Interaktionsmuster, z. B. den
raschen Verzicht des Erwachsenen auf die Anforderung und Wechsel auf bevorzugte
Speisen wie feinpürierte Nahrung oder süßen Brei, aufrechterhalten wurde, muß mit
einer hohen Persistenz gerechnet werden. Bei entsprechend sorgfältiger Interven-
tionsplanung in kleinen Schritten können auch hier stabile Erfolge erreicht werden.
Konsequentes Ignorieren der Abwehr und eine lange Therapiedauer überfordern je-

doch häufig die Geduld der Eltern. Die Therapiesitzungen müssen daher zunächst von der Schwester oder dem Therapeuten übernommen werden. (Riordan et al., 1984; Luiselli et al., 1985; Werle et al., 1993; Luiselli, 1994; Ahearn et al., 1996).

Bei extremer Nahrungsverweigerung mit panikartigen Zeichen einer posttraumatischen Fütterstörung ist eine systematische Desensibilisierung unter angstreduzierenden Bedingungen angezeigt. Dabei gilt es, das Kind in kleinen Schritten an den Geruch der Nahrung, das Berühren mit den Lippen, Schmecken der Speise und schließlich das Schlucken zu gewöhnen. Empirische Nachweise der Wirksamkeit liegen vor allem für ältere Kinder mit akuter Traumatisierung vor (Chatoor et al., 1988; Singer et al., 1992; Culbert et al., 1996).

Tabelle 58: Therapeutisches Vorgehen zur Veränderung extremer Selektivität

- begleitende Behandlung oral-motorischer Störungen (z. B. nach Castillo-Morales)
- graduelle Konfrontation mit neuen Speisen zunehmender Konsistenz
- kontingente Bestärkung der Akzeptanz kleiner Mengen durch effektive Anreize
- Ignorieren oder kurzes Abwenden bei störendem, abwehrendem Verhalten
- Anleitung aller fütternden Personen zu einem konsistenten Vorgehen

Wenn oral keine hinreichende Nahrungsmenge aufgenommen wird, muß sie über eine Nasensonde oder PEG sondiert werden. Eine vorübergehende Sondenfütterung gibt Zeit für gezielte logopädische oder krankengymnastische Übungen zur Verbesserung der Kopf- und Körperhaltung und der oralmotorischen Fertigkeiten (Mundschluß, Zungenlateralisation) sowie den Abbau oraler Übersensibilität durch behutsame Stimulation der Mundregion (z. B. mit der elektrischen Zahnbürste, weichen Spielsachen oder rhythmischem Druck). Eine systematische Entwöhnung von der Sonde gelingt dann in den meisten Fällen durch ein ähnliches Vorgehen wie bei der Behandlung extrem selektiven Eßverhaltens. Zunächst wird das Kind in häufigen, über den Tag verteilten Therapiesitzungen in ruhiger, möglichst entspannter Form (wieder) an das Füttern mit dem Löffel gewöhnt. Widerstand wird ignoriert, kleinste Schritte der Kooperation werden systematisch bestärkt. Erst wenn eine basale Toleranz für das orale Füttern erreicht ist, wird die Nahrungsmenge allmählich gesteigert und die Menge, die nachsondiert wird, gleichzeitig reduziert, bis die Sonde schließlich ausgeblendet werden kann. Das Behandlungsvorgehen erfordert bei geistigbehinderten Kindern in der Regel einen mehrwöchigen stationären Therapieaufenthalt (Handen et al., 1986; Blackman & Nelson, 1987). Bei Kindern mit schweren neurologisch begründeten Eßstörungen, anatomischen Fehlbildungen oder progressiven Störungsbildern erfordert die Sondenentwöhnung eine Kombination aus einer intensiven neurophysiologischen Übungsbehandlung, ggf. operativer Maßnahmen (Reflux) und solchen verhaltenstherapeutischen Vorgehensweisen, ist aber nicht immer erfolgreich.

5.5.4   Spezifische Probleme: Ruminieren, Pica oder Adipositas

Nicht selten neigen Kinder mit geistiger Behinderung dazu, nicht zum Essen bestimmte Dinge in den Mund zu führen und zu schlucken (z. B. Papier, Schmutz, Toilettengegenstände, Wandputz, Zigarettenstummel). Untersuchungen zeigen, daß diese Verhaltensauffälligkeit (Pica) bei 8–25 % der Menschen mit geistiger Behinderung zu beobachten ist, die in Institutionen leben. Sie stellt eine erhebliche Gesundheitsgefährdung dar (Smith Myles et al., 1997).

Während Behandlungsversuche im Erwachsenenalter primär auf kontingenten Strafreizen beruhen, haben sich bei Kindern eine differentielle Verstärkung von Zeiten, in denen das problematische Verhalten nicht auftritt, und milde negative Konsequenzen (z. B. scharfes „Nein" und forciertes Abwaschen des Gesichts, Johnson et al., 1994) bewährt. Zusätzlich gilt es, die Kinder systematisch anzuleiten, ungefährliche Dinge von solchen zu unterscheiden, die keinesfalls in den Mund gesteckt werden dürfen (Fisher et al., 1994; Hirsch & Myles, 1996).

Unter Ruminieren ist das aktive Hochwürgen und erneute Schlucken von Nahrung zu verstehen. Es läßt sich als willkürlicher Akt unterscheiden von unwillkürlichem Erbrechen, z. B. als Folge eines gastro-ösophagealen Reflux, oder einem psychogenen Erbrechen, das sich in seltenen Fällen als Vermeidungsverhalten vor angstauslösenden Situationen entwickeln kann. Ruminieren kann zu Dehydration, Gewichtsverlust, ösophagealen Entzündungen, Aspiration und Unterernährung mit u. U. lebensbedrohlichem Charakter führen. Die Willkürlichkeit des Hochwürgens ist mitunter schwer zu erkennen, denn es kann durch kleine Haltungsänderungen oder Belutschen der eigenen Hand herbeigeführt werden.

In vielen Fällen läßt sich die Genese des Problems auf einen Reflux oder eine Unverträglichkeit für bestimmte (Anfalls-) Medikamente zurückverfolgen. Das Verhalten wird aufrechterhalten durch positive sensorische Erfahrungen (erkennbar an einer gewissen Zufriedenheit des Kindes beim erneuten Schlucken der Nahrung) oder die soziale Aufmerksamkeit, die das Kind damit erzielt. Im ersten Fall ist es als Selbststimulation zu verstehen.

Je nach funktionalem Zusammenhang unterscheiden sich die therapeutischen Ansätze. Während im zweiten Fall die sozialen Konsequenzen des Verhaltens verändert werden müssen, gilt es bei selbststimulatorischem Ruminieren, das Beschäftigungsangebot und die Gelegenheiten zu sozialer Partizipation für das Kind zu optimieren und Zeiten durch positive Anreize (soziale Zuwendung, angenehme Sinnesreize) zu verstärken, in denen das Kind nicht ruminiert. Angesichts des bedrohlichen Charakters dieses Verhaltens muß auch an den Einsatz von Strafmaßnahmen (unangenehme Konsequenzen wie das Ausspülen des Mundes mit Zitronensaft, Mundwasser oder Tabasco-Sauce) gedacht werden, wenn sich auf diesem Wege keine dauerhafte Besserung erreichen läßt (Fredericks et al., 1998). Eine hohe Sättigung durch unbegrenzte Mahlzeiten mit zusätzlichen Balaststoffen kann den Anreiz vermindern, sich durch Ruminieren selbst zu stimulieren, birgt aber ein gewisses Risiko für die Entwicklung von Übergewicht.

Als Übergewicht (generalisierte übermäßige Vermehrung des Körperfettgewebes; Adipositas) wird eine relative Überschreitung des Idealgewichts um 20 % oder ein „Body Mass Index" (BMI), definiert als Quotient aus Gewicht (in kg) und Größe (in m), über 30, bzw. über der 85. Perzentile der Altersgruppe betrachtet, als schwere Form ein BMI über 35, bzw. der 95. Perzentile betrachtet. Es kann zu chronischen Erkrankungen kommen (Bluthochdruck, Diabetes mellitus, Fettstoffwechselstörungen, Atemproblemen, Skoliose oder anderen Erkrankungen des Bewegungsapparats).

Eine Adipositas gehört zum körperlichen Phänotyp bei einzelnen genetischen Syndromen (Prader-Willi-Syndrom, Lawrence-Moon-Bardet-Biedl-Syndrom, Cohen-Syndrom, u. a.). Andere Kinder entwickeln Übergewicht als Folge geringeren Energieumsatzes (z. B. bei Kindern, die sich im Rollstuhl fortbewegen) oder ungünstiger Eßgewohnheiten, ungesunder Ernährungszusammenstellung (Fast Food) und unzureichender körperlicher Bewegung.

Die Diagnostik umfaßt eine pädiatrisch-internistische (ggf. syndrombezogene) Untersuchung, die Erhebung des Verlaufs der Gewichtsentwicklung, eine Protokollierung des Essensmenge und der Bewegungsgewohnheiten des Kindes, eine Einschätzung der gegenwärtigen Bedrohung durch körperliche Folgeschäden und der subjektiv empfundenen psychosozialen Belastung sowie der Einstellung der Eltern (Wissen um die Risiken von Übergewicht, eigene Erfahrungen mit Eßproblemen). Eine Interaktions-

Tabelle 59: Elemente des Behandlungsvorgehens bei stark übergewichtigen Kindern

Selbstbeobachtung	Anlage einer Gewichtskurve und Protokollierung auf Beobachtungsbögen (soweit dem Kind möglich)
Ernährungsinformation	Zusammensetzung energiereduzierter Mischkost („Ampeldiät"), soweit dem Kind verständlich
Stimuluskontrolle	Modifikation der Eßgewohnheiten (fester Platz, feste Zeit) und des Eßtempos; Vermeiden von Ablenkungen (Fernsehen) und unkontrolliertem Zugriff auf Essen (z. B. Reste, Süßigkeiten)
positive Bestärkung	Belohnung der Beachtung von Regeln und des Erreichens von realistischen Abnahmezielen im Rahmen von Verhaltensverträgen
Selbstbehauptungstraining	Übungen zum „Nein-Sagen", Vorbereitung auf besondere Gelegenheiten (z. B. Gebutstagsfeiern) und Umgang mit Hänseleien

beobachtung dient dazu, dysfunktionale verstärkende Elemente, z. B. die Ermunterung zu zusätzlichem Essen seitens der Eltern, aufzudecken.

Gewichtsreduktionsprogramme umfassen eine Diätzusammenstellung (Kalorienreduktion), feste Strukturierung der Essensgewohnheiten, Anleitung zur Verlangsamung des Eßtempos und zum Umgang mit verführerischen Angeboten sowie eine Steigerung der körperlichen Aktivität. Das Erreichen von Zwischenzielen bei der Gewichtsabnahme kann zusätzlich durch Verhaltensverträge bestärkt werden (Tab. 59; Warschburger et al., 1999).

Bei Kindern mit leichter geistiger Behinderung sollte dieses Vorgehen verbunden werden mit einer Aufklärung, welche Lebensmittel für eine energiereduzierte Mischkost günstig sind und welche wegen ihres hohen Energiegehalts nur in sehr begrenzter Menge aufgenommen werden dürfen, um eine gewisse Selbstkontrolle zu erreichen. Einzelne Therapiestudien belegen den Erfolg umfassender Trainingsprogramme bei Kindern mit geistiger Behinderung; so berichteten Rotatori et al. (1979) eine durchschnittliche Gewichtsabnahme von 5 kg in einem Zeitraum von 14 Wochen. Untersuchungen zur Bedeutung der einzelnen Therapiebausteine für den Therapieeffekt bei Kindern und Jugendlichen mit geistiger Behinderung und zur Wirksamkeit bei Kindern mit genetischer Disposition zum Übergewicht fehlen noch weitgehend.

Kasten 6:   Eßstörungen: Beurteilung und Intervention

Beurteilung
- körperliche und speziell oral-motorische Untersuchung
- Befragung der Eltern nach Ernährungsverlauf und -gewohnheiten
- Dokumentation der gegenwärtigen Nahrungsmenge und -zusammenstellung
- Beobachtung der Eltern-Kind-Interaktion beim Füttern/Essen
- evtl. „Probefüttern" durch den Untersucher
- Einschätzung der elterlichen Einstellung zu Eßproblemen und ihrer subjektiven Belastung

Intervention
- Entscheidung über die Notwendigkeit einer vorübergehenden Sondenfütterung, bzw. ambulanten oder stationären Behandlung
- differenzielle positive Verstärkung von Kooperation beim Essen und systematisches Ignorieren von Abwehrverhalten
- schrittweises Vorgehen bei extremer Selektivität (Verhaltensformung)
- systematische Desensibilisierung bei extremer Verweigerung/posttraumatischer Fütterstörung
- Ernährungsberatung
- Beratung der Eltern bei sekundären Beziehungsstörungen
- spezifische Maßnahmen zur Veränderung bei Pica, Ruminieren oder Adipositas

5.6 Schlafstörungen

5.6.1 Häufigkeit und Formen von Schlafstörungen

Ein regelmäßiger Schlaf-Wach-Rhythmus entwickelt sich normalerweise in den ersten Lebensmonaten. Aus dem ungeregelten Rhythmus im Neugeborenenalter wird eine längere Nachtschlaf-Phase mit zwei Tagesschlafzeiten um den dritten Lebensmonat, die sich dann allmählich auf einen Mittagsschlaf reduzieren. Der Schlaf-Wach-Rhythmus wird biologisch gesteuert. Die Gewohnheitsbildung wird vom täglichen Zyklus aus Licht und Dunkelheit und von regelmäßig wiederkehrenden Beschäftigungen (Essens- und Spielzeiten) unterstützt.

Das internationale Klassifikationssystem für Schlafstörungen unterscheidet: (1) Ein- und Durchschlafstörungen intrinsischer Ursache (z. B. als Folge obstruktiver Schlafapnoen), extrinsischer Ursache (z. B. als Folge von ungünstigen Schlafbedingungen oder Erziehungsformen der Eltern) und Störungen des circadianen Schlaf-Wach-Rhythmus (d. h. Störungen der Zeit und Organisation von Schlafphasen); (2) episodisch auftretende Schlafstörungen als Erregungsstörungen (Schlafwandel, nächtliche Schreckzustände), Störungen im Übergang von Schlafen zu Wachen (z. B. Kopfschlagen in der Einschlafphase) und Parasomnien in Verbindungen mit REM-Schlafstadien (Alpträume); (3) Schlafstörungen in Verbindung mit anderen Erkrankungen (z. B. Depression, Bettnässen, Asthma).

Ein- und Durchschlafprobleme sind relativ häufige Phänomene im frühen Kindesalter. Sie treten bei 20–30 % aller Kinder auf, können zu einer erheblichen Belastung der gesamten Familie werden und über einen langen Zeitraum anhalten, wenn sie nicht gezielt behandelt werden. Sie sind bei behinderten Kindern häufiger als bei nicht behinderten (Clements et al., 1986; Pahl & Quine, 1984; Wiggs & Stores, 1996). Die Prävalenzangaben schwanken zwischen 30 % und über 80 % (Tab. 60). Es findet sich kein Zusammenhang zum Schweregrad der Behinderung, wohl aber zum Alter. Episodisch auftretende Schlafstörungen (Alpträume, nächtliche Schreckzustände) sind seltener und treten eher bei älteren Kindern auf.

Schwere Schlafstörungen haben negative Auswirkungen auf die Lern- und Leistungsfähigkeit und die Eltern-Kind-Interaktion am Tage. In einer Studie an mehr als 200 Kindern mit geistiger Behinderung wurden das Schlafverhalten und Verhaltensprobleme am Tage dokumentiert. Kinder mit Schlafstörungen zeigen signifikant häufiger Irritabilität, Passivität, Aggressionen und oppositionelles Verhalten (Wiggs & Stores, 1996). Mütter von behinderten Kindern mit Schlafstörungen berichten, daß sie – auch aufgrund der eigenen Schlafdefizite – ihnen weniger positiv begegnen und häufiger zu Strafmaßnahmen greifen als bei Kindern, die nachts gut durchschlafen (Quine, 1991).

Tabelle 60: Häufigkeit von Schlafstörungen bei Kindern mit geistiger Behinderung

	Stichprobe	**%**
Clements et al. (1986)	n = 155	34
Pahl & Quine (1984)	n = 200	51 (Ein-) 67 (Durchschlafstörung)
Wiggs & Stores (1996)	n = 209	44
Colville et al. (1996)	Mucopolysaccaridose (MPS)	75
Hunt (1993)	Tuberöse Sklerose	60
Richdale (1999)	Autistisches Syndrom	44–83

5.6.2 Ursachen von Schlafstörungen

Schlafstörungen treten bei bestimmten genetischen Syndromen und Behinderungs-formen häufiger auf als bei anderen. So wird bei Kindern und Erwachsenen mit Pra-der-Willi-Syndrom ein ungewöhnlich langer Nachtschlaf und Schläfrigkeit tagsüber beobachtet (Cassidy et al., 1990). Vermutlich als Folge einer hypothalamischen Dys-funktion kann es bei ihnen auch – wie bei anderen sehr übergewichtigen Menschen – zu einer Hypoventilation oder zu obstruktiven Schlafapnoen kommen. In schwe-ren Fällen wird eine nächtliche Unterstützung durch Maskenbeatmung (CPAP) nötig, um die Sauerstoffversorgung und Schlafstrukturen zu normalisieren. Leichtere Formen von Schlafapnoen können auch bei schweren kraniofazialen Fehlbildungen (z. B. dem Apert-Syndrom) oder Cerebralparesen (Kotagal et al., 1994) als Folge be-einträchtigter Atmung auftreten.

Bei anderen Behinderungsformen sind Schlafstörungen vermutlich eine Folge zen-traler Steuerungsprobleme. So schlafen Mädchen mit Rett-Syndrom weniger, wer-den häufiger und früher wach und nicken tagsüber häufiger ein (Piazza et al., 1991); extrem kurze Nachtschlafzeiten werden auch – zumindest im mittleren Kin-desalter – bei Kindern mit Angelman- und Smith-Magenis-Syndrom berichtet (Summers et al., 1992; Smith et al., 1998). Bei mehr als zwei Drittel der Kinder mit Mucopolysaccharidose (Typ Sanfilippo) und Tuberöser Sklerose kommt es zu Ein- oder Durchschlafstörungen, u. U. in Zusammenhang mit klinischen Anfällen, die z. T. schwer medikamentös einzustellen sind (Colville et al. 1996; Hunt 1994). Eine ebenfalls deutlich erhöhte Rate von Schlafstörungen weisen schließlich Kinder mit autistischem Syndrom auf (Richdale, 1999).

Einige Autoren vermuten den Grund in einer abnormen Regulation des Melatonins, eines körpereigenen Stoffes, der die Synchronisation von circadianen Rhythmen der Körpervorgänge mit den photoperiodischen Informationen (Helligkeit) regelt. Auf einen solchen Zusammenhang weisen Beobachtungen bei blinden Kindern hin, bei denen die Melatoninausschüttung verändert ist. Sie haben in vielen Fällen Ein- und Durchschlafstörungen (Stores & Ramchandani, 1999).

Die Entwicklung eines festen Schlafrhythmus wird im Kindesalter von klaren erzieherischen Strukturen und günstigen Ramenbedingungen (Stille, Temperatur des Schlafraums, beruhigender Tagesausklang, abendliche Einschlafrituale, Vermeiden anderer Tätigkeiten im Bett) erleichtert. Elterliche Unsicherheiten in der Interpretation der kindlichen Müdigkeitssignale und in der Etablierung fester Grenzen können zu wechselhaftem und inkonsistentem Umgang mit Ein- und Durchschlafproblemen beitragen und sie verfestigen (Abb.11).

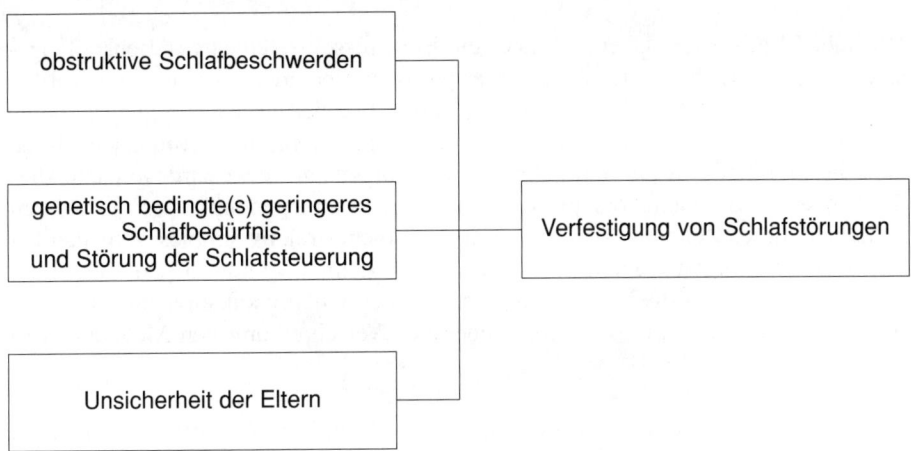

Abbildung 11:   Einflußfaktoren bei der Verfestigung von Schlafstörungen

5.6.3   Beurteilung und Behandlung von Schlafstörungen

Die Beurteilung von Schlafstörungen umfaßt eine sorgfältige Dokumentation der kindlichen Schlafperioden durch die Eltern (Schlaftagebücher) sowie eine Befragung (Tab. 61) zu den Rahmenbedingungen des Ein- und Durchschlafens (abendliche Rituale, Ort des Einschlafens, elterliche Anwesenheit, Fütter- und Trinkgewohnheiten am Abend und in der Nacht, elterliche Reaktionen auf erneutes Aufstehen am Abend, Rufen oder Schreien in der Nacht und Verlassen des Bettes).

Tabelle 61: Elternbefragung zum Schlafverhalten des Kindes

- Hat es eine regelmäßige Aufwach- und abendliche Einschlafzeit?
- Schläft es früh ein und wacht extrem früh auf?
- Schläft es sehr spät ein und hat Mühe, morgens aufzuwachen?
- Schläft es tagsüber noch oder fällt es plötzlich in Schlaf?
- Setzt es dem Zu-Bett-Gehen aktiven Widerstand entgegen?
- Bleibt es ruhig, wenn es in der Nacht aufwacht, oder ruft und schreit es?
- Wird es in der Nacht wach und wirkt sehr durcheinander (Alpträume)?
- Schreit es in der Nacht für mehrere Minuten, ohne richtig wach zu sein (Pavor nocturnus)?
- Schnarcht es in der Nacht oder hat es andere Atemprobleme?
- Spielt es noch oft im Bett?
- Schläft es schlechter im eigenen Bett als an anderen Stellen?
- Wurde bereits eine Schlafmedikation erprobt und wie waren die Erfahrungen?

Die Tab. 62 gibt einen Überblick über die Ergebnisse verschiedener Behandlungs-strategien, die bei Kindern mit schwerer geistiger Behinderung eingesetzt wurden (Lancioni et al., 1999). Dazu gehört die aktive Etablierung eines Schlafrhythmus (Schlafstrukturierung), indem das Kind mit einem bestimmten Ritual jeweils zu einer bestimmten Zeit ins Bett gebracht und morgens geweckt wird. Je nach Alter des Kindes gilt es, auch die Schlafzeiten am Tage festzulegen und jedes Einschlafen außerhalb dieses Zeitplans zu verhindern. Ein solches relativ simples Vorgehen hat sich z. B. bei einigen Kindern mit MPS und Angelman-Sy ndrom (Colville et al., 1996; Summer et al., 1992) in Verbindung mit einer Schlafmedikation zur Einleitung der Intervention bewährt. Von einer generellen Verschreibung von Medikamenten

Tabelle 62: Erfolge von verhaltenstherapeutischen Schlafinterventionen bei behinderten Kindern (Lancioni et al., 1999)

Methode	N	Erfolgsrate
Schlafstrukturierung	13	46 %
schrittweises Ausblenden von Zuwendung am Abend oder beim Aufwachen	11	82 %
Extinktion	19	95 %
„Bedtime fading"	14	100 %
Melatonin-Gabe	200	79 %

(z. B. Antihistaminen oder Chloralpräparaten) ist allerdings abzuraten. Sie erweisen sich meist nicht als dauerhaft wirksam und haben beträchtliche Nebenwirkungen (Schläfrigkeit am Tage, verstärkte Schlafstörungen nach Absetzen des Medikaments).

Die Anwesenheit der Eltern in der Einschlafzeit und ihre beruhigende Zuwendung bei nächtlichem Aufwachen kann graduell ausgeblendet werden. Dies ist sinnvoll, wenn das Verhalten eine eindeutig soziale, Aufmerksamkeit fordernde Funktion hat. Allison et al. (1993) berichteten einen stabilen Erfolg bei einem 8jährigen Mädchen mit Down-Syndrom, das zunächst nur in unmittelbarer Nähe der Mutter einzuschlafen vermochte. Sie lernte zu tolerieren, daß die Mutter in der Einschlafzeit schrittweise vom Bett abrückte, sich dann am Rande des Zimmers niederließ und schließlich im Flur saß. Durand et al. (1996) und Didden et al. (1998) instruierten die Eltern schwerbehinderter Kinder, zunächst abzuwarten, wenn das Kind schrie, das Zimmer dann nur kurz zu betreten und es mit wenigen Worten zu beruhigen, bzw. das Schreien gänzlich zu ignorieren. Dies ist für manche Eltern sehr schwer durchzuhalten, zumal dann, wenn das Kind neben dem Schreien noch andere Verhaltensweisen einsetzt, um zu erzwingen, daß es aufgenommen wird, z. B. mit dem Kopf gegen die Bettkante schlägt. Auch bei Kindern, die nachts sehr umtriebig sind, Dinge zerstören oder in gefährliche Situationen zu geraten drohen, ist die Methode der graduellen Extinktion allein nicht wirksam. In diesen Fällen sollte ein Gurt (Sigurfix) verwendet werden, der die Bewegungsfreiheit kaum einschränkt, aber das Verlassen des Bettes verhindert.

Extrem späte Einschlafzeiten lassen sich leichter durch die Methode des sogenannten „Bedtime-fading" verändern. Das Kind wird daran gehindert, außerhalb des Betts einzuschlafen und erst sehr spät zu Bett gebracht. Wenn es nicht binnen weniger Minuten in den Schlaf findet, wird es wieder aufgenommen und erst eine weitere Stunde später wieder abgelegt. Die abendliche Zubettgeh-Zeit wird dann in kleinen Schritten nach vorne verlegt. Durch die so entstehende Gewohnheitsbildung (zuverlässige Assoziation von Bett und Einschlafen) läßt sich bei einigen Kindern ein früheres Einschlafen und eine längere Schlafdauer erreichen (Piazza et al., 1997).

Wenn das Kind relativ feste, aber extrem frühe Aufwachzeiten hat, bietet sich die Methode des „aktiven Weckens" („scheduled awakening") an. Die Eltern werden instruiert, das Kind noch – was eigentlich paradox erscheint – 30 Minuten früher zu wecken, als es normalerweise von selbst aufwacht. Sobald das Aufwachen auf diese Weise an das „externe Wecken" konditioniert ist, lassen sich die Aufweckzeiten in kleinen Schritten in den späteren Morgen verschieben. Die Methode setzt voraus, daß die Eltern in Kauf nehmen, zunächst mit ihrem Kind sehr früh aufzustehen (Rickert & Johnson, 1988).

Bei extrem verschobenem Schlafrhythmus kann durch eine sog. „Chronotherapie" versucht werden, auf die „innere Uhr" des Kindes Einfluß zu nehmen. Die Gelegenheiten zum Essen und Spielen werden zunächst so geplant, daß das Kind wesentlich länger wachbleibt als es spontan möchte (z.B bis drei Uhr morgens statt Mitternacht). Am Morgen wird das Kind jeweils zu der Zeit geweckt, die der gewünschten Schlafdauer entspricht, tagsüber vom Schlaf abgehalten. Die Einschlaf- und Weckzeiten werden dann um jeweils zwei bis drei Stunden über den Tag verschoben, bis sie dem normalen Tagesablauf entsprechen. Guilleminault et al. (1993) berichteten einen Erfolg bei 5 von 14 Kleinkindern mit Schlafstörungen, die keiner anderen Intervention zugänglich waren. Piazza et al. (1998) erreichten bei einem 8jährigen schwerbehinderten autistischen Mädchen, das vor der Behandlung weniger als sechs Stunden schlief, auf diese Weise eine Verlängerung der Schlafdauer auf acht Stunden.

Durch eine zusätzliche Gabe von Melatonin kann schließlich bei einigen Kindern offensichtlich die präfrontale Steuerung von Schlaf-Wach-Rhythmen des Körpers beeinflußt werden. Das Melatonin wird 20–30 Min. vor der geplanten Schlafzeit gegeben und führt bei entsprechender Dosierung dazu, daß das Kind bald einschläft. Unerwünschte Neben- oder Gewöhnungseffekte wie bei herkömmlichen medikamentösen Behandlungsversuchen treten nicht auf. Die Dosierung kann an besondere Situationen (Krankheiten, Reise, Zeitverschiebungen) angepaßt und nach längerer Gabe reduziert werden (Jan et al., 1999). Abgeraten wird von der Verwendung bei Kindern mit einer Epilepsie wegen noch nicht vollständig geklärter möglicher Wechselwirkungen mit Antikonvulsiva. Die Melatoningabe wurde ursprünglich bei Erwachsenen mit zentralen Schlafstörungen durch Tumorerkrankungen erprobt und hat sich bei Kindern mit autistischem Syndrom, Tuberöser Sklerose und Rett-Syndrom im Alter zwischen drei und 20 Jahren bewährt (Jan et al., 1994; Palm et al., 1997; MacArthur & Budden, 1998; O'Callaghan et al., 1999).

Kasten 7:   Schlafstörungen: Beurteilung und Intervention

Beurteilung
- Dokumentation der kindlichen Schlafperioden (Schlaftagebuch)
- Befragung zu Ablauf und räumlichen Bedingungen des Zu-Bett-Gehens
- Befragung zu den elterlichen Reaktionen auf nächtliches Aufwachen
- Einschätzung der Belastung der Eltern und Entschlossenheit zu Veränderungen

Intervention
- Etablierung eines festen Schlafrhythmus mit Einschlafritualen
- Ausblenden der elterlichen Aufmerksamkeit in der Einschlafzeit oder bei nächtlichem Aufwachen (graduelle Extinktion)
- Re-Etablierung des Bettes als Ort des Einschlafens (bedtime fading) oder des elterlichen Weckens als Aufwachreiz (scheduled awakening)
- Evtl. Erprobung von Melatonin oder Chronotherapie zur Beeinflussung des Schlafrhythmus

Kapitel 6

Bewältigungshilfen für die Familie

6.1 Unterstützung responsiver Eltern-Kind-Beziehungen

6.1.1 Einflußfaktoren auf das Gelingen responsiver Eltern-Kind-Interaktionen

Von den ersten Lebensmonaten an hat die Elternberatung das Ziel, responsive Interaktions- und Beziehungsformen zu fördern, die das Kind ermutigen, sich aktiv mit seiner Umwelt auseinanderzusetzen und Handlungs- und Kommunikationsfähigkeiten anzueignen. Die Mitteilung einer Behinderung droht zunächst die intuitiven Verhaltensbereitschaften zu hemmen, die die Eltern für diese Aufgabe mitbringen. Sie verändert die Lebensperspektive der betroffenen Eltern schlagartig und unumkehrbar. Dies gilt für Eltern, die die Diagnosemitteilung unmittelbar nach der Geburt erhalten, ebenso wie für Eltern, die über Monate oder Jahre die Entwicklungsauffälligkeit ihrer Kinder wahrgenommen haben und nun die Dauerhaftigkeit der Behinderung anerkennen müssen. Zu jedem Zeitpunkt bedeutet das Anerkennen der Diagnose einen Abschied von der Hoffnung auf ein gesundes, sich normal entwickelndes Kind, das die Eltern in ihren inneren Fantasien vor Augen hatten, und einen Verlust an Zukunftssicherheit. Sie müssen sich mit der Enttäuschung und Trauer, die mit diesem Abschied verbunden sind, den Folgen der Behinderung für die Entwicklung des Kindes und den persönlichen Einschränkungen auseinandersetzen, die seine Betreuung und Erziehung mit sich bringen wird.

Darüberhinaus stehen sie vor vielen praktischen Problemen. Sie müssen sich Wissen über die Behinderung und die daraus folgenden Konsequenzen (Ursachen, Fördermöglichkeiten, institutionelle Unterstützung und Versorgungsstrukturen) aneignen und gleichzeitig den Bedürfnissen des Kindes im Tagesablauf gerecht werden. Je nach Art der Behinderung kann die Ernährung, Pflege und Betreuung aufwendig sein, Termine bei Ärzten und Therapeuten, evtl. Klinikaufnahmen und viele Behördengänge beanspruchen zusätzlich Zeit. Eigene Bedürfnisse, Interessen und berufliche Pläne müssen dahinter zunächst zurückstehen, die Beziehungen zum Partner,

zu Verwandten und Freunden werden belastet. Die besonderen Anforderungen bleiben nicht auf die erste Zeit beschränkt. Auch später müssen schwierige Entscheidungen bei der Suche nach dem bestem Kindergarten- oder Schulplatz getroffen, ein
Gleichgewicht zwischen den Betreuungsbedürfnissen des heranwachsenden Kindes
und seinem Wunsch nach sozialer Partizipation und Autonomie gesucht und schließlich Visionen für zukünftige Wohn- und Arbeitsmöglichkeiten im Erwachsenenalter
entwickelt und vorbereitet werden.

Tabelle 63:   Anforderungen an Eltern geistig behinderter Kinder

---

Anforderungen auf der sozial-emotionalen Ebene
- Akzeptieren der Behinderung des Kindes und der Entwicklungsprobleme
- Akzeptieren der persönlichen Einschränkungen infolge des vermehrten Aufwandes
  für die Betreuung des Kindes
- Verarbeitung der mit der Behinderung verbundenen Angst vor der Zukunft, Unsi-
  cherheit der Entwicklungsperspektive und Trauer
- Auseinandersetung mit den sozialen Folgen der Behinderung (Aufklärung von Fa-
  milie und Nachbarschaft; Schutz vor Isolation und Ausgrenzung)

Anforderungen auf der kognitiven Ebene
- Erwerb von behinderungsrelevantem Wissen über Ursachen, Fördermöglichkeiten,
  institutionelle Hilfen und Unterstützungsangebote
- Beachtung von Interaktionsformen zur Förderung gemeinsamer Aktivitäten und An-
  leitung in praktischen Fertigkeiten
- Entscheidung über diagnostische und therapeutische Maßnahmen
- Entwicklung einer realistischen Zukunftsperspektive für das Kind

Anforderungen auf der Handlungsebene
- Bewältigung der medizinischen Untersuchungen und therapeutischen Termine neben
  der alltäglichen Pflege und Betreuung
- Gestaltung einer auf die Bedürfnisse des Kindes abgestimmten Umgebung

---

Die Gestaltung förderlicher, responsiver Eltern-Kind-Beziehungen hängt davon ab,
wie gut diese vielfältigen emotionalen, kognitiven und praktischen Herausforderungen bewältigt werden. Das kann nicht vom ersten Tag an gelingen, sondern erfordert Zeit und einen Prozeß der Anpassung an die neue Lebenssituation. Viele
Autoren haben diesen Prozeß als Abfolge von bestimmten Stufen der Verarbeitung
beschrieben. In der Praxis zeigt sich jedoch, daß solche schematischen Darstellungen der Individualität der Bewältigungsformen der Eltern und der Komplexität des
Familiengeschehens selten gerecht werden. Langfristig gelingt die Entwicklung responsiver Eltern-Kind-Beziehungen dann, wenn die Eltern die besonderen Entwicklungsmerkmale und Bedürfnisse ihres Kindes verstehen, ihre intuitiven Kom-

petenzen zur Beziehungsgestaltung mobilisieren und für die Bewältigung der vielfältigen emotionalen und praktischen Anforderungen zufriedenstellende soziale Unterstützung erfahren.

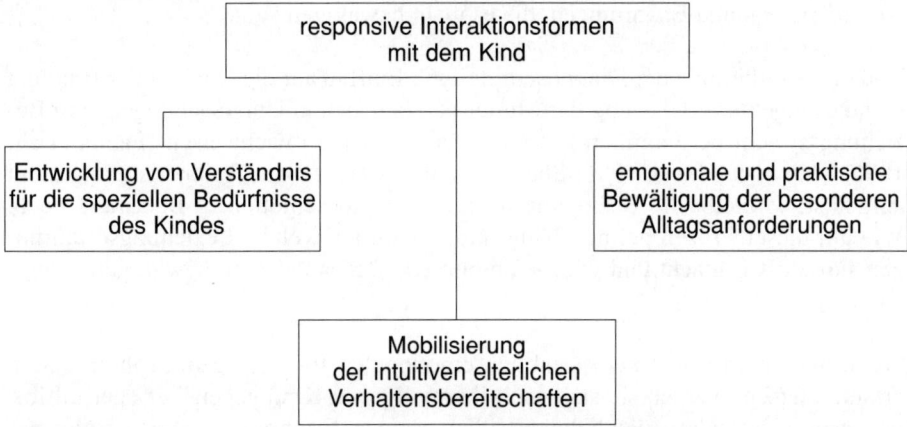

Abbildung 12:   Einflußfaktoren auf das Gelingen responsiver Eltern-Kind-Beziehungen

6.1.2   Mobilisierung der intuitiven Elternkompetenz nach der Diagnosemitteilung

Die Mitteilung einer dauerhaften Behinderung destabilisiert die Wahrnehmung der Eltern von ihrem Kind und sich selbst in ihrer Beziehung zu ihrem Kind. Eine Verbindung der Information über die Behinderung mit ihrem (Wunsch)Kind können sie zunächst nicht anerkennen. Sie bedeutet eine Bedrohung und potentielle Traumatisierung, die abgewehrt (oder verleugnet) werden muß. Diese Impulse sind als erste Reaktionen auf kritische Lebensereignisse normal.

Die Auflösung der potentiellen Traumatisierung erfordert Zeit für einen Prozeß der inneren Verarbeitung von Informationen und Emotionen. Die Realität und Dauerhaftigkeit der Behinderung muß anerkannt werden, ohne das Bild vom Kind allein zu bestimmen. Damit einher geht die emotionale Aufgabe, die Trauer und Verzweiflung, den Zorn, Schuldgefühle, Fremd- oder Selbstvorwürfe zuzulassen und auszuhalten. Es gilt, die Entwicklungsbesonderheiten und -bedürfnisse des Kindes in der Gegenwart und ihre Veränderung im Laufe der Zeit wahrzunehmen, die intuitiven eigenen Verhaltensbereitschaften zur Beziehungsgestaltung und Vertrauen in die eigenen Bewältigungskräfte zu mobilisieren.

Wenn die Traumatisierung durch die Diagnosemitteilung nicht innerlich verarbeitet und aufgelöst werden kann, hat dies nachhaltige Auswirkungen auf das Beziehungsverhalten zum Kind und führt zu einer ambivalenten oder unsicheren Bindung. Das dialogische Verhalten der Eltern ist für das Kind dann nicht verständlich, ihm wird ungewollt signalisiert, daß es das psychische Gleichgewicht der Eltern bedroht, oder es wird ein emotionaler Kontakt zu ihm gänzlich vermieden. Es erlebt nicht in angemessener Weise Körperkontakt, Trost und Zuwendung, sondern unrealistische Anforderungen und Erwartungen, die es nicht bewältigen kann.

Daß die Verarbeitung der Diagnosemitteilung Einfluß auf die Qualität der Bindung und die subjektive Belastung der Mutter hat, läßt sich in Untersuchungen zum Beziehungssystem bei Familien mit behinderten Kindern nachweisen (Pianta et al., 1996; Marvin & Pianta, 1996; Sheeran et al., 1997). Ist die Traumatisierung nicht aufgelöst, so bleibt die Beziehung unsicher und die emotionale Belastung hoch. Wie gut dieser Prozeß gelingt, hängt u. a. davon ab, welche Beziehungserfahrungen sie selbst gemacht und wie sie emotionale Belastungen zu bewältigen gelernt haben.

Wenn die Eltern selbst keine stabilen emotionalen Beziehungen zu ihren Eltern erfahren haben, werden sie sich auch ihrem eigenen Kind gegenüber eher hilflos, unsicher oder widersprüchlich verhalten. Eigene Erfahrungen von emotionaler Vernachlässigung, Ablehnung, frühem Verlust oder ungelösten Konflikten im Ablösungsprozeß von den eigenen Eltern erschweren daher die Verarbeitung der Mitteilung der Behinderung eines Kindes zusätzlich. Eine ungelöste Traumatisierung spiegelt sich wider in distanzierten oder dysfunktionalen Beziehungsmustern, verzerrter Wahrnehmung des kindlichen Verhaltens und fehlendem Verständnis für seine Bedürfnisse.

Eltern mit positiven eigenen Beziehungserfahrungen wird es leichter gelingen, sich auf die dialogische Kommunikation mit ihrem Kind einzustellen und sich mit den eigenen Gefühlen der Enttäuschung und Trauer, Zukunftssorgen und Ängsten auseinanderzusetzen. Eltern mit unsicherer Beziehungsgrundlage neigen dagegen dazu, Bedrohungen ihres inneren Gleichgewichts durch vermehrte eigene Anstrengungen unter Kontrolle zu bringen oder Bindungen zu vermeiden, um sich vor Enttäuschungen zu schützen. Sie sind damit stärker in der Gefahr, direktive Interaktionsformen zu entwickeln und ihre Beziehungen zum Kind allein nach therapeutischen (Übungs-)Zielen auszurichten.

6.1.3   Subjektives Erleben der Alltagsbelastung

Wie die Beziehung entwickelt sich auch die subjektive Belastung durch die alltägliche Pflege und Betreuung des Kindes individuell sehr unterschiedlich. Erwartungsgemäß beschreiben sich Mütter und Väter von Kindern mit einer Behinderung in Befragungen generell als stärker belastet als Eltern nicht behinderter Kinder. Das gilt für Eltern von Vorschulkindern mit einer geistigen Behinderung im Allgemeinen (Dyson, 1991, Innocenti et al., 1992, Sarimski, 1993) ebenso wie für Eltern von Kindern mit verschiedenen genetischen Syndromen (Sarimski, 1996, 1998b; Hodapp et al., 1997), mehrfachbehinderten oder sinnesgeschädigten Kindern (Tröster 1999a; Tröster et al., 2000) oder Kindern mit autistischem Syndrom (Konstantareas et al., 1992). In den verschiedenen Untersuchungen beschreiben sich jeweils etwa 40 % der befragten Mütter als überdurchschnittlich stark belastet und/oder häufig depressiv. Der Grad der subjektiven Belastung hängt z. T. vom Grad der Behinderung und den spezifischen Entwicklungs- und Verhaltensmerkmalen der Kinder ab, die die Beziehungsentwicklung, die Betreuung und die Kommunikation mit den Kindern erschweren.

Peterander und Speck (1995) befragten z. B. 97 Mütter von schwerbehinderten Kindern, die in bayerischen Frühförderstellen betreut wurden. 86 % fühlen sich im Alltag hochbelastet, 20 % von ihnen speziell durch die „Förderarbeit" (Behandlungsmaßnahmen und Übungsprogramme). Weniger als die Hälfte von ihnen haben jedoch die Sorge, den vielfältigen Problemen langfristig nicht gewachsen zu sein und vom Partner und der Familie unzureichend unterstützt zu werden. Offensichtlich fühlen sich nicht alle Mütter überfordert; auch bei schwerer Behinderung des Kindes entstehen keineswegs in allen Familien dysfunktionale Beziehungsmuster, die die Qualität der Partnerschaft oder die Entwicklung von Geschwisterkindern gefährdeten.

Neben der Schwere der Behinderung erweisen sich die individuellen Bewältigungsfähigkeiten der Eltern und die partnerschaftliche, bzw. soziale Unterstützung als bedeutsam für das Gelingen des Anpassungsprozesses. Zuversicht in die eigene Kompetenz und problemorientierte Formen der Bewältigung machen es leichter, einen eigenen Weg zu finden. Vermeidung der Auseinandersetzung mit der Behinderung, Wunschdenken oder Selbstvorwürfe gehen dagegen langfristig mit höherer emotionaler Belastung einher (Frey et al., 1989) und wirken sich unmittelbar negativ auf die Gestaltung der Beziehung zum Kind aus (Gavidia-Payne & Stoneman, 1997). Die Stärkung des innerfamiliären Zusammenhalts, Anpassung der partnerschaftlichen Rollen, die Mobilisierung sozialer Unterstützung (Kontakte zu Eltern-Selbsthilfegruppen, Nachbarschaftskontakte, Nutzung von familienentlastenden Diensten) und die Neuorientierung familiärer Werte (Wertschätzung emotionaler Beziehungen) können kompensatorisch wirken und die Bewältigung der besonderen Anforderungen erleichtern (Tunali & Power, 1993).

6.2   Bewältigungsorientierte Elternberatung

6.2.1   Diagnostische Einschätzung der Beziehungsqualität und Bewältigungsformen

Die psychologische Beratung hat das Ziel, die intuitiven elterlichen Ressourcen zur Gestaltung einer entwicklungsfördernden Beziehung zu ihrem Kind und ihre eigene Kompetenz zur Bewältigung der Herausforderungen zu stärken. Kindzen-

trierte Interventionen, wie sie in den Kap. 3–5 vorgestellt wurden, werden ergänzt
durch Beratungsgespräche, die auf diese Ziele focussiert sind (Abb. 13).

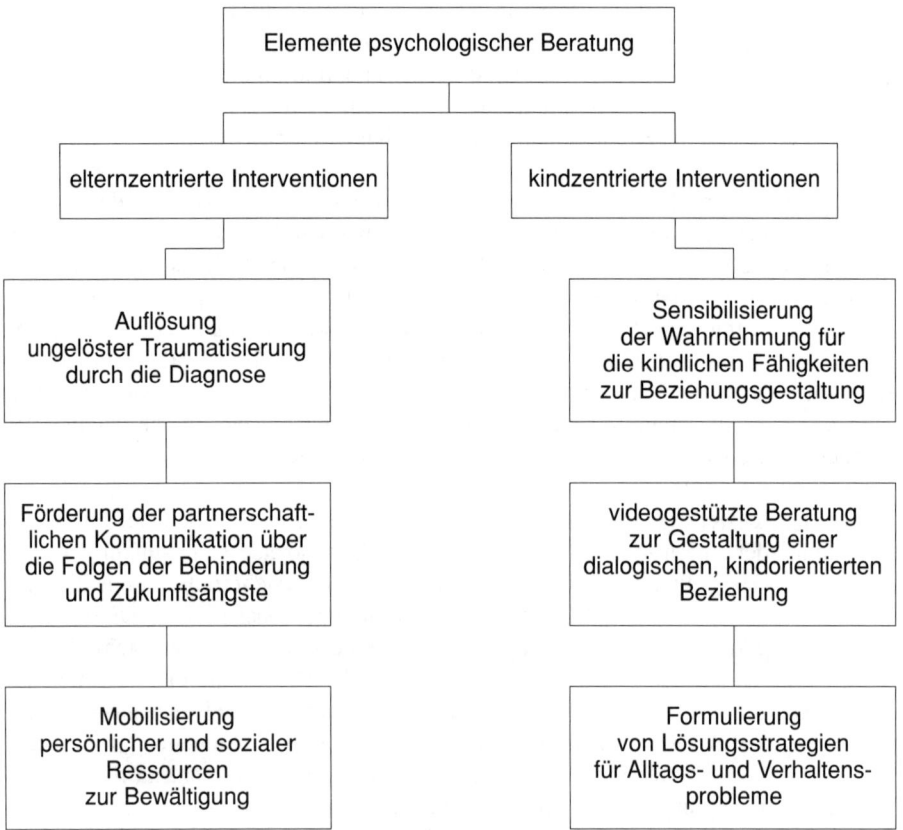

Abbildung 13:   Elemente psychologischer Beratung

Solche elternzentrierten Interventionen setzen eine Einschätzung der elterlichen Bewältigungsformen und der Qualität der Beziehung voraus, die die Eltern zu ihrem
Kind entwickelt haben. Bereits das Erstgespräch sollte sich daher nicht auf die Erhebung sachlicher Informationen über den Entwicklungsverlauf beschränken, sondern mit diesem Ziel geführt werden. Als Orientierung eignet sich ein Leitfaden für
psychotherapeutische Erstgespräche, der sich in der Diagnostik früher Eltern-Kind-
Beziehungsstörungen bewährt hat („Working Model of the Child Interview", Zeanah
et al., 1997). In der ursprünglichen Fassung handelt es sich dabei um ein etwa ein-
stündiges Interview zur Geschichte der Eltern mit ihrem Baby und Wahrnehmung
der Beziehung zu ihrem Kind. Die Mutter (oder der Vater) wird gebeten, ihre Erinnerungen an die Schwangerschaft und die ersten Wochen nach der Geburt, an die

Mitteilung der Diagnose der Behinderung und die damit verbundenen Gefühle, die gegenwärtigen Verhaltensmerkmale und Entwickungsprobleme des Kindes, ihre Belastung in verschiedenen Alltagssituationen sowie ihre Zukunftssorgen und -wünsche zu beschreiben.

Tabelle 64: Leitfragen des elternzentrierten Beratungsgesprächs adaptiert nach: „Working Model of the Child Interview", Zeanah et al., 1997

- Erinnerungen an die Schwangerschaft und die ersten Wochen nach der Geburt sowie die Diagnosemitteilung
- gegenwärtige Verhaltens- und Entwicklungsmerkmale des Kindes
- wahrgenommene Merkmale der eigenen Beziehung zum Kind
- Schwierigkeiten und Belastungen in Alltagssituationen
- Zukunftssorgen und -wünsche
- Bewältigungsressourcen und Lösungsansätze

Für die Beurteilung der Eltern-Kind-Beziehung sind dabei neben den inhaltlichen Aussagen und wiederkehrenden Themen in der Erzählung qualitative Merkmale bedeutsam, wie erzählt wird und von welchem affektiven Ton die Erzählungen gefärbt sind. Die Focussierung auf diese qualitativen Merkmale der Erzählung der Eltern trägt der Erfahrung Rechnung, daß sich in der Art, wie über Beziehungen gesprochen wird, die innere Repräsentation der Beziehung zum Kind widerspiegelt.

Erzählungen, die die Beziehung zum Kind und seine Individualität in klaren Worten beschreiben, Verständnis für seine Bedürfnisse, angemessene Erwartungen an die kindliche Entwicklung und Stolz oder Freude am Kind ausdrücken, sprechen für eine ausgeglichene Beziehung und Sicherheit der Eltern im Umgang mit dem Kind. Erzählungen, die von emotionaler Distanz, fehlender Wahrnehmung individueller Merkmale des Kindes und Gleichgültigkeit geprägt sind, spiegeln eine distanzierte, unbeteiligte Beziehung und innere Unsicherheit wider. Erzählungen, die wenig realitätsbezogen wirken, den Eindruck erwecken, daß der Erwachsene unangemessene Erwartungen an das Kind hat, belastenden Verhaltensweisen böswillige Absichten („launisch", „kleines Monster") unterstellt, oder von anhaltender Enttäuschung über die Behinderung, Hilflosigkeit oder Ärger auf das Kind geprägt sind, sind Zeichen einer ungelösten Traumatisierung durch die Mitteilung der Behinderung.

Tabelle 65:   Kriterien der Beziehungseinschätzung im Beratungsgespräch
(adaptiert nach Zeanah et al., 1997)

- Beschreibung der Individualität des Kindes und der Veränderungen im Entwicklungsverlauf
- Kohärenz (Reflexivität) der Beschreibungen
- Emotionale Beteiligung an der Beziehung
- Verständnis für die Bedürfnisse des Kindes
- Akzeptanz/Ablehnung des Kindes und der besonderen Erziehungsaufgabe
- Subjektive Wahrnehmung der Schwierigkeit des Kindes und der eigenen Belastung
- affektiver Ton der Erzählung: Freude, Stolz, Gleichgültigkeit, Ängstlichkeit, Ärger, Enttäuschung, Schuldgefühle

---

Besondere Aufmerksamkeit verdienen die Beschreibungen der Erinnerungen der Eltern an die Zeit und die Umstände der Diagnosemitteilung, der Auseinandersetzung mit den Ursachen der Behinderung und der Veränderung der Gefühle, die sie seither wahrgenommen haben. Eine ungelöste Verarbeitungsproblematik läßt sich im Gespräch erkennen an:

- emotionalem Aufgewühltsein mit deutlichem Ausdruck von Trauer und Schmerz im Gespräch auch dann, wenn bereits längere Zeit seit der Diagnosemitteilung vergangen ist
- Vorherrschen von Ärger und Zorn, dessen Berechtigung der Gesprächspartner bestätigen soll
- einer neutralisierenden Tendenz mit Vermeidung emotionaler Inhalte und Erinnerungen (Verleugnung von Folgen der Behinderung)
- fortgesetzter Suche nach den Gründen für die Ereignisse, die der Vermeidung der Auseinandersetzung mit den schmerzlichen Gefühlen dient
- Selbstvorwürfen, anhaltender Trauer, Hilflosigkeit oder übermächtiger Sorge um das Kind
- distanziert-unpersönlicher Sprechweise über das Kind
- realitätsfernen Erwartungen an die Zukunft des Kindes
- einer inkohärente Erzählweise, bei der der Erzählfaden verlorengeht, Antworten widersprüchlich sind oder von inkongruentem Lachen begleitet werden

Abgeschlossen wird das Gespräch durch Fragen nach früheren emotionalen Belastungen, Verlusten und eigenen Erfahrungen, was bei der Bewältigung dieser Belastungen geholfen hat, um die Ressourcen an persönlichen Bewältigungskräften und sozialer Unterstützung abschätzen zu können. Der Berater macht durch diese Nachfragen deutlich, daß er sich um das Verständnis der individuellen Bewältigungswege der Eltern bemüht und keine vorschnellen Empfehlungen aussprechen wird. Wenn die gegenwärtige Alltagssituation als sehr schwierig erlebt wird, kann noch die Frage nach positiven Ausnahmen gestellt werden, d. h. nach Momenten, in denen die gegenwärtige Beziehung zum Kind als befriedigend erlebt wird, um festzustellen, von welchen Umständen diese Unterschiede abhängen. Auch dadurch lenkt der Berater die Aufmerksamkeit auf die eigenen Bewältigungskräfte und weckt Zuversicht in die eigenen Fähigkeiten, die Schwierigkeiten zu meistern.

Zur Beurteilung der individuellen Belastung und Bewältigungsstrategien kann ergänzend der Fragebogen „Soziale Orientierungen von Eltern behinderter Kinder" (Krause & Petermann, 1997) verwendet werden. Er erlaubt eine standardisierte Einschätzung, inwieweit die Eltern in ihrem Bewältigungsbemühen auf das Kind focussiert sind oder die Situation durch Intensivierung der Partnerschaft und Mobilisierung sozialer Unterstützung zu meistern, bzw. eigene Bedürfnisse zu beachten versuchen.

6.2.2   Elternzentrierte Interventionen

Alle Erfahrungen in der psychotherapeutischen Unterstützung von Menschen, die eine chronische Belastung oder ein traumatisierendes Lebensereignis bewältigen müssen, zeigen, daß das „Erzählen der eigenen Geschichte" entlastende Wirkung hat und Veränderungsprozesse einleiten kann. Das Erzählen im Dialog mit einem empathischen Gegenüber gibt ihr die angemessene Anerkennung als besondere Belastung. Es hilft, die eigene Wahrnehmung des Kindes und der Beziehung zum Kind zu ordnen und die Herausforderung durch die Behinderung als Teil der gemeinsamen Geschichte zu integrieren. Ängste, Schuldgefühle oder irrationale Selbstvorwürfe werden ausgesprochen, können an der Realität geprüft werden und verlieren so ihre beherrschende, die Beziehungsentwicklung blockierende Macht. Das psychotherapeutische Gespräch kann somit zu einer kohärenten, integrierten inneren Repräsentation der Beziehung beitragen.

Elternzentrierte Interventionen im engeren Sinne dienen dazu, Blockaden der Kommunikation zwischen Eltern und Kind aufzulösen. Der Focus kann in der Vergangenheit liegen, wenn die Auflösung der Nachwirkungen der traumatischen Erfahrung und die emotionale Integration der schmerzhaften Gefühle von Enttäuschung, Trauer, Angst und Vorwürfen vordringlich erscheinen. Er kann mehr gegenwartsorientiert sein und die heutige Wahrnehmung des Kindes als schwierig und unzugänglich und das eigene Erleben von Hilflosigkeit, Selbstvorwürfen, Überforderung und Zukunftsängsten thematisieren. Der Berater versucht, durch sein stützendes Beziehungsangebot den Eltern den emotionalen Ausdruck ihrer Belastung zu erleichtern, die Bewältigungskräfte der Eltern zu stärken, die Zuversicht in die eigenen Kompetenzen zu fördern und eine Vision von der gemeinsamen Zukunft mit dem Kind zu entwickeln.

Dabei hilft es, zu thematisieren, wie die Eltern frühere Krisen in ihrem Leben oder die erste Zeit nach der Diagnosemitteilung gemeistert haben. So gelingt die Focussierung der Aufmerksamkeit auf die individuelle Art und Weise, wie Eltern gelernt haben, Unsicherheit auszuhalten und Schwierigkeiten zu bewältigen. Je nachdem können sie ermutigt werden, mehr Informationen über die Entwicklung von Kindern mit gleicher Behinderung zu suchen, sich mit anderen Eltern auszutauschen, sich wieder Zeit für die eigenen Bedürfnisse zu nehmen, oder neue Wege der Bewältigung zu suchen, z. B. das Gespräch mit einer vertrauten Freundin wiederaufzunehmen, eine verbindliche Aufteilung der Betreuungszeiten mit dem Partner anzustreben oder die Hilfe und Unterstützung der Großeltern zu erbitten.

Eine zentrale Bedeutung für die Bewältigung der emotionalen und praktischen Herausforderungen kommt der Beteiligung der Väter am Familienalltag und der partnerschaftlichen Kommunikation über Sorgen und Ängste zu. Die Väter selbst fühlen sich von der Realität der Behinderung ihres Kindes ebenso stark belastet wie die Mütter, lassen dies jedoch oft weniger erkennen. Sie beschäftigt stärker die äußere Sichtbarkeit der Behinderung und die Auswirkung auf den Lebensweg des Kindes. Sie schildern sich seltener als erschöpft und deprimiert und setzen eher kognitive Bewältigungsstrategien ein und suchen nach Informationen über die Behinderung und möglichen Hilfen statt nach sozialer Unterstützung und entlastenden Gesprächen ((Krauss, 1993; Gath & Gumley, 1986; Bristol et al., 1989; Rogner & Wessels, 1994; Scott et al., 1997; Frey et al., 1989; Krause, 1998). Dies entspricht den sozialen Erwartungen an Sachlichkeit und Selbstkontrolle, die traditionell an Männer gestellt werden.

Eine weitere Kraftquelle kann der Austausch mit anderen betroffenen Eltern über ihre Bewältigungswege sein. Regional und überregional haben sich Elterngruppen gebildet, die ein gemeinsames Anliegen (z. B. „Gemeinsam leben – gemeinsam lernen") oder die Auseinandersetzung mit einer spezifischen Behinderungsform verbindet. Bundesweite Kontaktstelle für Selbsthilfegruppen bei seltenen Erkrankungen und Behinderungen ist das „Kindernetzwerk e. V." (Aschaffenburg). Der Austausch von praktischen Erfahrungen kann die fachliche Beratung wirksam ergänzen, wirkt sozialer Isolierung der Eltern entgegen und stärkt ihre Bewältigungskompetenz („Empowerment"; Tab. 66).

Tabelle 66:   Chancen und Probleme beim Kontakt zu Selbsthilfegruppen

Chancen	Probleme
gleicher Erfahrungshintergrund	Konfrontation mit möglichen Zukunftsaussichten (Schwere der Behinderung)
leichte Erreichbarkeit beim Wunsch nach Kontakten Wechselseitigkeit der Unterstützung	Unsicherheit der Übertragbarkeit von individuellen Erfahrungen Verschiedenartigkeit der Grundeinstellungen und Bewältigungsstile
Stärkung der eigenen Kompetenz (Empowerment)	u. U. geringe Verbindlichkeit und Dauerhaftigkeit der Kontakte

Schließlich hängt die Bewältigung der Anforderungen davon ab, ob es den Eltern gelingt, auch den eigenen Bedürfnissen und Lebensperspektiven wieder Raum zu geben und zeitweise Entlastung von der Betreuungsaufgabe anzunehmen. Die psychologische Beratung kann dazu beitragen, dies als Teil der Anpassung an die besondere Lebenssituation zu unterstützen, Sorgen um das psychische und körperliche Wohlbefinden des Kindes bei einer solchen Fremdbetreuung sowie Selbstvorwürfen vorzubeugen. Es gilt Wege zu weisen, wie sich ein solcher Familienentlastender Dienst (FED) finden, organisieren und finanzieren läßt (Wagner-Stolp, 1997).

Je länger die Belastung der Eltern (vor allem schwerbehinderter Kinder) anhält, umso größer ist auch der Bedarf nach einer Kurzzeit-Pflege, um Ferien machen und die eigenen Kräfte wiederaufbauen zu können (Hoare et al., 1998). Die meisten Eltern, die sie in Anspruch nehmen, fühlen sich durch problematische Verhaltensformen des Kindes, den ständigen Aufsichtsbedarf und die Pflegeanstrengungen vor allem psychisch hoch belastet. Zwei Drittel von ihnen erleben in dieser Situation die Aufnahme in einer Einrichtung, die auf Kurzzeitpflege spezialisiert ist, als Entlastung für die ganze Familie und können die Zeit zum Wiederaufbau ihrer Kräfte nutzen (Klauss, 1993). Werden solche Entlastungsmöglichkeiten nicht rechtzeitig gesucht und die familiären Bewältigungskräfte überfordert, droht in manchen Fällen eine vorzeitige dauerhafte Heimunterbringung des Kindes. Eine Entscheidung für diesen Weg in einer krisenhaften Situation ist dann oft mit einem Beziehungsabbruch oder nachhaltigen Selbstvorwürfen der Eltern verbunden und kann nicht als entwicklungsgemäßer Übergang in ein unabhängiges Erwachsenenleben erfahren werden.

6.2.3 Berücksichtigung der Bedürfnisse nicht behinderter Geschwister

Auch die Geschwister von Kindern mit einer geistigen Behinderung wachsen in einer besonderen Lebenssituation auf. Sie müssen mit ihnen um die elterliche Sorge und Aufmerksamkeit konkurrieren. Sie müssen die eingeschränkte „Verfügbarkeit" der Eltern akzeptieren lernen und sind in Gefahr, durch Zuweisung von Betreuungs- und Aufsichtsaufgaben oder überhöhte elterliche Erwartungen an „unproblematisches" Funktionieren und an ihre (schulischen) Leistungen überfordert zu werden. Nicht selten setzen sie sich mit Schuldgefühlen auseinander, wenn es zu alltäglichen Auseinandersetzungen mit der Schwester oder dem Bruder kommt, sind in der Entwicklung von angemessenem Durchsetzungsverhalten gehemmt oder identifizieren sich übermäßig mit dem behinderten Geschwisterkind, indem sie die eigenen Wünsche allein an seinen Bedürfnissen orientieren (Achilles, 1997; Abb. 14).

Abbildung 14: Beratung zur Sensibilisierung für die Bedürfnisse von Geschwistern
behinderter Kinder

Wie gut es ihnen gelingt, mit ihrer besonderen Lebenssituation fertigzuwerden,
hängt von vielen Faktoren ab. Die Alltagsvermutung, daß Geschwister von behinderten Kindern ein höheres Risiko tragen, psychische Auffälligkeiten (Verhaltensstörungen, depressive Stimmungslagen) oder schulische Leistungsprobleme zu entwickeln, findet sich in der empirischen Forschung nicht bestätigt (Tröster, 1999b).
Die meisten Studien zeigen, daß die relative Häufigkeit von Verhaltensstörungen,
Selbstwertproblemen und schulischen Leistungsschwierigkeiten bei Geschwistern
von Kindern mit einer geistigen Behinderung nicht generell höher ist als bei anderen
Kindern. Ihre Entwicklung hängt u. a. davon ab, welche Möglichkeiten zu gemeinsamen Aktivitäten trotz der Behinderung bestehen und wie die Eltern mit den besonderen Herausforderungen zurechtkommen.

Allerdings beziehen sich diese relativ positiven Berichte auf Studien, die in Familien
mit Down-Syndrom-Kindern durchgeführt wurden, deren soziale Kontaktfreude und

Kompetenz die Entwicklung befriedigender Familienbeziehungen erleichtert. Bei anderen Kindern können der Betreuungsaufwand, die erzieherische Herausforderung und die zeitliche Beanspruchung für die Eltern wesentlich größer sein. Wie Geschwister von Kindern zurechtkommen, bei denen die Eltern z. B. wegen häufiger Klinikaufenthalte, chronischer gesundheitlicher Probleme oder lebensbedrohlicher Zustände in besonderer Sorge um das behinderte Kind sind, ist ungeklärt. Auch die Auswirkungen von Unterschieden im Temperament und in der Verhaltensproblematik bei Kindern mit spezifischen Syndromen oder Mehrfachbehinderungen auf das Erleben der Geschwisterkindern sind bisher unzureichend untersucht worden.

Die Frage, welcher spezieller Hilfen Geschwisterkinder bedürfen, um sich psychisch stabil entwickeln zu können, läßt sich daher nicht allgemein beantworten. Es gilt, im Beratungsgespräch mit der Familie ihre besonderen Bedürfnisse nach adäquater Information, Schutz vor Überforderung und Unterstützung bei der Äußerung ihrer ambivalenten Gefühle oder Sorgen um Vernachlässigung zu thematisieren und nach Wegen zu suchen, um positive Beziehungserfahrungen unter den Geschwistern zu stärken.

Kasten 8:   Hilfen für die Familie: Beurteilung und Intervention

---

Beurteilung:

- Qualität der Beziehung zum Kind

- Auflösung der potentiellen Traumatisierung durch die Diagnosemitteilung

- subjektive Wahrnehmung der gegenwärtigen Belastungen und Zukunftssorgen

- individuelle Bewältigungsstrategien

- Zuversicht in die eigenen Bewältigungskräfte

- Zufriedenheit mit sozialer Unterstützung und Entlastung

Intervention:

- Förderung der Kommunikation über Belastungen und Zukunftssorgen

- Auflösung emotionaler Blockaden zur Beziehungsaufnahme

- Mobilisierung sozialer Unterstützung (emotionale und praktische Unterstützung durch den Partner, außerfamiliäre Kontakte)

- Sensibilisierung für die Bedürfnisse von Geschwisterkindern

- Vermittlung von professionellen familienentlastenden Hilfen

Leben mit einer geistigen Behinderung ist ein besonderer Weg. Psychologen können
Kinder und Eltern auf diesem Weg begleiten und beraten. Die Förderung der sozialen Partizipation, Integration und Selbstbestimmung von behinderten Menschen und
die Bewältigung der besonderen Anforderungen durch ihre Eltern sind niemals abgeschlossen und bedürfen immer wieder neuer Ermutigung.

Ich möchte mit einem Zitat von Albert Camus schließen:

> „Ich sehe wieder Sisyphos vor mir, wie er zu seinem Stein
> zurückkehrt und der Schmerz von neuem beginnt. ... Der
> Kampf gegen Gipfel vermag ein Menschenherz auszufüllen.
> Wir müssen uns Sisyphos als einen glücklichen Menschen vor-
> stellen."

> (Albert Camus, Der Mythos von Sisyphos.
> Rowohlt, Hamburg 1959, S. 101)

Literaturverzeichnis

Abbeduto, L., Hesketh, L. (1997): Pragmatic development in individuals with mental retardation: Learning to use language in social interactions. *Mental Retardation and Developmental Disabilities Research Reviews*, 3, 323–333.

Achilles, I. (1997). Die Situation der Geschwister behinderter Kinder. In Wilken, E. (Hrsg.): *Neue Perspektiven für Menschen mit Down-Syndrom* (S. 132–137). Erlangen: Selbstverlag.

Adrien, J., Barthelemy, C., Perrot, A., Roux, S., Lenoir, P. (1992). Validity and reliability of the Infant Behavioral Summarized Evaluation (ISBE): A rating scale for the assessment of young children with autism and developmental disorders. *Journal of Autism and Developmental Disorders*, 22, 375–394.

Ahearn, W., Kerwin, M., Eicher, P., Shantz, J., Swearingin, W. (1996). An alternating treatments comparison of two intensive interventions for food refusal. *Journal of Applied Behavior Analysis*, 29, 321–332.

Akesson, H. (1986). The biological origin of mild mental retardation. *Acta Psychiatrica Scandinavica*, 74, 3–7.

Allen, D. (1999). Mediator analysis: an overview of recent research on carers supporting people with intellectual disability and challenging behaviour. *Journal of Intellectual Disability Research*, 43, 325–339.

Allison, D., Burke, J., Summers, J. (1993). Treatment of nonspecific dyssomnia with simple stimulus control procedures in a child with Down's syndrome. *Canadian Journal of Psychiatry*, 38, 274–276.

Aman, M. (1991). *Assessing psychopathology and behaviour problems in persons with mental retardation: a review of available instruments*. Rockville: Dept of Health and Human Services.

Aman, M., Singh, N. (1994*). Aberrant Behavior Checklist – community supplementary manual*. East Aurora/NY: Slosson Educational Publ.

Aman, M., Tasse, M., Rojahn, J., Hammer, D. (1996). The Nisonger CBRF: a child behavior rating form for children with developmental disabilities. *Research in Developmental Disabilities*, 17, 59–75. (Bezugsadresse: Michael G. Aman, The Nisonger Center UAP, The Ohio State University, 1581 Dodd Drive, Columbus OH 43210)

Anderlik, L. (1996). *Ein Weg für alle! Leben mit Montessori*. Dortmund: Verlag modernes lernen.

Archer, L., Rosenbaum, P., Steiner, D. (1991). The Children's Eating Behavior Inventory: Reliability and validity results. *Journal of Pediatric Psychology*, 16, 629–642.

Arndorfer, R., Miltenberger, R., Woster, S., Rortvedt, A., Gaffaney, T. (1994). Home-based descriptive and experimental analysis of problem behaviors in children. *Topics in Early Childhood Special Education*, 14, 64–87.

Babbitt, R., Hoch, T., Coe, D., Cataldo, M., Kelly, K. (1994). Behavioral assessment and treatment of pediatric feeding disorders. *Developmental and Behavioral Pediatrics*, 15, 278–291.

Bailey, D., Blasco, P., Simeonsson, R. (1992). Needs expressed by mothers and fathers of young children with disabilities. *American Journal on Mental Retardation*, 97, 1–10.

Bailey, D., Hatton, D., Mesibov, G., Ament, N., Skinner, M. (2000). Early development, temperament, and functional impairment in Autism and Fragile X syndrome. *Journal of Autism and Developmental Disorders*, 30, 49–59.

Bailey, A., Bolton, P., Butler, L., LeCouteur, A., Murphy, M. (1993). Prevalence of the Fragile X anomaly amongst autistic twins and singletons. *Journal of Child Psychology and Psychiatry*, 34, 673–688.

Bailey, A., LeCouteur, A., Gottesman, I., Bolton, P., Simonoff, E. (1995). Autism as a strongly genetic disorder: Evidence from a British twin study. *Psychological Medicine*, 25, 63–77.

Barthelemy, C., Adrien, J., Tanguay, P., Garreau, B., Fermanian, J. (1990). The Behavioral Summarized Evaluation: Validity and reliability of a scale for the assessent of autistic behaviors. *Journal of Autism and Developmental Disorders*, 20, 189–204.

Barton, M., Volkmar, F. (1998). How commonly are known medical conditions associated with autism? *Journal of Autism and Developmental Disorders*, 28, 273–278.

Baumgartner, T., Reiss, A, Freund, L., Abrams, M. (1995). Specification of the neurobehavioral phenotype in males with fragile X syndrome. *Pediatrics*, 95, 744–752.

Beeghly, M., Weiss, B., Cicchetti, D. (1989). Structural and affective dimensions of play behavior in children with Down syndrome and nonhandicapped children. *International Journal of Behavioral Development*, 12, 257–277.

Bellugi, U., Bihrle, A., Neville, H., Jernigan, T., Doherty, S. (1993). Language, cognition, and brain organization in a neurodevelopmental disorder. In M. Gunnar & C. Nelson (Eds.): *Developmental behavioral neuroscience*. Hillsdale: Lawrence Erlbaum.

Benassi, G., Guarino, M., Cammarata, S., Cristoni, P., Fantini, M. (1990). An epidemiological study on severe mental retardation among schoolchildren in Bologny, Italy. *Developmental Medicine and Child Neurology*, 32, 895–901.

Benoit, D., Coolbear, J. (1998). Post-traumatic feeding disorders in infancy: Behaviors predicting treatment outcome. *Infant Mental Health Journal*, 19, 409–421.

Berg, D., Blickle, E. (1985). *Wenn man mit Händen und Füßen reden muß*. Wilhelmsdorf: Haslachmühle.

Berger, J., Cunningham, C. (1981). The development of eye contact between mothers and normal versus Down's syndrome infants. *Developmental Psychology*, 17, 678–689.

Berger, J., Cunningham, C. (1983). The development of early vocal behaviors and interactions in Down syndrome and non-handicapped infant-mothers pairs. *Developmental Psychology*, 19, 322–331.

Bernsen, A. (1980). The childrens' Handicap, Behaviour and Skills (HBS). A report on its reliability under Danish conditions. *Acta Psychiatrica Scandinavica*, 62, 133–139.

Bertrand, J., Mervis, C., Rice, C., Adamson, L. (1993). *Development of joint attention by a toddler with Williams syndrome*. Unpublished Paper, Gatlinburg.

Biermann, A. (1999). Gestützte Kommunikation bei Personen mit schweren Kommunikations- und Entwicklungsstörungen: Analyse von Situationsvariablen in kontrollierten FC-Studien. *Heilpädagogische Forschung*, 25, 106–117.

Biermann, A. (2000). Unterstützte Kommunikation. In J. Borchert (Hg.): *Handbuch der Sonderpädagogischen Psychologie* (S. 801–813). Göttingen: Hogrefe.

Biewer, G. (1994). Montessori-Pädagogik in der Schule für geistig Behinderte. *Geistige Behinderung*.

Blackman, J., Nelson, C. (1987). Rapid introduction of oral feedings to tube-fed-patients. *Developmental and Behavioral Pediatrics*, 8, 63–67.

Blair, A. (1992). Working with people with learning difficulties who self-injure: A review of the literature. *Behavioural Psychotherapy*, 20, 1–23.

Blaymore-Bier, J., Ferguson, A., Cho, C., Oh, W., Vohr, B. (1993). The oral motor development of low-birthweight infants who underwent orotracheal intubation during the neonatal period. *American Journal of Diseases in Children*, 147, 858–862.

Blesch, G., Klemm, E. (1997). Computereinsatz in der Praxis. *Geistige Behinderung*, 190–212.

Bolton, P., MacDonald, H., Pickles, A., Rios, P., Gode, S., Crowson, M. (1994). A case-control family history study of autism. *Journal of Child Psychology and Psychiatry*, 35, 877–890.

Bookheimer, S. (2000). Methodological Issues in pediatric neuroimaging. *Mental Retardation and Developmental Disabilities Research Reviews*, 6, 161–165.

Booth, C. (1997). Are parents' beliefs about their children with special needs a framework for individualizing intervention or a focus of change? In M. Guralnick (Ed.): *The effectiveness of early intervention* (pp. 625–639). Baltimore: Brookes.

Borthwick-Duffy, S. (1994). Prevalence of destructive behaviors: A study of aggression, self-injury, and property destruction. In T. Thompson & D. Gray (Eds.): *Destructive behavior in developmental disabilities* (pp. 3–23). Thousand Oaks: Sage.

Bouras, N. (1999). *Psychiatric and Behavioural Disorders in Developmental Disabilities and Mental Retardation*. Cambridge: Cambridge University Press.

Bristol, M., Gallagher, J., Schopler, E. (1989). Mothers and fathers of young developmentally disabled boys: Adaptation and spousal support. *Developmental Psychology*, 24, 441–451.

Bromley, J., Emerson, E. (1995). Beliefs and emotional reactions of care staff working with people who challenge. *Journal of Intellectual Disability Research*, 39, 341–352.

Bruininks, R., Hill, B., Morreau, L. (1988). Prevalence and implications of maladaptive behaviors and dual diagnosis in residential and other service programs. In J. Stark, M. Menolascino, M. Albarelli & V. Gray (Eds.): *Mental retardation and mental health: classification, diagnosis, treatment, services* (pp. 1–29). New York: Springer.

Bull, M., LaVecchio, F. (1978). Behavior therapy for a child with Lesch-Nyhan syndrome. *Developmental Medicine and Child Neurology*, 20, 368–375.

Buysse, V., Bailey, D. (1993). Behavioral and developmental outcomes in young children with disabilities in integrated and segregated settings: A review of comparative studies. *The Journal of Special Education*, 26, 434–461.

Capps, L., Kehres, J., Sigman, M. (1998). Conversational abilities among children with autism and children with developmental disabilities. *Autism*, 2, 324–344.

Carr, E., Newsom, C., Binkoff, J. (1980). Escape as a factor in aggressive behaviour of two retarded children. *Journal of Applied Behavior Analysis*, 13, 101–117.

Carr, E., Durand, V. (1985). Reducing behaviour problems through functional communication training. *Journal of Applied Behavior Analysis*, 18, 111–126.

Carr, E., Levin, L., McConnacchie, G., Carlson, J., Kemp, D., Smith, C. (1994). *Communication-based intervention for problem behavior. A user's guide for producing positive change*. Baltimore: Paul Brookes.

Carr, J. (1988). Six weeks to 21 years old: A longitudinal study of children with Down's syndrome and their families. *Journal of Child Psychology and Psychiatry*, 29, 407–431.

Carter, A., Volkmar, F., Sparrow, S., Wang, J., Lord, C. (1998). The Vineland Adaptive Behavior Scales: Supplementary norms for individuals with autism. *Journal of Autism and Developmental Disorders*, 28, 287–302.

Cassidy, S., McKillop, J., Morgan, W. (1990). Sleep disorders in Prader Willi syndrome. *Dysmorphology and Clinical Genetics*, 4, 13–17.

Casto, G., White, K. (1993). Longitudinal studies of alternative types of early intervention: Rationale and design. *Early Education and Development*, 4, 224–237.

Chapman, R. (1997). Language development in children and adolescents with Down syndrome. *Mental Retardation and Developmental Disabilities Research Reviews*, 3, 307–312.

Chapman, R., Hesketh, L. (2000). Behavioral phenotype of individuals with Down syndrome. *Mental Retardation and Developmental Disabilities Research Reviews*, 6, 84–95.

Charman, T. (1997). The relationship between joint attention and pretend play in autism. *Development and Psychopathology*, 9, 1–16.

Chatoor, I., Conley, C., Dickson, L. (1988). Food refusal after an incident of choking: A posttraumatic eating disorder. *Journal of the American Academy of Child and Adolescent Psychiatry*, 27, 105–110.

Chatoor, I., Getson, P., Menvielle, E. (1997). A feeding scale for research and clinical practice to assess mother-infant interactions in the first years of life. *Infant Mental Health Journal*, 18, 76–91.

Cicchetti, D., Mans-Wagener, L. (1987). Sequences, stages, and structures in the organization of cognitive development in infants with Down syndrome. In I. Uzgiris & J. McV. Hunt (Eds.): *Infant performance and experience: New findings with the ordinal scales* (pp. 131–167). Urbana: University of Illinois Press.

Cielinski, K., Vaughn, B., Seifer, R., Contreras, J. (1995). Relations among sustained engagement during play, quality of play, and mother-child interaction in samples of children with Down syndrome and normally developing toddlers. *Infant Behavior and Development*, 18, 163–176.

Clarke, D., Boer, H. (1998). Problem behaviors associated with deletion in Prader-Willi-, Smith-Magenis- and Cri-du-Chat syndromes. *American Journal on Mental Retardation*, 103, 264–271.

Clarke, D., Marston, G. (2000). Problem behaviors associated with 15q- Angelman syndrome. *American Journal on Mental Retardation*, 105, 25–31.

Clements, J., Wing, L., Dunn, G. (1986). Sleep problems in handicapped children: A preliminary study. *Journal of Child Psychology and Psychiatry*, 27, 399–407.

Cole, K., Mills, P., Dale, P., Jenkins, J. (1991). Effects of preschool integration for children with disabilities. *Exceptional Children*, 58, 36–45.

Colville, G., Watters, J., Yule, W., Bax, M. (1996). Sleep problems in children with Sanfilippo syndrome. *Developmental Medicine and Child Neurology*, 38, 538–544.

Croissier, S., Hess, G., Köstlin-Gloger, G. (1979). *Soziale Kognition im Vorschulalter.* Weinheim: Beltz.

Culbert, T., Kajander, R., Kohen, D., Reaney, J. (1996). Hypnobehavioral approaches for school-age children with dysphagia and food aversion: A case series. *Journal of Developmental and Behavioral Pediatrics*, 17, 335–341.

Cunningham, C., Peltz, L. (1982). In vivo desensitization in the management of self-injurious behavior. *Journal of Behavior Therapy and Experimental Psychiatry*, 13, 135–140.

Dahl, M., Sundelin, C (1992). Feeding problems in an affluent society. Follow-up at four years of age in children with early refusal to eat. *Acta Paediatrica*, 81, 575–579.

Dahlberg, S., Gillberg, C. (1989). Symptoms in the first two years of life. *European Archives of Psychiatry and Neurological Science*, 238, 169–174.

Dannenbauer, F. (1984). Techniken des Modellierens in einer entwicklungsproximalen Therapie für dysgrammatisch sprechende Vorschulkinder. *Der Sprachheilpädagoge*, 4, 35–49.

Day, M., Horner, R., O'Neill, R. (1994). Multiple functions of problem behaviors: Assessment and intervention. *Journal of Applied Behavior Analysis*, 27, 279–289.

Derby, M., Wacker, D., Sasso, G., Steege, M., Northup, J. (1992). Brief functional assessment techniques to evaluate aberrant behavior in an outpatient setting: A summary of 79 cases. *Journal of Applied Behavior Analysis*, 25, 713–721.

Derby, M., Wacker, D., Berg, W., DeRaad, A., Ulrich, S. (1997). The long-term effects of functional communication training in home settings. *Journal of Applied Behavior Analysis*, 30, 507–531.

Didden, R., Duker, P., Korzilius, H. (1997). Meta-analytic study on treatment effectiveness for problem behaviours with individuals who have mental retardation. *American Journal on Mental Retardation*, 101, 387–399.

Didden, R., Curfs, L., Sikkema, S., deMoor, J. (1998). Functional assessment and treatment of sleeping problems with developmentally disabled children: Six case studies. *Journal of Behavior Therapy and Experimental Psychiatry*, 29, 85–97.

DiLavore, P., Lord, C., Rutter, M. (1995). The Pre-linguistic Autism Diagnostic Observation Schedule. *Journal of Autism and Developmental Disorders*, 25, 355–379.

Dimitropoulos, A., Feurer, I., Roof, E., Stone, W., Butler, M., Sutcliffe, J., Thompson, T. (2000). Appetitive behavior, compulsivity, and neurochemistry in Prader-Willi syndrome. *Mental Retardation and Developmental Disabilities Research Reviews*, 6, 125–130.

Dougherty, B., Fowler, S., Paine, S. (1985). The use of peer monitors to reduce negative interaction during recess. *Journal of Applied Behavior Analysis*, 18, 141–153.

Döpfner, M., Berner, W., Fleischmann, T., Schmidt, M. (1993). *Verhaltensbeurteilungsbogen für Vorschulkinder (VBV)*. Weinheim: Beltz.

Döpfner, M., Schürmann, S., Frölich, J (1997). *Therapieprogramm für Kinder mit hyperkinetischem und oppositionellem Problemverhalten (THOP)*. Weinheim: Psychologie Verlags Union.

Dunlap, G., Robbins, F., Darrow, A. (1994). Parents' reports of their children's challenging behaviours. Results of a Statewide survey. *Mental Retardation*, 32, 206–212.

Dunlap, G., DePerczel, M., Clarke, S., Wilson, D., Wright, S. (1994). Choice making to promote adaptive behavior for students with emotional and behavioral challenges. *Journal of Applied Behavior Analysis*, 27, 505–518.

Dunst, C. (1998). Sensorimotor development and developmental disabilities. In Burack, J., Hodapp, R., Ziegler, E. (Eds.): *Handbook of Mental Retardation and Development.* (pp. 135–182). Cambridge: Cambridge University Press.

Dunst, C., McWilliams, R. (1988). Cognitive assessment of multiply handicapped young children. In Wachs, T. & Sheehan, R. (Eds*.): Assessment of young developmentally disabled children*. Plenum, New York, 213–238.

Durand, M., Crimmins, D. (1988). Identifying the variables maintaining self-injurious behavior. *Journal of Autism and Developmental Disorders*, 18, 99–117.

Durand, M., Gernert-Dott, P., Mapstone, E. (1996). Treatment of sleep disorders in children with developmental disbilities. *Journal of the Association for Persons with Severe Handicaps*, 21, 114–122.

Dykens, E. (1995). Measuring behavioral phenotypes: Provocations from the „New Genetics". *American Journal on Mental Retardation*, 99, 522–532.

Dykens, E. (2000). Annotation: Psychopathology in children with intellectual disability. *Journal of Child Psychology and Psychiatry*, 41, 407–417.

Dykens, E., Hodapp, R., Walsh, K., Nash, L. (1992). Profiles, correlates and trajectories of intelligence in individuals with Prader-Willi syndrome. *Journal of the American Academy of Child and Adolescent Psychiatry*, 31, 1125–1130.

Dykens, E., Hodapp, R., Ort, S., Leckman, J. (1993). Trajectory of adaptive behavior in males with Fragile X syndrome. *Journal of Autism and Developmental Disorders*, 23, 135–145.

Dykens, E., Kasari, C. (1997). Maladaptive behavior in children with Prader-Willi syndrome, Down syndrome, and nonspecific mental retardation. *American Journal on Mental Retardation*, 102, 228–237.

Dykens, E., Smth, A. (1998). Distinctiveness and correlates of maladaptive behaviour in children and adolescents with Smith-Magenis syndrome. *Journal of Intellectual Disability Research*, 42, 481–489.

Dykens, E., Rosner, B. (1999). Refining behavioral phenotypes: Personality-motivation in Williams and Prader-Willi syndromes. *American Journal on Mental Retardation*, 104, 158–169.

Dykens, E., Hodapp, R., Finucane, B. (2000). *Genetics and Mental Retardation Syndromes*. Baltimore: Brookes.

Dyer, K., Dunlap, G., Winterling, V. (1990). Effects of choice making on the serious problem behaviors of students with severe handicaps. *Journal of Applied Behavior Analysis*, 23, 515–524.

Dyson, L. (1991). Families of young children with handicaps: Parental stress and family functioning. *American Journal on Mental Retardation*, 95, 623–629.

Einfeld, S., Aman, M. (1995). Issues in the taxonomy of psychopathology in mental retardation. *Journal of Autism and Development Disorders*, 25, 143–167.

Einfeld, S., Tonge, B. (1995). The Developmental Behavior Checklist: The development and validation of an instrument to assess behavioral and emotional disturbance in children and adolescents with mental retardation. *Journal of Autism and Developmental Disorders*, 25, 81–104. (Bezugsadresse: Department of Child and Adolescent Psychiatry, Prince of Wales Hospital, High St., Randwick, NSW 2031, Australien)

Einfeld, S., Tonge, B. (1996). Population prevalence of psychopathology in children and adolescents with intellectual disability: I rationale and methods. *Journal of Intellectual Disability Research*, 40, 91–98.

Einfeld, S., Tonge, B. (1999). Observations on the use of the ICD-10 Guide for Mental Retardation. *Journal of Intellectual Disability Research*, 43, 408–412.

Einfeld, S., Tonge, B., Florio, T. (1994). Behavioural and emotional disturbance in fragile X syndrome. *American Journal of Medical Genetics*, 51, 386–391.

Einfeld, S., Tonge, B., Florio, T. (1997). Behavioural and emotional disturbance in individuals with Williams syndrome. *American Journal on Mental Retardation*, 102, 45–53.

Einfeld, S., Smith, A., Durvasula, S., Florio, T., Tonge, B. (1999). Behavior and emotional disturbance in Prader-Willi syndrome. *American Journal of Medical Genetics*, 82, 123–127.

Evenhuis, H., Mul, M., Lemaire, E., deWijs, J. (1997). Diagnosis of sensory impairment in people with intellectual disabilitiy in general practice. *Journal of Intellectual Disability Research*, 41, 422–429.

Feldman, E. (1996). The recognition and investigation of X-linked learning disability syndromes. *Journal of Intellectual Disability Research*, 40, 400–411.

Ferrier, L., Bashir, A., Meryash, D., Johnston, J., Wolff, P. (1991). Conversational skills of individuals with fragile-X-syndrome: A comparison with autism and Down syndrome. *Developmental Medicine and Child Neurology*, 33, 766–788.

Filipek, P. (1999). Neuroimaging in the developmental disorders: The state of the science. *Journal of Child Psychology and Psychiatry*, 40, 113–128.

Finegan, J. (1998). Study of behavioral phenotypes: Goals and methodological considerations. *American Journal of Medical Genetics*, 81, 148–155.

Fisher, W., Piazza, C., Cataldo, M., Harrell, R., Jefferson, G., Conner, R. (1993). Functional communication training with and without extinction and punishment. *Journal of Applied Behavior Analysis*, 26, 23–36.

Fisher, W., Piazza, C., Bowman, L., Krutz, P., Sherer, M. (1994). A preliminary evaluation of empirically derived consequences for the treatment of pica. *Journal of Applied Behavior Analysis*, 27, 447–457.

Flint, J., Wilkie, A., Buckle, V., Winter, R., Holland, A., McDermid, H. (1995). The detection of subtelomeric chromosomal rearrangements in idiopathic mental retardation. *Nature Genetics*, 9, 132–139.

Floyd, F., Philippe, K. (1993). Parental interactions with children with and without mental retardation: Behavior management, coerciveness, and positive exchange. *American Journal on Mental Retardation*, 97, 673–684.

Fowler, A. (1995). Linguistic variability in persons with Down syndrome: Research and implications. In L. Nadel & D. Rosenthal (Eds.): *Down syndrome: Living and learning in the community.* (pp. 121–131). New York: Wiley.

Fredericks, D., Carr, J., Williams, L. (1998). Overview of the treatment of rumination disorder for adults in a residential setting. *Journal of Behavior Therapy and Experimental Psychiatry*, 29, 31–40.

Frey, K., Greenberg, M., Fewell, R. (1989). Stress and coping among parents of handicapped children: A multidimensional approach. *American Journal on Mental Retardation*, 94, 240–249.

Fröhlich, A., Kölsch, S. (1998). „Alles, was wir sind, sind wir in Kommunikation". *Geistige Behinderung*, 22–36.

Fröhlich, A., Laubenstein, D. (2000). Geistige Behinderungen. In J. Borchert (Hg.): *Handbuch der Sonderpädagogischen Psychologie* (S. 894–906). Göttingen: Hogrefe.

Frühauf, T. (1999). Geistig behinderte Kinder und Jugendliche in Deutschland heute. *Geistige Behinderung*, 115–131.

Gath, A., Gumley, D. (1984). Down syndrome and the family: Follow-up of children first seen in infancy. *Developmental Medicine and Child Neurology*, 26, 500–508.

Gavidia-Payne, S., Stoneman, Z. (1997). Family predictors of maternal and paternal involvement in programs for young children with disabilities. *Child Development,* 68, 701–717.

Ghaziuddin, L., Elkins, T., McNeeley, S. (1993). Premenstrual syndrome in women with mental handicap: A pilot study. *British Journal of Developmental Disabilities*, 39, 104–107.

Gillberg, C. (1997). Practioner review: Physical investigations in mental retardation. *Journal of Child Psychology and Psychiatry*, 38, 889–897.

Gillberg, C., Gillberg, I., Ahlsen, G. (1994). Autistic behavior and attention deficits in tuberous sclerosis: A population-based study. *Developmental Medicine and Child Neurology*, 36, 50–56.

Gillberg, C., Coleman, M. (1996). Autism and medical disorders: A review of the literature. *Developmental Medicine and Child Neurology*, 38, 191–202.

Girolametto, L. (1988). Imroving the social-onversational skills of developmentally delayed children: An intervention study. *Journal of Speech and Hearing Disorders*, 53, 156–167.

Gisel, E., Patrick, J. (1988). Identification of children with cerebral palsy unable to maintain normal nutritional state. *Lancet*, 1, 283–286.

Goldstein, S., Reynolds, C. (1999). *Handbook of Neurodevelopmental and Genetic Disorders in Children*. New York: Guilford.

Gosch, A., Pankau, R. (1997). Personality characteristics and behaviour problems in individuals of different ages with Williams syndrome. *Developmental Medicine and Child Neurology*, 39, 527–533.

Greer, M., Brown, F., Pai, G., Choudry, S., Klein, A. (1997). Cognitive, adaptive, and behavioral characteristics of Williams syndrome. *American Journal of Medical Genetics*, 74, 521–525.

Gross, R., Spiker, D., Haynes, C. (Eds.). *Helping low birthweight, premature babies: The Infant Health and Development Program*. Stanford: Stanford University Press.

Guilleminault, C., Crowe-McCann, C., Quera-Salva, M., Cetel, M. (1993). Light therapy as treatment of desynchronosis in brain impaired children. *European Journal of Pediatrics*, 152, 754–759.

Gunsett, R., Mulick, J., Fernald, W. (1989). Brief report: Indications for medical screening prior to behavioral programming for severely and profoundly mentally retarded clients. *Journal of Autism and Developmental Disorders*, 19, 167–172.

Guralnick, M. (1999a). The nature and meaning of social integration for young children with mild developmental delays in inclusive settings. *Journal of Early Intervention*, 22, 70–86.

Guralnick, M. (1999b). Family and child influences on the peer-related social competence of young children with developmental delays. *Mental Retardation and Developmental Disabilities Research Reviews*, 5, 21–29.

Guralnick, M., Waterhouse, E. (1984). Peer-related social interactions of developmentally delayed young children: Development and characteristics. *Developmental Psychology*, 20, 815–827.

Guralnick, M., Groom, J. (1988). Friendships of preschool children in mainstreamed playground settings. *Developmental Psychology*, 24, 595–604.

Hadwin, J., Baron-Cohen, S., Howlin, P., Hill, K. (1996). Can we teach children with autism to understand emotions, belief, or pretence? *Development and Psychopathology*, 8, 345–365.

Hagberg, B., Hagberg, G., Lewerth, A., Lindberg, U. (1981). Mild mental retardation in Swedish school children. 1. Prevalence. *Acta Paediatrica Scandinavica*, 70, 441–444.

Hagberg, B., Kyllerman, M. (1983). Epidemiology of mental retardation – a Swedish survey. *Brain and Development*, 5, 441–449.

Halle, J., Marshall, A., Spradlin, J. (1979). Time delay: a technique to increase language use and faclitate generalization in retarded children. *Journal of Applied Behavior Analysis*, 12, 431–439.

Handen, B., Mandell, F., Russo, D. (1986). Feeding induction in children who refuse to eat. *American Journal of Diseases of Childhood*, 140, 52–54.

Harris, S., Kasari, C., Sigman, M. (1996). Joint attention and language gains in children with Down syndrome. *American Journal on Mental Retardation*, 100, 608–619.

Hauser-Cram, P. (1996). Mastery motivation in toddlers with developmental disabilities. *Child Development*, 67, 236–248.

Hähner, U. (1998). Überlegungen zur Entwicklung einer Kultur der Begleitung. In U. Hähner, U. Niehoff, R. Sack & H. Walther (Hrsg.): *Vom Betreuer zum Begleiter* (S. 121–152). Marburg: Bundesvereinigung Lebenshilfe für Menschen mit geistiger Behinderung e. V..

Heubrock, D. & Petermann, F. (2000). *Lehrbuch der Klinischen Kinderneuropsychologie*. Göttingen: Hogrefe.

Hielscher, H. (1978). Erlernen von Kooperation. In H. Hielscher (Hg.). *Materialien zur sozialen Erziehung im Kindesalter*. (S-. 104–120). Heidelberg: Schindele.

Hirsch, N., Myles, B. (1996). The use of Pica Box in reducing pica behavior in a student with autism. *Focus on Autism and Other Developmental Disabilities*, 11, 222–225.

Hoare, P., Harris, M., Jackson, P., Kerley, S. (1998). A community survey of children with severe intellectual disability and their families: psychological adjustment, carer distress and the effect of respite care. *Journal of Intellectual Disability Research*, 42, 218–227.

Hobson, R., Ouston, J., Lee, A. (1989). Recognition of emotion by mentally retarded adolescents and young adults. *American Journal of Mental Retardation*, 93, 434–443.

Hodapp, R. (1997). Direct and indirect behavioral effects of different genetic disorders of mental retardation. *American Journal on Mental Retardation*, 102, 67–79.

Hodapp, R., Dykens, E., Masino, L. (1997). Families of children with Prader-Willi syndrome: Stress-support relations to child characteristics. *Journal of Autism and Developmental Disorders*, 27, 11–24.

Holtz, K.-L., Eberle, G., Hillig, A., Marker, K. (1984/1998). *Heidelberger-Kompetenz-Inventar für geistig Behinderte*. Heidelberg: Edition Schindele.

Howlin, P., Baron-Cohen, S., Hadwin, J., Swettenham, J. (1999). *Teaching children with autism to mindread. A practical manual for parents and teachers*. Chichester: Wiley.

Hunt, A., Stores, G. (1994). Sleep disorder and epilepsy in children with tuberous sclerosis: A questionnaire-based study. *Developmental Medicine and Child Neurology*, 36, 108–115.

Innocenti, M., Huh, K., Boyce, G. (1992). Families of children with disabilities: Normative data and other considerations on parenting stress. *Topics in Early Childhood Special Education*, 12, 403–427.

Iwata, B., Dorsey, M., Slifer, K., Bauman, K., Richman, G. (1982). Toward a functional analysis of self-injury. *Analysis and Intervention in Developmental Disabilities*, 2, 3–20.

Iwata, B., Pace, G., Dorsey, M. (1994). The functions of self-injurious behavior: An experimental-epidemiological analysis. *Journal of Applied Behavior Analysis*, 27, 215–240.

Jacobson, L., Fernell, E., Broberg, U., Ek, U., Gillberg, C. (1998). Children with blindness due to retinopathy of prematurity: a population based study. *Developmental Medicine and Child Neurology*, 40, 155–159.

Jan, J., Espezel, H., Appleton, R. (1994). The treatment of sleep disorders with melatonin. *Developmental Medicine and Child Neurology*, 36, 97–107.

Jan, J., Freeman, R. Fast, D. (1999). Melatonin treatment in sleep-wake cycle disorders in children and adolescents. *Developmental Medicine and Child Neurology*, 41, 491–500.

Jarrold, C., Boucher, J., Smith, P. (1993). Symbolic play in autism: a review. *Journal of Autism and Developmental Disorders*, 23, 281–307.

Johnson, S., Birch, L. (1994). Parents' and children's adiposity and eating style. *Pediatrics*, 94, 953–961.

Johnson, C., Hunt, F., Siebert, M. (1994). Discrimination training in the treatment of pica and food scavenging. *Behavior Modification*, 18, 214–229.

Kaiser, A., Hester, P. (1994). Generalized effects of enhanced milieu teaching. *Journal of Speech and Hearing Research*, 37, 1320–1340.

Kasari, C., Freeman, S., Mundy, P., Sigman, M. (1995). Attention regulation by children with Down syndrome: Coordinated joint attention and social referencing looks. *American Journal on Mental Retardation*, 100, 128–136.

Kasari, C., Freeman, S., Bauminger, N., Alkin, M. (1999). Parental perspectives on inclusion: Effects of Autism and Down syndrome. *Journal of Autism and Developmental Disorders*, 29, 297–305.

Kau, A., Reider, E., Payne, L., Meyer, W., Freund, L. (2000). Early behavior signs of psychiatric phenotypes in fragile X syndrome. *American Journal on Mental Retardation*, 105, 286–299.

Kedesdy, J. & Budd, K. (1998). *Childhood Feeding Disorders*. Baltimore: Brookes.

Kemper, M., Hagerman, R., Altshul-Shark, D. (1988). Cognitive profiles of boys with the fragile X syndrome. *American Journal of Medical Genetics*, 30, 191–200.

Kerwin, M. (1999). Empirically supported treatments in pediatric psychology: Severe feeding problems. *Journal of Pediatric Psychology*, 24, 192–214.

Klauss, T. (1993). *Trennung auf Zeit. Die Bedeutung eines Kurzzeitheimes und anderer Institutionen für Familien mit geistig behinderten Kindern*. Heidelberg: Schindele.

Klicpera, C. & Innerhofer, P. (1999). *Die Welt des frühkindlichen Autismus*. München: Reinhardt.

Konstantareas, M., Homatidis, S., Plowright, C. (1992). Assessing resources and stress in parents of severely dysfunctional children through the Clarke modification of Holroyd's Questionnaire on Resources and Stress. *Journal of Autism and Developmental Disorders*, 22, 217–234.

Konstantareas, M., Homatidis, S. (1999). Chromosomal abnormalities in a series of children with autistic disorder. *Journal of Autism and Developmental Disorders*, 29, 275–285.

Kotagal, S., Gibbons, V., Smith, J. (1994). Sleep abnormalities in patients with severe cerebral palsy. *Developmental Medicine and Child Neurology*, 36, 304–311.

Krause, M. (1997). „Empowered" oder ausgebrannt? Wie Eltern behinderter Kinder psychologisch-psychotherapeutische Unterstützung in Anspruch nehmen. *Frühförderung interdisziplinär*, 16, 118–126.

Krause, M. (1997). *Elterliche Bewältigung und Entwicklung des behinderten Kindes*. Frankfurt: Lang.

Krause, M. & Petermann, F. (1997). *Soziale Orientierungen von Eltern behinderter Kinder (SOEBEK).* Göttingen: Hogrefe.

Krauss, M. (1993). Child-related and parenting stress: Similarities and differences between mothers and fathers of children with disabilities. *American Journal on Mental Retardation*, 97, 393–404.

Kristen, U. (1994). *Praxis Unterstützte Kommunikation. Eine Einführung.* Düsseldorf: Verlag selbstbestimmtes leben.

Krug, D., Arick, J., Almond, P. (1980). Behavior checklist for identifying severely handicapped individuals with high levels of autistic behavior. *Journal of Child Psychology and Psychiatry*, 21, 221–229.

Kumin, L. (1994). Intelligibility of speech in children with Down syndrome in natural settings: Parents' perspectives. *Journal of Perceptual and Motor Skills,* 78, 307–313.

Kurtz, M., Finucane, B., Hyland, K. (1994). Detection of metabolic disorders among selectively screened people with idiopathic mental retardation. *Mental Retardation*, 32, 328–333.

Kusch, M., Petermann, F. (2000). Tiefgreifende Entwicklungsstörungen. In F. Petermann (Hg.): *Lehrbuch der Klinischen Kinderpsychologie und -psychotherapie.* (S. 431–452). Göttingen: Hogrefe.

Kwok, S., Ho, P., Chan, A., Gandhi, S., Lam, D. (1996). Ocular findings in children and adolescents with severe mental deficiency. *Journal of Intellectual Disability Research*, 40, 330–335.

Lachiewicz, A., Spiridigliozzi, G., Gullion, C., Ransford, S., Rao, K. (1994). Aberrant behaviors of young boys with fragile X syndrome. *American Journal on Mental Retardation*, 98, 567–579.

Lancioni, G., O'Reilly, M., Basili, G. (1999). Review of strategies for treating sleep problems in persons with severe or profound mental retardation or multiple handicaps. *American Journal on Mental Retardation*, 104, 170–186.

Landry, S., Chapieski, L. (1989). Joint attention and infant toy exploration: Effects of Down syndrome and prematurity. *Child Development*, 60, 103–118.

Laucht, M., Schmidt, M., Esser, G. (2000). Risiko- und Schutzfaktoren in der Entwicklung von Kindern und Jugendlichen. *Frühförderung interdisziplinär*, 19, 97–108.

LeCouteur, A., Rutter, M., Lord, C., Rios, P., Robertson, S., Holdgrafer, M., McLennan, J. (1989). Autism Diagnostic Interview: A standardized investigator-based instrument. *Journal of Autism and Developmental Disorders*, 19, 363–387.

Leffert, J., Siperstein, G. (1996). Assessment of social-cognitive processes in children with mental retardation. *American Journal on Mental Retardation*, 100, 441–455.

Libby, S., Powell, S., Messer, D., Jordan, R. (1998). Spontaneous play in children with autism: a reappraisal. *Journal of Autism and Developmental Disorders*, 28, 487–497.

Lord, C. (1995). Follow-up of two-year-olds referred for possible autism. *Journal of Child Psychology and Psychiatry*, 36, 1365–1382.

Lord, C., Rutter, M., LeCouteur, A. (1994). Autism Diagnostic Interview – revised: A revised version of a diagnostic interview for caregivers of individuals with possible pervasive developmental disorders. *Journal of Autism and Developmental Disorders*, 24, 659–685.

Lord, C., Rutter, M., DiLavore, P. (1996). *Autism Diagnostic Observation Schedule – Generic (ADOS-G).* Chicago: University of Chicago.

Lord, C., Pickles, A., McLennan, J., Rutter, M., Bregman, J., Folstein, S. (1997). Diagnosing autism: analyses of data from the Autism Diagnostic Interview. *Journal of Autism and Developmental Disorders*, 27, 501–517.

Loveland, K., Kelley, M. (1988). Development of adaptive behavior in adolescents and young adults with autism and Down syndrome. *American Journal on Mental Retardation*, 93, 84–92.

Loveland, K., Kelley, M. (1991). Development of adaptive behavior in preschoolers with autism or Down syndrome. *American Journal on Mental Retardation*, 96, 13–20.

Lowe, M., Costello, A. (1976). *Symbolic Play Test*. Windsor: NFER.

Luckasson, R., Coulter, D., Polloway, E., Reiss, S., Schlock, R. (1992). *Mental retardation: Definition, classification, and systems of support*. Washington: American Association on Mental Retardation.

Luiselli, J., Greenidge, A. (1982). Behavioral treatment of high rate aggression in a rubella child. *Journal of Behavior Therapy and Experimental Psychiatry,* 13, 152–157.

Luiselli, J., Michaud, R. (1983). Behavioral treatment of aggression and self-injury in developmentally disabled visually handicapped students. *Journal of Visual Impairment and Blindness*, 77, 388–391.

Luiselli, J., Evans, T., Boyce, D. (1985). Contingency management of food selectivity and oppositional eating in a multiply handicapped child. *Journal of Clinical Child Psychology*, 14, 153–156.

Luiselli, J. (1994). Oral feeding treatment of children with chronic food refusal and multiple developmental disabilities. *American Journal on Mental Retardation*, 98, 5, 646–655.

MacArthur, A., Budden, S. (1998). Sleep dysfunction in Rett syndrome: A trial of exogenous melatonin treatment. *Developmental Medicine and Child Neurology*, 40, 186–192.

MacDonald, J. (1989). *Becoming partners with children: From play to conversation*. San Antonio: Special Press.

MacDuff, G., Krantz, P., McClannahan, L. (1993). Teaching children with autism to use photographic activity schedules: Maintenance and generalization of complex response chains. *Journal of Applied Behavior Analysis*, 26, 89–97.

MacLean, W., Baumeister, A. (1982). Effects of vestibular stimulation and stereotyped behavior of developmentally delayed children. *Journal of Abnormal Child Psychology*, 10, 229–245.

Mace, F., Page, T., Ivancic, M., O'Brien, S. (1986). Effectiveness of brief time out with and without contingent delay: A comparative analysis. *Journal of Applied Behavior Analysis*, 19, 79–86.

Mace, C., Lalli, J. (1991). Linking descriptive and experimental analysis in the treatment of bizarre speech. *Journal of Applied Behavior Analysis*, 24, 553–562.

Mace, C., Mauk, J. (1995). Bio-behavioral diagnosis and treatment of self-injury. *Mental retardation and Developmental Disabilities Research Reviews*, 1, 104–110.

Mahnke, U. (2000). Zwischen Selbstbestimmung und Identität. *Geistige Behinderung*, 40–48.

Mahoney, G. (1988). Maternal communication style with mentally retarded children. *American Journal on Mental Retardation*, 92, 352–359.

Mahoney, G., Robenalt, K. (1986). A comparison of conversational patterns between mothers and their Down syndrome and normal infants. *Journal of the Division for Early Childhood*, 10, 172–180.

Mahoney, G., Powell, A. (1988). Modifying parent-child interaction: Enhancing the development of handicapped children. *Journal of Special Education*, 22, 82–96.

Mahoney, G., Filer, J. (1996). How responsive is early intervention to the priorities and
needs of families? *Topics in Early Childhood Special Education*, 16, 437–457.

Mahoney, G., Finger, I., Powell, A. (1985). Relationship of maternal behavioral style to the
development of organically impaired mentally retarded infants. *American Journal of
Mental Deficiency*, 90, 296–302.

Mahoney, G., Powell, A., Finger, I. (1986). The maternal behavior rating scale. *Topics in
Early Childhood Special Education*, 6, 44–56.

Mahoney, G., Boyce, G., Fewell, R., Spiker, D., Wheeden, A. (1998). The relationship of
parent-child interaction to the effectiveness of early intervention services for at-risk
children and children with disabilities. *Topics in Early Childhood Special Education*, 18,
5–17.

Mar, H., Sall, N. (1999). Profiles of expressive communication skills of children and adolescents with severe cognitive disabilities. *Education and Training in Mental Retardation and Developmental Disabilities*, 34, 77–89.

Marvin, R., Pianta, R. (1996). Mothers' reactions to their child's diagnosis: Relations with
security of attachment. *Journal of Clinical Child Psychology*, 25, 436–445.

Mason, G., Newsom, C. (1990). The application of sensory change to reduce stereotyped
behavior. *Research in Developmental Disabilities*, 11, 257–271.

Matson, J., Hamilton, M., Duncan, D., Bamburg, J., Smiroldo, B. (1997). Characteristics of
stereotypic movement disorder and self-injurious behavior assessed with the Diagnostic
Assessment for the Severely Handicapped (DASH-II). *Research in Developmental Disabilities*, 18, 457–469.

McLean, J., McLean, L., Brady, N., Etter, R. (1991). Communication profiles of two types
of gesture using in nonverbal persons with severe to profound mental retardation. *Journal
of Speech and Hearing Research*, 34, 294–308.

McLean, L., Brady, N., McLean, J. (1996). Reported communication abilities of individuals with severe mental retardation. *American Journal on Mental Retardation*, 100,
580–591.

Menschenmoser, H. (1997). Computereinsatz bei Schülern mit geistiger Behinderung. *Geistige Behinderung*, 105–123.

Mervis, C., Klein-Tasman, B. (2000). Williams syndrome: Cognition, personality, and adaptive behavior. *Mental Retardation and Developmental Disabilites Research Reviews*,
6, 148–158.

Morris, C. & Mervis, C. (1999). Williams syndrome. In S. Goldstein & C. Reynolds (Eds.):
Handbook of Neurodevelopmental and Genetic Disorders in Children. (pp. 555–590).
New York: Guilford Press.

Mühl, H. (2000). Geistige Behinderungen. In J. Borchert (Hrsg.): *Handbuch der Sonderpädagogischen Psychologie*. (S. 474–483). Göttingen: Hogrefe.

Mühl, H., Neukäter, H., Schulz, K. (1996). *Selbstverletzendes Verhalten bei Menschen mit
geistiger Behinderung*. Bern: Haupt.

Mundy, P., Sigman, M., Ungerer, J., Sherman, T. (1986). Defining the social deficits of autism. The contribution of nonverbal communication measures. *Journal of Child Pycho-
logy and Psychiatry*, 27, 657–669.

Mundy, P., Sigman, M., Kasari, C. (1990). A longitudinal study of joint attention and language development in autistic children. *Journal of Autism and Developmental Disorders*,
20, 115–128.

Mundy, P., Kasari, C., Sigman, M., Ruskin, E. (1995). Nonverbal communication and early language acquisition in children with Down syndrome and normally developing children. *Journal of Speech and Hearing Research*, 38, 157–167.

Murphy, M., Zahm, D. (1978). Effect of improved physical and social environment on self-help and problem behaviors of institutionalized retarded males. *Behavior Modification*, 2, 193–210.

Nagtzaam, L., Vink, M. (1998). Visual and hearing impairment in people with intellectual disability. *Current Opinion in Psychiatry*, 11, 527–530.

Neuhäuser, G. (1999). Klinische Syndrome. In H. C. Steinhausen & G. Neuhäuser (Hrsg.): *Geistige Behinderung*. Stuttgart: Kohlhammer.

Niebank, K. & Petermann, F. (2000). Grundlagen und Ergebnisse der Entwicklungspsychopathologie. In Petermann, F. (Hrsg.): *Lehrbuch der Klinischen Kinderpsychologie und -psychotherapie*. (S. 57–94). Göttingen: Hogrefe.

Nordin, V., Gillberg, C. (1996). Autism spectrum disorders in children with physical or mental disability of both. Part I: Clinical and epidemiological aspects. *Developmental Medicine and Child Neurology*, 38, 297–313.

Northup, J., Wacker, D., Berg, W., Kelly, L., Sasso, G., DeRaad, A. (1994). The treatment of severe behavior problems in school settings using a technical assistance model. *Journal of Applied Behavior Analysis*, 27, 33–47.

O'Brien, G. & Yule, W. (1995). *Behavioural phenotypes*. London: MacKeith Press.

O'Callaghan, F., Clarke, A., Hancock, E., Hunt, A., Osborne, J. (1999). Use of melatonin to treat sleep disorers in tuberous sclerosis. *Developmental Medicine and Child Neurology*, 41, 123–126.

O'Neill, R., Horner, R., Albin, R., Sprague, J., Storey, K., Newton, J. (1997). *Functional assessment and program development for problem behavior. A practical handbook*. Pacific Grove. Brooks/Cole.

O'Reilly, M. (1997). Functional analysis of episodic self-injury associated with otitis media. *Journal of Applied Behavior Analysis*, 30, 165–167.

Ogletree, B., Wetherby, A., Westling, D. (1992). Profile of the prelinguistic intentional communicative behaviors of children with profound mental retardation. *American Journal on Mental Retardation*, 97, 186–196.

Oliver, C., Murphy, G., Corbett, J. (1987). Self-injurious behaviour in people with mental handicap: a total population study. *Journal of Mental Deficiency Research*, 31, 147–162.

Oliver, C., Hall, S., Hales, J., Murphy, G., Watts, D. (1998). The treatment of severe self-injurious behavior by the systematic fading of restraints: Effects on self-injury, self-restraint, adaptive behavior, and behavioral correlates of affect. *Research in Developmental Disabilities*, 19, 143–165.

Pace, G., Iwata, B., Edwards, G., McCosh, K. (1986). Stimulus fading and transfer in treatment of self-restraint and self-injurious behavior. *Journal of Applied Behavior Analysis*, 19, 381–389.

Pahl, J., Quine, L. (1984). *Families with mentally handicapped children: A study of stress and of service response*. Canterbury: Health Services Research Unit, University of Kent.

Palm, L., Blennow, G., Wetterberg, L. (1997). Long-term melatonin treatment in blind children and young adults with circadian sleep-wake disturbances. *Developmental Medicine and Child Neurology*, 39, 319–325.

Palmer, D., Borthwick-Duffy, S., Widaman, K., Best, S. (1998). Influences on parent perceptions of inclusive practices for their children with mental retardation. *American Journal on Mental Retardation*, 103, 272–287.

Papousek, M. (1994). *Vom ersten Schrei zum ersten Wort*. Bern: Huber.

Papousek, M. (1996). Frühe Eltern-Kind-Beziehungen: Gefährdungen und Chancen in der Frühentwicklung von Kindern mit genetisch bedingten Anlagestörungen. *Kindheit und Entwicklung*, 5, 45–52.

Papousek, M. & Papousek, H. (1996). Infant colic, state regulation, and interaction with parents: A systems approach. In M. Bornstein & J. Genevro (Eds.): *Child development and behavioral pediatrics: Toward understanding children and health*. (pp.11–33). Hillsdale: Lawrence Erlbaum.

Penner, K., Johnston, J., Faircloth, B., Irish, P., Williams, C. (1993). Communication, cognition, and social interaction in the Angelman syndrome. *American Journal of Medical Genetics*, 46, 34–39.

Peterander, F. & Speck, O. (1995). Subjektive Belastungen von Müttern schwerbehinderter Kinder in der Frühförderung. *Geistige Behinderung*, 12, 95–107.

Petermann, F. & Petermann, U. (1996, 2000). *Erfassungsbogen für aggressives Verhalten in konkreten Situationen (EAS/EAS-C)*. Göttingen: Hogrefe.

Petermann, U. & Petermann, F. (1996, 6. Aufl.). *Training mit sozial unsicheren Kindern*. Weinheim: Psychologie Verlags Union.

Petermann, F. & Petermann, U. (1997, 8. Aufl.). *Training mit aggressiven Kindern*. Weinheim: Psychologie Verlags Union.

Petermann, F., Kusch, M. & Niebank, K. (1998). *Entwicklungspsychopathologie. Ein Lehrbuch*. Weinheim: Psychologie Verlags Union.

Petermann, F., Jugert, G., Rehder, A., Tänzer, U. & Verbeek, D. (1999, 2. Aufl.). *Sozialtraining in der Schule*. Weinheim: Psychologie Verlags Union.

Petry, D. & Bradl, C. (1999). *Multiprofessionelle Zusammenarbeit in der Geistigbehindertenhilfe*. Hannover: Psychiatrie-Verlag.

Pianta, R., Marvin, R., Britner, P., Borowitz, K. (1996). Mothers' resolution of their children's diagnosis of cerebral palsy: Patterns of resolution and relation with time since diagnosis. *Infant Mental Health Journal,* 17, 239–256.

Piazza, C., Fisher, W., Moser, H. (1991). Behavioral treatment of sleep dysfunction in patients with the Rett syndrome. *Brain and Development*, 13, 232–237.

Piazza, C., Fisher, W., Sherer, M. (1997). Treatment of multiple sleep problems in children with developmental disabilities: Faded bedtime with response cost versus bedtime scheduling. *Developmental Medicine and Child Neurology*, 39, 414–418.

Piazza, C., Hagopian, L., Hughes, C., Fisher, W. (1998). Using chronotherapy to treat severe sleep problems: A case study. *American Journal on Mental Retardation*, 102, 358–366.

Poustka, F., Lisch, S., Rühl, D., Sacer, A., Schmötzer, G., Werner, K. (1996). The Standardized Diagnosis of Autism, Autism Diagnostic Interview-revised: Interrater reliability of the German form of the interview. *Psychopathology*, 29, 145–153.

Power, T. & Radcliffe, J. (1993). Cognitive assessment of preschool play using the Symbolic Play Test. In C. Schaefer, K. Gitlin & A. Sandgrund (Eds.): *Play diagnosis and assessment*. (pp. 87–114). New York: Wiley.

Pueschel, S., Gallagher, P., Zartler, A., Pezzulo, J. (1987). Cognitive and learning processes in children with Down syndrome. *Research in Developmental Disabilities*, 8, 21–37.

Quine, L. (1991). Sleep problems in children with mental handicap. *Journal of Intellectual Disability Research*, 35, 269–290.

Reilly, J., Klima, E., Bellugi, U. (1990). Once more with feeling: Affect and language in atypical populations. *Development and Psychopathology*, 2, 367–391.

Reilly, S., Skuse, D. (1992). Characteristics and management of feeding problems of young children with cerebral palsy. *Developmental Medicine and Child Neurology*, 34, 379–388.

Reiss, A., Eliez, S., Schmitt, E., Patwardhan, A., Haberecht, M. (2000). Brain imaging in neurogenetic conditions: Realizing the potential of behavioral neurogenetics research. *Mental Retardation and Developmental Disabilities Research Reveiws*, 6, 186–197.

Reiss, S., Haverkamp, S. (1998). Toward a comprehensive assessment of fundamental motivation: Factor structure of the Reiss profiles. *Psychological Assessment*, 10, 97–106.

Richdale, A. (1999). Sleep problems in autism: prevalence, cause, and intervention. *Developmental Medicine and Child Neurology*, 41, 60–66.

Rickert, V., Johnson, C. (1988). Reducing nocturnal awakening and crying episodes in infants and young children: A comparison beween scheduled awakening and systematic ignoring. *Pediatrics*, 81, 203–212.

Rincover, A., Cook, R., Peoples, A., Packard, D. (1979). Sensory extinction and sensory reinforcement principles for programming multiple adaptive behavior change. *Journal of Applied Behavior Analysis*, 12, 221–233.

Riordan, M., Iwata, B., Finney, J., Wohl, M., Stanley, A. (1984). Behavioral assessment and treatment of chronic food refusal in handicapped children. *Journal of Applied Behavior Analysis*, 17, 327–341.

Roach, M., Barratt, M., Leavitt, L. (1999). Individual differences in mothers' communication with their young children with Down syndrome. In J. Miller, M. Leddy & L. Leavitt (Eds.): *Improving the communication of people with Down syndrome*. (pp. 93–115) Baltimore: Paul Brooks.

Roeleveld, N., Zielhuis, G. (1997). The prevalence of mental retardation: a critical review of recent literature. *Developmental Medicine and Child Neurology*, 39, 125–132.

Rogner, J., Wessels, E. (1994). Bewältigungsstrategien von Müttern und Vätern mit einem erst- oder zweitgeborenen geistig behinderten Kind. *Praxis der Kinderpsychologie und Kinderpsychiatrie*, 43, 125–129.

Rojahn, J. (1989). *The Behavior Problems Inventory (BPI)*. Ohio: Ohio State University.

Rojahn, J., Fenzau, B., Hauschild, D. (1985). Selbstverletzungsverhalten bei geistig Behinderten. *Geistige Behinderung*, 24, 183–192.

Rojahn, J., Rabold, D., Schneider, F. (1995). Emotion specificity in mental retardation. *American Journal on Mental Retardation*, 99, 477–486.

Romski, M., Sevcik, R. (1997). Augmentative and alternative communication with developmental disabilities. *Mental Retardation and Developmental Disabiities Research Reviews*, 3, 363–368.

Romski, M., Sevcik, R., Adamson, L. (1999). Communication patterns of youth with mental retardation with and without their speech-output communication devices. *American Journal on Mental Retardation*, 104, 249–259.

Rosin, M., Swift, E., Bless, D., Vetter, D. (1988). Communication profiles of adolescents with Down syndrome. *Journal of Childhood Communication Disorders*, 12, 49–64.

Rotatori, A., Fox, R., Switzky, H. (1979). Parent-teacher administered weight reduction program for obese Down's syndrome adolescents. *Journal of Behavior Therapy and Experimental Psychiatry*, 10, 339–341.

Ruskin, E., Mundy, P., Kasari, C., Sigman, M. (1994). Object mastery motivation of children with Down syndrome. *American Journal on Mental Retardation*, 98, 499–509.

Rydell, P., Mirenda, P. (1994). Effects of high and low constraint utterances on the production of immediate and delayed echolalia in young children with autism. *Journal of Autism and Developmental Disorders*, 24, 719–735.

Sanders, M., Patel, R., LeGrice, B., Shepherd, R. (1993). Children with persistent feeding difficulties: An observational analysis of the feeding interactions of problem and nonproblem eaters. *Health Psychology*, 12, 64–73.

Sandman, C., Hetrick, W., Taylor, D., Marion, S., Touchette, P. (2000). Long-term effects of naltrexone on self-injurious behavior. *American Journal on Mental Retardation*, 105, 103–117.

Sarimski, K. (1992). Ausdauer bei zielgerichteten Tätigkeiten und mütterliche Strategien in der Interaktion mit behinderten Kindern. *Psychologie in Erziehung und Unterricht*, 39, 170–178.

Sarimski, K. (1993). Belastung von Müttern behinderter Kleinkinder. *Frühförderung interdisiplinär*, 12, 156–164.

Sarimski, K. (1996). Bedürfnisse von Eltern mit behinderten Kindern. Erfahrungen mit einer deutschen Fassung der „Family Needs Survey". *Frühförderung interdisziplinär*, 15, 97–101.

Sarimski, K. (1997a, 2000). *Entwicklungspsychologie genetischer Syndrome*. Göttingen: Hogrefe.

Sarimski, K. (1997b). Behavioural phenotypes and family stress in three mental retardation syndromes. *European Journal of Child & Adolescent Psychiatry*, 6, 1–6.

Sarimski, K. (1997c). Communication, social-emotional development and parenting stress in Cornelia-de-Lange syndrome. *Journal of Intellectual Disability Research*, 41, 70–75.

Sarimski, K. (1998a). Cornelia-de-Lange-Syndrom mit schwerer Behinderung: Verhaltens- und Fähigkeitsprofil. *Kindheit und Entwicklung*, 7, 86–92.

Sarimski, K. (1998b). Belastung von Müttern von Kindern mit genetisch bedingter Behinderung. *Zeitschrift für Klinische Psychologie, Psychiatrie und Psychotherapie*, 46, 233–244.

Sarimski, K. (2000). Kommunikative Fähigkeiten bei nicht-sprechenden Kindern aus Elternsicht. *Heilpädagogische Forschung*, 26, 115–120.

Sarimski, K., Möller, J. (1991). Zur Beurteilung früher kommunikativer Fähigkeiten bei entwicklungsverzögerten Kindern. *Frühförderung interdisziplinär*, 10, 151–159.

Sarimski, K. & Stengel-Rutkowski, S. (2000). Entwicklungschancen bei besonderen genetischen Anlagen. Genetisch bedingte Verhaltensphänotypen als pädagogische Herausforderung. *Geistige Behinderung*, 39, 230–238.

Schatz, J., Hamden-Allen, G. (1995). Effects of age and IQ on adaptive behavior domains for children with autism. *Journal of Autism and Developmental Disorders*, 25, 51–60.

Schopler, E., Reichler, R. & Renner, B. (1988). *The Childhood Autism Rating Scale (CARS)*. Los Angeles: Western Psychological Services.

Schlosser, R., Goetze, H. (1991). Selbstverletzendes Verhalten bei Kindern und Jugendlichen mit geistiger Behinderung: eine Meta-Analyse von Einzelfalluntersuchungen zur Effektivität von Interventionen. *Sonderpädagogik*, 21, 138–154.

Schlosser, R., Belfiore, P., Nigam, R. (1995). The effects of speech output technology in the learning of graphic symbols. *Journal of Applied Behavior Analysis*, 28, 537–549.

Scotti, J., Evans, I., Meyer, L., Walker, P. (1991). A meta-analysis of intervention research with problem behavior: Treatment validity and standards of practice. *American Journal on Mental Retardation*, 96, 233–256.

Scott, B., Atkinson, L., Minton, H., Bowman, T. (1997). Psychological distress of parents of infants with Down syndrome. *American Journal on Mental Retardation*, 102, 161–171.

Seibert, J. & Hogan, A. (1982). *Early Social-Communication Scales*. Unpublished Manual, Mailman Center for Child Development at Miami.

Seifer, R., Clark, G., Sameroff, A. (1991). Positive effects of interaction coaching on infants with developmental disabilities and their mothers. *American Journal on Mental Retardation*, 96, 1–11.

Sevenig, H. (1995). *Materialien zur Kommunikationsförderung von Menschen mit schwersten Formen cerebraler Bewegungsstörungen*. Düsseldorf: Verlag selbstbestimmtes leben.

Sheeran, T., Marvin, R., Pianta, R. (1997). Mothers' resolution of their child's diagnosis and self-reported measures of parenting stress, marital relations, and social support. *Journal of Pediatric Psychology*, 22, 197–212.

Sigafoos, J., Kerr, M., Roberts, D. (1994). Interrater reliability of the Motivation Assessment Scale: Failure to replicate with aggressive behavior. *Research in Developmental Disabilities*, 15, 333–342.

Sigafoos, J., Roberts-Pennell, D., Graves, D. (1999). Longitudinal assessment of play and adaptive behavior in young children with developmental disabilities. *Research in Developmental Disabilities*, 20, 147–162.

Sigman, M., Kasari, C., Kwon, J., Yirmiya, N. (1992). Responses to the negative emotions of others by autistic, mentally retarded, and normal children. *Child Development*, 63, 796–807.

Sigman, M., Ruskin, E. (1999). *Continuity and change in the social competence of children with autism, Down syndrome, and developmental delays*. Monographs of the Society for Research in Child Development, 64, 256.

Singer, l., Ambuel, B., Wade, S., Jaffe, A. (1992).Cognitive-behavioral treatment of health-impairing food phobias in children. *Journal of the American Academy of Child and Adolescent Psychiatry*, 31, 847–852.

Singh, N., Landrum, T., Ellis, C., Donatelli, L. (1993). Effects of thioridazine and visual screening on stereotypy and social behavior in individuals with mental retardation. *Research in Developmental Disabilities*, 14, 163–177.

Siperstein, G., Leffert, J. (1997). Comparison of socially accepted and rejected children with mental retardation. *American Journal on Mental Retardation*, 101, 339–351.

Sloper, P. (1999). Models of service support for parents of disabled children. What do we know? What do we need to know? *Child: care, health and development*, 25, 85–99.

Smalley, S., Tanguay, P., Smith, M., Gutierrez, G. (1992). Autism and tuberous sclerosis. *Journal of Autism and Developmental Disorders*, 22, 339–355.

Smith, A., Dykens, E., Greenberg, F. (1998). Sleep disturbance in Smith-Magenis syndrome (del 17 p11.2). *American Journal of Medical Genetics*, 81, 186–191.

Smith Myles, B., Simpson, R., Hirsch, N. (1997). A review of literature on interventions to reduce pica in individuals with developmental disabilities. *Autism*, 1, 77–95.

Smith Myles, B., Southwick, J. (1999). *Asperger syndrome and difficult moments*. Kansas: Autism Asperger Publ. Co.

Sparrow, S., Balla, D., Cicchetti, D. (1984). *Vineland Adaptive Behavior Scales*. Circle Pines: American Guidance Services.

Sprague, J., Horner, R. (1992). Covariation within functional response classes: implications for treatment of severe problem behavior. *Journal of Applied Behavior Analysis*, 25, 735–747.

Steinhausen, H.C. & Neuhäuser, G. (1999). *Geistige Behinderung*. Stuttgart: Kohlhammer.

Stone, W. (1997). Autism in infancy and early childhood. In D. Cohen & F. Volkmar (Eds.): *Handbook of Autism and Pervasive Developmental Disorders*. (pp. 266–282). New York: Wiley.

Stone, W., Ousley, O., Yoder, P., Hogan, K., Hepburn, S. (1997). Nonverbal communication in two-and three-year-old children with autism. *Journal of Autism and Developmental Disorders*, 27, 677–696.

Stores, R., Stores, G., Buckley, S. (1996). The pattern of sleep problems in children with Down's syndrome and other intellectual disabilites. *Journal of Applied Research in Intellectual Disabilities*, 9, 145–158.

Stores, R., Wiggs, L., Campling, G. (1998). Sleep disorders and their relationship to psychological disturbance in children with epilepsy. *Child: care, health, and development*, 23, 5–19.

Stores, G., Ramchandani, P. (1999). Sleep disorders in visually impaired children. *Developmental Medicine and Child Neurology*, 41, 348–352.

Straßburg, H.M., Dacheneder, W. & Kreß, W. (1997). *Entwicklungsstörungen bei Kindern*. Lübeck: G. Fischer.

Strain, P., Odom, S. (1986). Peer social initiations: An effective intervention for social skills deficits of exceptional children. *Exceptional children*, 52, 543–551.

Stromme, P., Hagberg, G. (2000). Aetiology in severe and mild mental retardation: a population-based study of Norwegian children. *Developmental Medicine and Child Neurology*, 42, 76–86.

Sturmey, P. (1994). Assessing the functions of aberrant behaviors: A review of psychometric instruments. *Journal of Autism and Developmental Disorders*, 24, 293–304.

Sturmey, P., Sevin, J., Williams, D. (1995). The Behavior Problem Inventory: a further replication of its factor structure. *Journal of Intellectual Disability Research*, 39, 353–356.

Sudhalter, V., Maranion, M., Brooks, P. (1992). Expressive semantic deficit in the productive language of males with fragile X syndrome. *American Journal of Medical Genetics*, 43, 65–71.

Summers, J., Lynch, P., Harris, J., Burke, A., Allison, D. (1992). A combined behavioral/pharmacological treatment of sleep-wake schedule disorder in Angelman syndrome. *Journal of Developmental and Behavioral Pediatrics*, 13, 284–287.

Summers, J., Feldman, M. (1999). Distinctive pattern of behavioral functoning in Angelman syndrome. *American Journal on Mental Retardation*, 104, 376–384.

Symons, F., Davis, M. (1994). Instructional conditions and stereotyped behavior: the function of prompts. *Journal of Behavioral Therapy and Experimental Psychiatry*, 25, 317–324.

Symons, F., Thompson, T. (1997). Self-injurious behavior and body site preference. *Journal of Intellectual Disability Research*, 41, 456–468.

Tager-Flusberg, H. (1999). *Neurodevelopmental Disorders*. Cambridge: MIT Press.
Tager-Flusberg, H., Anderson, M. (1991). The development of contingent discourse ability in autistic children. *Journal of Child Psychology and Psychiatry*, 32, 1123–1134.
Tannock, R., Girolametto, L., Siegel, L. (1992). Language intervention with children who have developmental delays: Effects of an interactive approach. *American Journal on Mental Retardation*, 97, 145–160.
Tasse, M., Aman, M., Hammer, D., Rojahn, J. (1996). The Nisonger Child Behavior Rating Form: Age and gender effects and norms. *Research in Developmental Disabilities*, 17, 59–75.
Taylor, J., Carr, E. (1992a). Severe problem behaviors related to social interaction. 1: Attention seeking and social avoidance. *Behavior Modification*, 16, 305–335.
Taylor, J., Carr, E. (1992b). Severe problem behaviors related to social interaction. 2: A systems analysis. *Behavior Modification*, 16, 336–371.
Thapar, A., Gottesman, I., Owen, M., O'Donovan, M., McGuffin, P. (1994). The genetics of mental retardation. *British Journal of Psychiatry*, 164, 747–758.
Theunissen, G. (1999). Empowerment und „verstehende" Einzelhilfe. In D. Petry & C. Bradl (Hrsg.): *Multiprofessionelle Zusammenarbeit in der Geistigbehindertenhilfe*. (S. 132–157). Bonn: Psychiatrie-Verlag.
Thimm (1999): Epidemiologie und soziokulturelle Faktoren. In H.C. Steinhausen & G. Neuhäuser (Hrsg.): *Geistige Behinderung*. (S. 9–25). Stuttgart: Kohlhammer.
Thommessen, M., Heiberg, A., Kase, B., Larsen, S., Riis, G. (1991). Feeding problems, height and weight in different groups of disabled children. *Acta Paediatrica Scandinavica*, 80, 527–533.
Thompson, T., Symons, F., Delaney, D., England, C. (1995). Self-injurious behavior as endogenous neurochemical self-administration. *Mental Retardation and Developmental Disabilities Research Reviews*, 1, 137–148.
Thompson, B., Wickham, D., Wegner, J., Ault, M. (1996). All children should know joy. Inclusive, family-centered services for young children with significant disabilities. In D. Lehr & F. Brown (Eds): *People with disabilities who challenge the system*. (pp.23–58) Baltimore: Brookes.
Towbin, K. (1997). Pervasive developmental disorder not otherwise specified. In D. Cohen & F. Volkmar (Eds.): *Handbook of Autism and Pervasive Developmental Disorders*. (pp. 123–147). New York: Wiley.
Tröster, H. (1999a). Belastungen von Müttern mit blinden und sehbehinderten Kindern im Vorschulalter. *Heilpädagogische Forschung*, 25, 159–173.
Tröster, H. (1999b). Sind Geschwister behinderter oder chronisch kranker Kinder in ihrer Entwicklung gefährdet? Ein Überblick über den Stand der Forschung. *Zeitschrift für Klinische Psychologie*, 28, 160–176.
Tröster, H., Bersch, M., Ruppert, S., Boenigk, H.-E. (2000). Determinanten der Belastung von Müttern mit anfallskranken Kindern. *Kindheit und Entwicklung*, 9, 50–61.
Tunali, B., Power, T. (1993). Creating satisfaction: A psychological perspective on stress and coping in families of handicapped children. *Journal of Child Psychology and Psychiatry*, 34, 945–957.
Turnbull, A., Ruef, M. (1996). Family perspectives on problem behaviour. *Mental Retardation*, 34, 280–293.

Turner, M. (1999). Annotation: Repetitive behaviour in autism: A review of psychological research. *Journal of Child Psychology and Psychiatry*, 40, 839–849.

Uzgiris, I. (1987). The study of sequential order in cognitive development. In I. Uzgiris & J. McV. Hunt (Eds.*): Infant performance and experience. New findings with the ordinal scales*. (pp.131–167). Urbana: University of Illinois Press.

Van Acker, R. (1997). Rett's syndrome: a pervasive developmental disorder. In D. Cohen & F. Volkmar (Eds.): *Handbook of Autism and Pervasive Developmental Disorders*. (pp. 60–93). New York: Wiley.

vanBerckelaar-Onnes, I., vanDuijn, G. (1993). A comparison between the Handicaps Behaviour and Skills schedule and the Psychoeducational Profile. *Journal of Autism and Developmental Disorders*, 23, 263–272.

VanBourgondien, M., Marcus, L., Schopler, E. (1992). Comparison of DSM-III-R and Childhood Autism Rating Scale diagnoses of autism. *Journal of Autism and Developmental Disorders*, 22, 493–506.

VanLieshout, C., DeMeyer, R., Curfs, L., Fryns, J. (1998). Family contexts, parental behaviour, and personality profiles of children and adolescents with Prader-Willi-, Fragile-X, or Williams syndrome. *Journal of Child Psychology and Psychiatry*, 39, 699–710.

Verband evangelischer Einrichtungen für geistig und seelisch Behinderte e.V. (1995). *Schau doch meine Hände an*. Reutlingen: Diakonie-Verlag.

Volkmar, F, Cicchetti, D., Dykens, E., Sparrow, S., Leckman, J., Cohen, D. (1988). An evaluation of the Autism Behavior Checklist. *Journal of Autism and Developmental Disorders*, 18, 91–97.

Volkmar, F., Carter, A., Sparrow, S., Cicchetti, D. (1993). Quantifying social development in autism. *Journal of the American Academy of Child and Adolescent Psychiatry,* 32, 627–632.

Volkmar, F., Klin, A., Marans, W., Cohen, D. (1997). Childhood Disintegrative Disorder. In D. Cohen & F. Volkmar (Eds.): *Handbook of Autism and Pervasive Developmental Disorders*. (pp. 47–59). New York: Wiley.

Wacker, D., Steege, M., Northup, J., Sasso, G., Berg, W., Reimers, T. (1990). A component analysis of functional communication training across three topographies of severe behavior problems. *Journal of Applied Behavior Analysis,* 23, 417–429.

Wadden, N., Bryson, S., Rodgers, R. (1991). A closer look at the Autism Behavior Checklist: Discriminant validity and factor structure. *Journal of Autism and Developmental Disorders*, 21, 529–542.

Wagner-Stolp, W. (1997). Familienentlastende Dienste. In E. Wilken (Hrsg.): *Neue Perspektiven für Menschen mit Down-Syndrom*. (S. 186–197). Erlangen: Selbstverlag.

Walther, H. (1998). Selbstverantwortung – Selbstbestimmung – Selbständigkeit. In U. Hähner, U. Niehoff, R. Sack & H. Walther (Hrsg.): *Vom Betreuer zum Begleiter*. (S. 69–90). Marburg: Bundesvereinigung Lebenshilfe für Menschen mit geistiger Behinderung e.V.

Warburg, M. (1994). Visual impairment among people with developmental delay. *Journal of Intellectual Disability Research*, 38, 423–432.

Warren, S., Yoder, P., Gazdag, G., Kim, K., Jones, H. (1993). Facilitating prelingustic communication in young children with developmental delay. *Journal of Speech and Hearing Research*, 36, 83–97.

Warren, S., Gazdag, G., Bambara, L., Jones, H. (1994). Changes in the generativity and use of semantic relationships concurrent with milieu language intervention. *Journal of Speech and Hearing Research*, 36, 83–97.

Warschburger, P., Petermann, F., Fromme, C. & Wojtalla, N. (1999). *Adipositastraining mit Kindern und Jugendlichen*. Weinheim: Psychologie Verlags Union.

Watson, L. (1998). Following the child's lead: Mothers' interactions with children with autism. *Journal of Autism and Developmental Disorders*, 28, 51–59.

Werle, M., Murphy, T., Budd, K. (1993). Treating chronic food refusal in young children: Home-based parent training. *Journal of Applied Behavior Analysis*, 26, 421–433.

Westby, C. (1993). A scale for assessing children's pretend play. In C. Schaefer, K. Gitlin & A. Sandgrund (Eds.): *Play diagnosis and assessment*. (pp. 131–162). New York: Wiley.

Wetherby, A. & Prizant, B. (1993). *Communication and Symbolic Behavior Scales – Normed edition*. Chicago: Riverside Publ..

Wetherby, A., Prizant, B. (1995). Die „Communication and Symbolic Behavior Scales" (CSBS). *Kindheit und Entwicklung*, 4, 43–50.

Whitaker, S. (1993). The reduction of aggression in people with learning difficulties: a review of psychological methods. *British Journal of Clinical Psychology*, 32, 1–37.

Wiggs, L., Stores, G. (1996). Severe sleep disturbance and daytime challenging behaviour in children with severe learning disabilities. *Journal of Intellectual Disability Research*, 40, 518–528.

Wilson, G. & Cooley, C. (2000). *Preventive management of children with congenital anomalies and syndromes*. Cambridge: Cambridge University Press.

Wing, L. & Gould, J. (1994). *Schedule of handicaps, behavior and skills. 3rd revised*. London: MRC Social Psychiatric Unit.

Wolke, D., Meyer, R. (1999). Ergebnisse der Bayerischen Entwicklungsstudie: Implikationen für Theorie und Praxis. *Kindheit und Entwicklung*, 8, 23–35.

Woodhouse, J., Pakeman, V., Saunders, K., Parker, M., Fraser, F. (1997). Refractive errors in young children with Down's syndrome. *Optomological and Visual Science*, 74, 844–851.

Yarbrough, S., Carr, E. (2000). Some relationships between informant assessment and functional analysis of problem behavior. *American Journal on Mental Retardation*, 105, 130–151.

Yirmiya, N., Solomonica-Levi, D., Shuman, C., Pilowsky, T. (1996). Theory of mind abilities in individuals with autism, Down syndrome, and mental retardation of unknown etiology: The role of age and intelligence. *Journal of Child Psychology and Psychiatry*, 37, 1003–1014.

Yoder, P., Kaiser, A., Alper, C. (1991). An exploratory study of the interaction between language teaching methods and child characteristics. *Journal of Speech and Hearing Research*, 34, 155–167.

Yoder, P., Warren, S., Kim, K. (1994). Facilitating prelinguistic communication skills in young children with developmental delay: II. Systematic replication and extension. *Journal of Speech and Hearing Research*, 37, 841–851.

Yoder, P., Kaiser, A., Goldstein, H. (1995). An exploratory comparison of milieu teaching and responsive interaction in classroom applications. *Journal of Early Intervention*, 19, 218–242.

Zeanah, C., Boris, N., Heller, S., Hishaw-Fuselier, S. (1997). Relationship assessment in infant mental health. *Infant Mental Health Journal*, 18, 182–197.

Zelazo, P., Burack, J., Benedetto, E., Frye, D. (1996). Theory of mind and rule use in individuals with Down's syndrome: A test of the uniqueness and specificity claims. *Journal of Child Psychology and Psychiatry,* 37, 479–484.